(관점)을
(디자인)하라

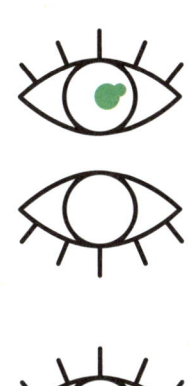

# (관점)을 (디자인)하라

Above, Beyond, Cross

박용후 지음

**10주년 기념
개정증보판을 내며**

# 관점에 새로움을 더하라.
# 끊임없이, 무한으로.

관점을 바꾸면 보이지 않던 것들이 보인다는 사실을 깨닫고 많은 것이 바뀌었습니다. 처음 그 과정을 기록하기 시작했고, 그 과정이 쌓여 많은 생각이 달라지기 시작했습니다. 달라진 생각은 다른 생각으로 가는 또 다른 길을 만들었고, 그 내부적 사유의 축적이 성장의 발판이 되었습니다. 그 생각들은 마케팅 과정에서도 유효하다는 사실을 깨달았습니다. 반외팔목盤外八目이라는 말이 있습니다. 바둑을 둘 때 훈수를 두는 사람이 직접 바둑을 두는 사람보다 여덟 수를 더 내다본다는 바둑 용어입니다. 객관적 관점을 확보하면 못 보던 것들을 더 볼 수 있다는 의미입니다.

처음 책을 낸 지 어느덧 10년이 흘렀습니다. 다시 책을 꼼꼼히 읽어보았습니다. 생각의 중심에서 책을 쓰던 그 시간으로부터 10년이 지나 객관적으로 다시 읽고 또 읽었습니다. 시간은 흘렀지만 바뀌지 않는 사실들이 있고, 시간이 흐르면서 달라지고 진화한 것들도 있습니다. 물론 반대로 퇴보한 것들도 있습니다. 그 당시에는 새로운 마케팅이라고 행했던 것이 지금은 상식처럼 자리 잡은 것도 있고, 좋은 회사라고 생각했던 회사가 그렇지 않은 결과를 가져온 경우도 있습니다.

"과거에는 10년에 걸쳐 일어나던 일이 현재는 1년 안에 일어날 수 있다"라는 니콜라스 네그로폰테 교수의 말을 몸소 느끼는 지금입니다. 이제 '카카오'도, ㈜우아한형제들이 만든 '배달의민족'도 사람들의 생활 속 습관으로 자리 잡으면서 많은 이들의 삶을 바꾸어놓았습니다. 옛말에도 10년이면 강산이 변한다고 하였습니다. 그러니 지금의 10년은 얼마나 더 많은 것을 바꾸겠습니까? 안타까운 것은 위정자들이 불필요한 규제와 낡은 관습을 걷어내고 미래를 조금만 더 생각했어도 더 많이, 더 크게 긍정적으로 세상이 바뀌어 있었을 것이라는 아쉬움입니다.

그렇다고 아쉬워만 할 수는 없는 노릇입니다. 그사이 바뀌지 않은 것들은 그대로 남기고 바뀐 세상에 도움이 될 만한 생각은 더했습니다. 생각의 중심에서 써내려갔던 그 관점에서 생각의 밖에서 보았던 생각들을 더해 10주년 개정증보판을 펴냅니다.

생각은 항상 달라집니다. 같은 생각도 상황에 따라 달라지지만 본질을 꿰뚫어보는 관점이 흔들리지 않으면 달라진 상황에서도 좋은 생각을 만들어낼 수 있습니다. 좋은 생각은 좋은 관점에서 나옵니다. 어려움을 극복하는 생각도, 상황을 바꿔내는 생각도 관점에 따라 달라질 수 있습니다. 변화를 두려워하지 않는 사람은 변화를 뒤따라가지 않고 변화를 이끌어갑니다. 좋은 생각, 좋은 관점이 진정한 무기가 됩니다.

지난 10년 동안 절실하게 살았습니다. 성공이란 이름이 나를 교만하게 할 수도, 나태하게 할 수도 있기 때문입니다. 더 보려는 절실한 마음으로 모든 것에서 스승을 발견하려고 순간순간 의미를 부여하며 살았습니다. 삶 속에서 수많은 스승들을 만나고 고개를 끄덕이며, 감탄하고 성장하며 살고 싶습니다. 저는 질문과 깨달음은 비례한다는 말을 믿습니다. 그리고 그 깨달음의 감탄만큼 성장한다는 것도 믿습니다. 이 믿음이 나를 더 성장시킬 수 있기를 바라며, 또한 이 믿음이 깃든 책을 읽는 당신도 성장할 수 있기를 진심으로 바랍니다.

관점 디자이너 박용후

프롤로그

# '관점'이
# 모든 것을 결정한다

자동차의 창문을 열고 시속 100km로 달리면서 친구와 대화를 나눈다고 생각해보자. 아마도 엄청난 소음과 바람 때문에 큰 소리로 말을 해야 서로 생각이 통할 것이다. 넓은 도로나 고속도로 주변에 사는 사람들을 위해 방음벽을 설치하는 이유도 자동차 소음이 생활을 방해하기 때문이다. 이렇듯 우리는 시속 100km의 속력에서 발생하는 소음도 견뎌내지 못한다. 그런데 곰곰이 생각해보면 우리가 살고 있는 지구는 적도를 기준으로 시속 1,664km, 우리나라를 기준으로는 시속 1,260km라는 어마어마한 속도로 자전을 하고 있다. 더군다나 태양 주변을 도는 공전 속도는 1초에 약 30km, 시속으로는 무려 11만 km에 달한다. 분명 어마어마한 굉음이 발생할 텐데, 지구의 자전 소음이나 공전 소음 때문에 못 살겠다는 사람은 아무도 없다. 그 이유는 인간의 청력은 20Hz에서 2만 Hz 사이의 소리만 들을 수 있는데, 지구의 자전이나 공전 소음은 이 범위를 벗어나 있기 때문이다.

그런가 하면 우리가 무언가에 사로잡혀 있을 때 주변의 것들을 보지 못하거나 인식하지 못하는 경우도 많다. 한 가지 일에 몰두하면 그 순간만큼은 곁에서 누가 떠들건 누가 지나가건 보이지도 않고 들리지도 않는다. 우리는 대부분 보고 싶은 것만 보고 듣고 싶은 것만 듣는다. 자기 기준으로, 자기 생각으로 받아들이고 인식하다 보니 같은 영화, 같은 책, 같은 사건을 접하고도 제각기 다른 이야기를 하는 것이다. 이렇게 우리 주변에는 분명히 존재하는데도 우리가 미처 듣지 못하는 것, 보지 못하는 것, 느끼지 못하는 것들이 많다.

보이지 않는 것들을 보고, 들리지 않는 것들을 듣고, 느껴지지 않는 것들을 느낄 수 있는 비결이 있다. 바로 다른 관점을 갖는 것이다. 같은 일을 겪고도 어떤 사람은 해결 방법을 찾아내고 어떤 사람은 문제조차 제대로 파악하지 못한다. 어떤 사람은 하나의 장면에서도 순식간에 수많은 것을 읽어내지만, 어떤 사람은 수많은 의미가 담긴 장면에서도 아무것도 읽어내지 못한다. 그 차이는 어디에서 시작될까? 바로 '관점'이다.

어떤 관점으로 바라보느냐에 따라 해석하는 방식이 달라지고 전혀 다른 결과에 다다른다. 사람들 사이에서 발견되는 능력의 차이는 바로 '어떤 관점에서 바라보았느냐?'에서 기인한다. 관점을 바꾸면 보이지 않던 것들이 보이기 시작한다. 생수와 김치를 사 먹는 것이 언제부터 당연해졌는지 기억할 수 있는가? 아마도 선뜻 말하지 못할 것이다. 그 이유는 바로 '시나브로', 즉 우리가 알지 못하는 사이에 조금씩 바뀌었기 때문이다. 이렇듯 시나브로 바뀌는 세상을 읽어내는 힘도 바로 통찰을 이끌어내는 관점에 있다. 당신이 지금까지의 삶과 다른 인생을 살고 싶다면, 이제 그 도구의 해답은 관점이다.

'보는 것'과 '아는 것'은 명백히 다르다. 우리가 보는 많은 것 중에는 그 이면까지 미처 알지 못하는 것투성이다. 하지만 우리는 우리가 보고 있고, 오랫동안 보아왔다는 이유로 '당연함'으로 치부해버린다. 고정관념에 사로잡히는 것이다. 고정관념에 사로잡혀 세상을 본다는 것은 색안경을 끼고 세상을 바라보는 것, 또는 우물 안에서 세상을 바라보는 것과 같다. 안경을 벗거나 우물에서 빠져나오기 전에는 아무리 똑똑한 사람도 결코 세상을 제대로 볼 수 없다.

스티브 잡스가 아이폰으로 세상을 바꿀 수 있었던 요인은 남다른 관점으로 세상을 보고 고정관념으로부터 탈피했기 때문이다. 오래된 관점을 바꾼다면, 당연함과 관성에 빠져 사는 것이 아니라 당연함을 부정하고 본질을 파악해 새로운 습관이나 관성을 만들어낸다면, 누구라도 제2의 스티브 잡스가 되지 말라는 법은 없다. 사람과 사람 사이에 존재하는 미세한 생각의 흐름을 읽어내고 그 본질을 파악함으로써, 굳어진 관점을 바꿀 수 있기 때문이다.

우리가 관점을 바꾸고 제2의 스티브 잡스가 되고 일론 머스크가 되는 데는 큰 창업 자본도, 거대한 회사도, 오랜 준비 기간도 필요하지 않다. 바로 손에 쥐고 있는 스마트폰 하나와 이 책을 통해, 무의식적으로 받아들이는 고정관념에서 벗어나 앞으로 다가올 시대적 관점을 창조하는 노하우를 배워나갈 것이기 때문이다.

페이팔paypal을 만들었던 일론 머스크의 꿈은 '결제'라는 작은 영역에서 시작했고, 진화를 거듭해 전기차는 물론 우주항공, 에너지 분야까지 이어졌다. 결제에서 시작된 꿈이 우주 탐사와 같은 대담한 목표까지 커진 것이다. 그의 꿈도 출발은 작았다. 그러나 그는 남들이 불가능하다고 여기는 영역에 대해 '할 수 있어! 안 될 이유가 뭐가 있어?'라는 마음으로 시작했다. 그게 일론 머스크를 크게 만들었다.

일론 머스크는 BBC와 인터뷰에서 이런 말을 남겼다. "인생이 단지 앞에 있는 문제를 해결하는 데 멈춰서는 안 된다. 아침에 일어나서 '좋아! 오늘 일어날 일이 기대돼!'라고 말할 수 있어야 한다." 결국 큰 업적도 아침에 일어나서 어떤 마음으로 하루를 시작하느냐에 달려 있다는 것을 안 사람이 바로 일론 머스크였다.

우리는 살아가면서 많은 사람을 만나고 많은 것을 보고 듣고 읽는다. 이 많은 인연 중에서 어떤 만남은 인생을 바꿔놓기도 한다. 2020년 은퇴한 테니스계의 슈퍼스타이자 역사상 가장 많은 돈을 번 여성 운동선수인 '괴성의 여왕' 마리야 샤라포바는 원래 가난한 집안의 딸이었다. 하지만 역대 최고의 여자 테니스 선수 중 하나로 꼽히는 마르티나 나브라틸로바 선수와의 우연한 만남으로 그녀의 운명은 송두리째 바뀌었다. 나브라틸로바가 아직 어린 샤라포바의 재능을 발견하고 그녀의 가족을 설득해 미국에서 본격적인 테니스 수업을 받도록 해준 것이다. 나브라틸로바와의 만남은 샤라포바가 작은 시골 마을에서 벗어나 더 넓은 세상으로 나아가도록 이끈 운명적 만남이었다.

당신과 이 책의 만남이 인생을 바꿔주는 운명적 만남이기를 기대한다. 이 책을 읽은 뒤 세상을 더 깊게 보고 더 멀리 보며, 남다른 관점과 통찰력을 갖게 되기를, 그래서 스스로의 관점을 디자인하는 제2, 제3의 관점 디자이너가 되기를 바란다. 관점을 바꾼 후 내 인생은 크게 달라졌다. 이 책을 통해, 관점을 바꿈으로써 삶의 많은 것들이 바뀌었던 경험을 많은 사람들과 공유하고자 한다.

이 책을 읽기 전과 이 책을 읽은 후의 당신이 달라지기를 바라면서, 세상을 자유롭게 바라보고 입체적으로 볼 수 있도록 길러주신 사랑하는 나의 어머니께 깊은 감사를 드린다. 곁에서 부족한 남편을 내조해준 사랑하는 아내 김은혜, 내 관점의 씨앗을 심어준 벗 카카오 김범수 의장을 비롯해, 나에게 순수한 사람이 갖는 창의성이 주는 감탄을 느끼게 해주는 ㈜우아한형제들 김봉진 전 대표, 전혀 다른 관점으로 나를 놀라게 하는 카카오 조수용 전 대표, 건너간다는 의미가 인생에서 어떤 의미를 갖는 것인지를 알게 해주신 나의 '생각의 스승' 최진석 교수님, 가장 중요한 시기에 다른 관점을 보게 해주신 스승이자 형님 연세대 김주환 교수님, 언어로 사람에게 어떻게 깨달음을 줄 수 있는지를 몸소 보여준 한양대 유영만 교수님, 그리고 항상 곁에서 많은 도움을 주는 유하나 님에게도 감사의 말씀을 전한다.

차례

10주년 기념 개정증보판을 내며 관점에 새로움을 더하라. 끊임없이, 무한으로.   004
프롤로그 '관점'이 모든 것을 결정한다   007

## PART 01 | 보는 것과 아는 것의 차이

01. 'one of them'이 아닌 'only one'   022
02. '당연함'을 의심하면 미래가 보인다   030
03. 보이지 않는 고릴라   039
04. '본질'마저도 불변하는 가치는 아니다   046
05. 다른 질문이 생각의 방향을 바꾼다   054
06. 골리앗을 이기는 다윗의 돌멩이   061
07. BMW의 휠은 왜 빨리 까매질까   067
08. 본질은 치킨박스가 아니라, 닭이다   072
09. 부수고 또 부숴야 보인다   076
10. 진보보다 진화하라   081
11. 가치가 향하는 목적에 집중하라   086

PART 02　관점은 관성 밖의 것을 보는 힘이다

01. 세상은 더듬이를 세운 자들의 것이다　　　　　　　　096
02. 산만했다? 호기심이 많았다!　　　　　　　　　　　103
03. 모든 '오래된 것'을 새롭게 하라!　　　　　　　　　109
04. 끊임없는 질문은 본질에 접근하는 힘　　　　　　　116
05. 자신만의 정의를 가졌는가　　　　　　　　　　　　123
06. 세상에 일어나는 일을 미적분하라　　　　　　　　130
07. 'How to Work', 제대로 일하는 법　　　　　　　　134
08. 새로운 관점을 만들어내는 해체와 조립　　　　　　139
09. 벽에 부딪히면 원점으로 되돌아가라　　　　　　　143
10. 흐름과 균형, 회계와 재무의 차이　　　　　　　　147
11. 단어를 뜯어서 살펴보면 본질이 보인다　　　　　　150
12. 가치와 차별성을 만드는 나만의 아이덴티티　　　　153

## PART 03　관점을 바꾸면 '산타클로스'가 보인다

| | |
|---|---|
| 01. 복잡함을 품은 단순함 | 164 |
| 02. 생각을 모으고 걸러주는 생각의 깔때기 | 169 |
| 03. 읽고 말하라. 그리고 지지를 얻어라 | 175 |
| 04. 끄는 컴퓨터, 꺼지지 않도록 노력하는 컴퓨터 | 179 |
| 05. 나만의 '산타클로스'를 만들어라 | 184 |
| 06. 군중 속의 깃발, 슬로건 | 188 |
| 07. 인지상정과 기상천외, '당연'과 '기발' 사이 | 192 |
| 08. snap judgement, 작은 기발함 | 197 |
| 09. 보여줄 이미지부터 결정하라 | 201 |
| 10. 약점을 강점으로 바꾸는 관점의 비밀 | 206 |

## PART 04 | 나를, 상품을, 기업을 판다는 것

01. 타성에 젖은 마케팅, 목적이 분명한 마케팅     216
02. 가치에 가치를 더하는 마케팅     223
03. 소셜을 움직이는 링크, 링크, 링크     229
04. 핵심지표 없는 기업은 속도계 없는 자동차와 같다     233
05. 뜨는 것들에는 일관된 방향이 있다     237
06. 경쟁사가 아니라 고객이 본질이다     243
07. 미늘이 있는 메시지     250
08. 결이 있어야 공감과 설득도 통한다     254
09. 고객의 짜증에 성공의 답이 있다     257
10. 신제품 = 고객이 새롭게 느끼는 것     263
11. '맛있다'가 아니라 '이 브랜드가 맛있다'여야 한다     266
12. 고객의 '말'로 이야기하라     274

## PART 05 | 인생을 '주관식'으로 풀어내는 법

01. 진심으로 대하면 내 편이 된다 - share the experience     282

02. 두려워해야 할 것은 '갇힌' 생각이다     289

03. 정답이 정해지지 않은 문제를 푸는 능력     294

04. 나와 '다른' 사람은 누구라도 배울 것이 있다     298

05. 명품이 된다는 것은 아이덴티티를 가진다는 것이다     302

06. 사람을 움직이게 하는 '질문의 미학'     305

07. 생각의 경험치, 내면의 스키마     311

08. 자신의 경험을 디지털화하는 역발상     317

09. 생각의 결, 생각의 흐름을 찾는 방법     321

10. '번다'에서 '돈'을 빼면 제대로 보인다     324

11. 인생은 S자 곡선, 털어내면 성공이 기다린다     329

PART
# 06

# 미래는
# 보이는 것보다
# 가까이 있다

01. 경영의 본질을 알아야 존재 목적을 안다     338
02. 성공하는 경영자의 세 가지 습관     343
03. 건방짐과 겸손함이 성패를 가른다     347
04. 어떤 기업이 살아남는가     351
05. '착한 생각'이 가장 창의적이다     357
06. 언제, 어디서 일하는가는 중요하지 않다     366
07. 스마트워크 시대의 관계법     372
08. 관점의 전환, 레드오션도 블루오션으로 만드는 것     375
09. 인공지능 시대, 어떻게 도구로 쓸 것인가     382
10. 시대의 급류에 휩쓸리는 금붕어가 되지 않으려면     386

**에필로그** 확장된 눈으로 세상을 해석할 때 삶도 확장된다     390

# PART

# 01 보는 것과 아는 것의 차이

─────── 어릴 때부터 워낙 호기심이 많아 주의가 산만했다. 첫 직장에 들어간 뒤 천안에서 서울까지 출퇴근을 했는데, 일정한 직장생활이 체질에 잘 맞지 않았다. 기자를 해봐야겠다고 생각하고 컴퓨터 잡지를 발간하는 잡지사에 들어갔다. 거기서 글쓰기를 정말 많이 배웠고, 다양한 경험을 했다. 업무가 확장되면서 음성인식앱 개발, 인터넷 쇼핑몰, 아바타 개발 등 그 회사에서 처음 시작한 사업은 대부분 내가 주도했다. 모두 잘됐다. 예측한 미래가 들어맞는 경우가 매우 많았다. 거의 예언가 수준이었다. 더 넓은 세계로 나아가야겠다는 꿈을 키웠다. 사업가 박용후의 탄생이었다.

지구는 가만히 있고 태양과 별과 달이 움직인다고 믿던 시절, 당연하게 여겨지던 천동설에 의문을 품은 코페르니쿠스가 지동설을 주장하자 사람들은 말했다. "만일 지구가 움직인다면 지구 위에 멈춰 있는 공기 때문에 공중에서는 언제나 강한 바람이 불 것이다. 그리고 공중으로 던져 올린 공 역시 지구가 움직인 만큼 다른 장소로 떨어지지, 제자리로 떨어지지는 않을 것이다." 많은 사람들이 그 말을 믿었다. 하지만 당시 대부분의 사람들이 당연하다고 믿던 것은 진리가 아니었다. 역사적으로 이런 일은 헤아릴 수 없이 많다. 그렇다면 지금 우리가 당연하다고 생각하는 것들은 미래에도 진리일까?

당연함을 부정하라! '모든 것이 마땅히 그래야 한다'고 받아들인다면 변화는 존재하지 않는다. 당연함의 틀에 갇히면 아무것도 이루어지지 않는다. 지금 당연한 것이 미래에도 당연한 것은 결코 아니다. 과학과 철학은 당연함을 끊임없이 극복하는 과정이라고 말해도 지나치지 않다. 관점의 변화는 당연함의 부정으로부터 나온다.

**'크리에이티브'라는 단어의 시작은
'당연함에 던지는 왜?'라고 해도 좋을 것이다.**

## 01
## 'one of them'이 아닌 'only one'

내 직업은 관점 디자이너Perspective Designer다. '관점 디자이너? 도대체 어떤 일을 하는 직업이지?'라는 의문을 갖는 사람이 많을 것이다. 모르는 것이 당연하다. 내가 만든 직업이기 때문이다.

대한민국의 관점 디자이너는 아직까지 나 혼자다. 따라서 인터넷 검색창에 '관점 디자이너'를 치면 내 이름만 나온다. 자동차 디자이너가 자동차를 디자인하고 헤어 디자이너가 헤어스타일을 디자인하듯, 관점 디자이너는 말 그대로 관점을 디자인하는 사람이다. 헤어스타일을 바꾸면 외모가 달라지듯, 관점을 바꾸면 인생이 달라진다. 개인뿐 아니라 기업이나 제품도 마찬가지다.

관점 디자이너는 관점을 바꿔 생각의 방향이나 구조를 바꾸는 일을 하는 사람이다. 통념의 표현을 빌리자면 홍보 마케팅을 하는 사람이다. 흔히 홍보를 전문으로 하거나 마케팅을 하는 사람들을 마케터 또는 홍보 전문가라고 일컫는데, 나는 그런 표현이 싫다. 왜냐하면 홍보 전문가, 홍보이사, 마케터라면 아무리 잘해도 'one of them', 다시 말해 여럿 중 하나에 지나지 않을 것이기 때문이다.

나는 마케팅을 하는 사람이다. 그리고 내가 생각하는 '마케팅'은 '고객의 관점을 바꾸어 서비스나 제품을 가치 있게 느끼도록 하는 것'이다. 고객의 관점을 바꾸기 위해서는 관점을 디자인하는 사람이 되어야 한다. 그래서 나는 홍보 전문가 또는 마케터라는 명칭 대신 나의 직업을 관점 디자이너로 네이밍 naming 하였다.

내 직업에 새로운 이름을 붙이자, 나는 최초의 관점 디자이너가 되었다. '관점 디자이너 박용후'가 됨으로써 나는 하나의 브랜드가 되고, 사람들에게 내가 원하는 이미지로 다가서게 되었다.

나의 직업을 관점 디자이너라고 정의하면 내가 하는 일의 범위는 내가 원하는 방향으로 향하고 일의 범위도 넓어진다. 홍보라는 단어는 그와 비슷한 일을 하는 사람들의 영역을 왜곡시키는 경우가 있다. 많은 기업에서 홍보를 하는데, 하는 일은 대부분 '널리 알린다'는 것에 포커스가 맞춰져 있다. 하지만 기업 입장에서 제품이나 서비스를 널리 알리는 것보다 더 중요한 것은 '제품에 대한 고객들의 관점을 어떻게 바꿔놓을 것인가'이다. 제품을 보는 사람들의 관점이 바뀌면, 그 제품은 매출이 늘어나는 정도에서 그치지 않고 그야말로 '붐'을 일으키게 된다.

어린 시절 학교 앞에서 팔던 군것질거리를 떠올려보자. 학부모들이 그것을 '불량식품'으로 인식하게 되면 '우리 애가 저 나쁜 걸 사 먹으면 어쩌지?'라고 걱정하겠지만, '추억'으로 바라보면 자신들도 한번 사서 먹어보고 싶은 '추억의 먹을거리'가 된다. 따라서 제대로 고객의 마음을 얻으려면 제품을 보는 사람들의 관점을 먼저 결정하고, 그 방향에 적확하게 맞추어 마케팅에 집중해야 한다.

## 나는 어떻게 불릴 때 행복한가

사람들에게 직업이나 신분을 물어보면 의사, 변호사, 회사원, 공무원, 가

정주부, 학생 등으로 대답한다. 더 상세한 대답이라고 해봐야 ○○병원에서 일하는 의사, △△로펌 변호사, ××구청에서 근무하는 공무원, □□학교 학생 정도가 고작이다. 이렇게 대답하면 그 직업에 종사하는 'one of them'이 된다. 스스로도 생각해보자. 누군가 나에게 직업이나 신분을 물었을 때 뭐라고 대답해왔는가?

자신을 'one of them'이 아니라 'only one'이 되게 하고 싶다면, 즉 비슷한 일을 하는 많은 사람들 가운데 하나가 아니라 홀로 반짝반짝 빛나게 하고 싶다면, 자신의 이름 앞에 수식어를 달아보자. 이를 전문용어로 콜링 **calling**이라고 하는데, 이는 '내가 어떻게 불리면 행복할 것인가?'를 선택하는 것이다. 나는 남들과 어떤 점에서 다르며, 남들에게 어떻게 보일 때 행복하겠는가? 내가 어떤 의사인지 어떤 변호사인지, 남들에게 어떻게 불리고 싶은지를 말할 수 있어야 한다. 내가 무엇을 추구하는 의사이고 어떻게 일하는 변호사인지 말할 수 있을 때, 내가 원하는 또 다른 직업이 만들어지고, 자신만의 이미지가 만들어진다.

누구든 태어나면 부모님에 의해 이름이 붙여진다. 그렇게 'I am 박용후'로 태어나지만 이후 성장하면서 기자 박용후가 되고, 벤처사업가 박용후가 되고, 어느 날 관점 디자이너 박용후가 되었다. 변하지 않는 이름(물론 개명할 수는 있지만)에 현재 하고 있는 일을 나타내는 직업, 역할 등이 추가로 붙는다. 누구 남편, 어떤 직업 박용후가 된다. 그다음부터가 중요하다. 그때부터는 그 직업을 형용하는 부사와 형용사가 붙는다. 결국 인생은 명사로 태어나서 하나의 명사(직업)가 붙고, 그것을 표현하는 부사와 형용사에 의해 사회적 가치가 결정되는 것이다. 어떤 명사를 고를 것인가? 그 명사에 어떤 부사와 형용사가 붙게 할 것인지는 철저하게 본인이

하기 나름이다. 그래서 인생이 재미있는 것이다.

## 최고에게는 최고의 무기가 필요하다

내가 사용하는 명함의 숫자는 5개일 때도 있었고 17개일 때도 있었으며, 앞으로도 그 숫자는 계속 변할 것이다. 나는 내가 맡은 임무를 달성하면 회사를 '졸업'하고, 도움을 요청하는 회사가 생기면 '입학'하기 때문이다.

관점 디자이너 1호가 되기 전 나는 기자였고, 성공한 벤처 사업가였고, 실패한 CEO였다. 실패한 CEO로서 카카오 이사회 김범수 의장에게 진 빚을 갚기 위해 아이위랩(현 카카오)의 홍보이사로 일을 시작했다. 당시 직원 20여 명의 작은 회사였던 카카오톡의 홍보 담당자가 개인 사정으로 자리를 비운 터였다.

그때가 2010년 5월, 카카오톡 초창기였다. 아직 언론이나 대중의 주목을 받지 못했던 카카오톡을 홍보하면서 나는 관점 디자이너로 거듭났다. '휴대폰은 사람들 사이의 소통을 위해 존재하며, 카카오톡은 사람들이 서로 연결되어 있는 것'이라는 새로운 관점을 만들기 위해 미친 듯이 일했다. 카카오톡을 다운받은 사용자가 수억 명을 넘어선 지금, 나는 카카오를 졸업한 상태다. 이렇게 기업과 제품을 바라보는 고객의 관점을 바꿔줌으로써 관점 디자이너로서 좋은 성과를 거두자 내 명함의 숫자는 점차 늘어나기 시작했다.

현재 2,174만 명이 쓰고 있는 애플리케이션 '배달의민족'을 만든 ㈜우아한형제들에서 근무하기로 결정하던 때에도 나는 내 임무를 다하면 회사를 졸업하는 것으로 계약을 했다. '회사를 졸업한다는 것'은 나의 절친이기도 한, NHN JAPAN의 성공 신화를 이룬 코코네 천양현 회장이 술자

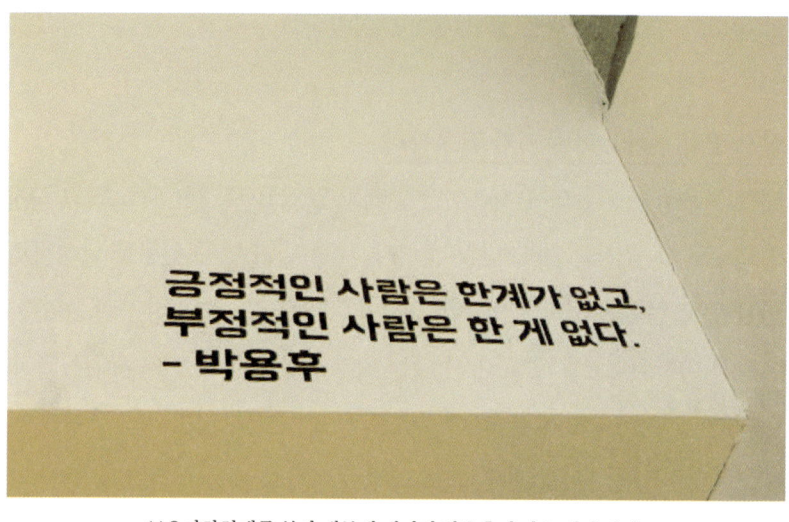

㈜우아한형제들 본사 내부에 새겨진 박용후의 작은 생각 하나.

리에서 한 말이었다. 사람들은 퇴사할 때 흔히 "때려치웠다", "그만뒀다", "잘렸다"라고 말한다. 때려치우거나 그만둔 회사는 다시 찾아갈 수 없지만 졸업한 회사라면 언제라도 즐거운 마음으로 다시 찾아갈 수 있을 것 같지 않은가. 모교를 자랑스럽게 생각하고 언제든 다시 찾아갈 수 있는 것처럼 말이다.

며칠 뒤 ㈜우아한형제들에서 계약서가 날아왔다. 계약서에 으레 등장하는 갑과 을의 계약 내용 대신 인상적인 문구가 쓰여 있었다.

"박용후는 '배달의민족'이 2,000만 다운로드를 달성했을 때 회사를 졸업한다."

"졸업한 후에도 2년 동안 매월 100만 원씩 지급한다. 그리고 책값을 무제한 제공한다."

이런 정도의 계약서라면 박용후로 하여금 회사를 위해 최선을 다해 일하도록 만들기 충분했다. 계약 후 어느 날, 집에 노트북이 배달되었는데 당시 출시된 노트북 중 최고 사양이었다. 그리고 나에게 배달된 선물의 이유를 김봉진 대표는 이렇게 설명했다.

"최고에게는 최고의 무기가 필요하지 않을까요?"

그는 돈으로 사람을 고용한 것이 아니라 꿈으로 박용후를 산 것이었다.

이후 '배달의민족'은 2,000만 다운로드를 달성했다(현재는 6,000만 다운로드가 넘는다). 김봉진 대표는 나에게 졸업식을 해주었다. 빛나는 졸업장과 함께. 그런데 졸업식 이후 바로 입학식이 이어졌다. 우아한형제들과 함께 더 가자는 의미의 입학식이었다.

입학식을 하며 김봉진 대표는 이렇게 말했다.

"이사님과 계약할 당시 정말로 2,000만 다운로드를 달성할 거라고 생각하지 못했습니다. 꿈같은 일이 현실이 되었네요. 고맙습니다. 이제 더 큰 꿈을 위해 함께 가시죠!"

누가 이런 리더와 함께 일하는 것을 기꺼워하지 않겠는가? 누가 마음을 다해 일하지 않겠는가?

관점 디자이너로 나 자신과 직업을 네이밍하기 전까지, 나는 어머니에게 하루 3만 원씩 용돈을 받아서 쓰는 불효자, 큰소리칠 것 하나 없는 사람이었다. 그때의 나와 지금의 나를 가르는 차이는 바로 'one of them'에서 'only one'이다. 'one of them'은 일직선상에서 동시에 출발하여 한 방향으로 달리는 게임이다. 필연적으로 1등이 있고 2등이 있으며, 뒤처지는 사람이 있고 꼴등이 있을 수밖에 없다. 하지만 'only one'은 한 점에서 동시에 출발하더라도 상하좌우, 360도 모든 방향으로 제각기 달

같은 떠남이어도 퇴사와 졸업 사이에는 커다란 관점 차이가 존재한다.

려 나가는 게임이다. 자신이 택한 방향으로는 혼자 달리기 때문에 게임 참가자 모두가 1등이 된다.

어떻게 모두가 1등인 게임에 참가할 수 있느냐고? 관점을 바꾸면 된다. 스스로 자신의 관점 디자이너가 돼라. 그러면 가능하다. 이 책에서 말하고자 하는 것이 바로 'only one game'의 방법론이 될 것이다. 이 매력적인 게임을 지금부터 함께 시작해보자.

### 생각을 확장하는 한마디

스스로 자신과 자신의 업業을 규정하고 이름을 정하는 사람은 업을 새롭게 봄으로써 기존 영역도 새로운 영역으로 만들어내는 사람이다. 그런 사람은 쉽게 대체되지 않는다. 쉽게 대체되는 것일수록 값이 싸다. 본인을 대체할 수 없는, 대체하기 힘든 존재로 만들어라. 세상 그 어디에도 없는, 자기 자신만이 가능한 'only one'을 만들어라.

## 02
## '당연함'을 의심하면 미래가 보인다

"세상에 변하지 않는 것은 없다. 오직 변하지 않는 것이 없다는 것만이 변하지 않는 진리다."

누구나 한 번쯤 들어보았을 명언이다. 언제까지나 변하지 않는 것, 언제까지나 당연한 것은 없다. 만일 모든 사람이 지금 있는 것들을 당연하다고 생각하고 그대로 받아들인다면, 과거와 현재뿐 아니라 미래의 세상은 아무런 변화가 없을 것이다. 하지만 세상은 너무 많이, 그리고 너무 빨리 변하고 있다.

지금 당연한 것들을 아무 생각 없이 당연하게 받아들이는 사람은 항상 세상의 변화를 뒤따라갈 수밖에 없다. 현재의 당연함을 부정하고 미래에 당연해질 것을 찾아가는 과정에서 생각이 자라나고, 다른 사람들과 차별화된 자신만의 생각이 생기게 된다.

남들 뒤를 따르게 되는 사람들은 비단 게으른 자들만이 아니다. 당연한 것에 의심을 품지 않고 받아들이는 사람들 또한 세상의 변화를 따라잡지 못한다. 바쁘게 살아가다 어느 날 발걸음을 멈추고 "와, 세상 정말 많이 바뀌었구나!"라며 감탄하는 사람들 중에 성공한 사람은 결코 본 적 없다. '세상이 이렇게 바뀌는데 내가 한발 앞서 바꿔볼까?'라고 생각하는 사람들이 성공한다.

우리가 언제부터 물을 사 먹었는지 기억할 수 있는가?
당연한 것도, 당연하지 않은 것도 영원한 것은 없다.

## 지금 당연한 것 vs. 미래에 당연해질 것

생각해보라. 불과 10년 전만 해도 당연했지만 지금은 당연하지 않게 된 것들이 부지기수다. 그 반대의 경우도 마찬가지다. 예전에는 수돗물을 그냥 마시거나 고작해야 주전자에 보리차를 끓여 마셨지만, 이제는 많은 사람들이 물은 당연히 사서 마시는 것이라고 생각한다. 언제부터 우리가 물을 사 먹었단 말인가? 사실 물을 사 먹기 시작한 것은 불과 몇 년이 되지 않았다.

이제 사람들은 수돗물을 생활용수로 얼마든지 사용하지만 먹는 물만큼은 정수기를 사용하거나 생수를 사서 먹는 것이 당연하다고 인식한다. 나라에서는 수돗물을 안심하고 마셔도 좋다고 홍보하며, 서울의 경우 '아리수'라는 브랜드까지 만들어 수돗물의 안전성을 적극 홍보하고 있지만 대부분은 웬만해선 수돗물을 그냥 마시지 않는다. 심지어 한 예능 프로그램에서 라면 끓일 때 수돗물로 끓이느냐, 생수로 끓이느냐 하는 문제가 치열한 논쟁거리가 되기도 했다.

물뿐만이 아니다. 예전 같았으면 길을 걸으면서 혼자 이야기하고 웃는 사람을 이상하게 취급했겠지만, 스마트폰과 블루투스 이어폰이 일상화된 지금에는 너무 흔한 풍경이다. 우리 주변의 모든 것이 그렇다. 세상은 끊임없이 바뀐다. 예전에 당연하다고 생각하던 것은 사라지고, 예전에는 상상도 할 수 없던 일들이 주변을 채우고 있다. 그렇다면 너무나 당연하게도, 미래에는 지금 당연한 것들이 역사의 뒤편으로 밀려나고 우리가 당연하게 생각하지 않았던 것들이 당연해질 것이다.

저명한 컨설턴트 톰 피터스는 이렇게 말했다. "벤치마킹 **bench marking**의 시대는 갔다. 이제는 퓨처마킹 **future marking**의 시대다." 성공 사례를 벤치

마킹할 것이 아니라, 미래 사람들의 생각과 생활을 미리 읽어야 한다는 것이다. 이 말을 박용후식으로 표현하면 "지금은 당연하지 않지만 미래에 당연해질 것들을 찾아내는 것이 더 중요하다"가 된다. 현재의 당연함 속에 머무를 것이 아니라, 미래를 바라보고 미래에 당연해질 것에 집중해야 한다는 것이다. 지금 우리가 당연하다고 생각하는 것들을 부정하는 특별한 생각들이 미래를 바꾼다.

우리가 알 만한 기업들은 대부분 기업 연구소를 운영한다. 비용만 많이 들어갈 뿐 당장 수익을 내지 못하는데도 기업들이 연구소를 운영하는 이유는 뭘까? 미래에 당연해질 것들을 만들어내기 위해서다. 지금 당연한 것들은 공장에서 만들어내지만, 공장에서 만드는 물건들이 기업의 미래를 책임져주지는 못한다. 세상은 끊임없이 변하기 때문이다. 필름 카메라, 비디오플레이어, 전축, 구형 전화기 등 공장에서 경쟁하듯 만들어내던 것 중에 우리 주변에서 사라진 물건이 얼마나 많은가? 연구소는 지금 사용될 제품을 만드는 곳이 아니다. 따라서 현재의 당연함을 부정해야 연구소의 미래가 밝아진다.

미래에 당연해질 것을 만드는 곳이 연구소라면, 우리는 연구소와 같은 생각을 해야 한다. 카카오톡이 나오기 전에 당연하다고 여겨졌던 것은 문자 메시지였다. 하지만 지금은 카카오톡으로 문자를 주고받는 것이 문자 메시지를 사용하는 것보다 훨씬 더 당연하게 여겨지고 있다.

그뿐인가. 이제는 스마트폰 정액 요금제로 제공받은 무료 문자 서비스조차 소진하지 않는 것이 현실이다. 2010년에 이미 카카오톡 전송 건수가 문자 메시지를 넘어섰고, 2024년 기준 매일 4,300만 명이 카카오톡을 실행하고 있다. 하루 10억 건 이상의 메시지가 오고 간다. 초당 약 1만

카카오톡은 단기간에 사람들의 일상에 파고들며 의사소통의 '당연함'이 되었다.

1,574건, 1분에 약 69만 4,440건의 메시지가 전송되는 것이다. '검색'이라고 하면 많은 사람들이 제일 먼저 떠올릴 포털 사이트 네이버의 하루 방문자가 모바일 3,000만 명, PC 900만 명인 것을 생각하면 그야말로 놀라운 수치다.

따라서 우리는 '미래에는 어떤 것이 당연해질까?'라는 생각을 '의도적으로' 해야 한다. 만약 아르키메데스가 욕탕에 들어가서 물이 넘치는 광경을 보고 '내 체중이 이 정도 되니 물이 넘치는 것은 당연하지'라고 생각했다면 아르키메데스의 원리를 발견하지 못했을 것이다. 뉴턴이 사과가 떨어지는 모습을 보고 '가을이 되니 당연히 떨어지는 거겠지'라고 생각했다면 만유인력의 법칙은 발견되지 않았을지 모른다.

당연함을 부정하거나, 적어도 당연하지 않을 수 있다는 가능성을 열어두는 것은 당연함을 인정하는 것과 엄청나게 다른 결과를 만든다. 사람들이 보지 못하는 세상을 보려면 다른 사람과 똑같이 생각하고 똑같은 관점을 가져서는 안 된다.

그렇다면 '당연함'이라는 것은 무엇인가? 그것은 보편화된 관점이다. 이것은 어떤 시대에 사는가, 어디에 사는가에 따라 얼마든지 달라질 수 있는 것이다. 따라서 보편화된 관점을 우리 내면에서 재고하고 깨뜨려보지 않는다면, 우리는 오히려 '당연함'이라는 우물에 갇혀 바깥 세상을 모르고 살아갈 수도 있다.

일반적인 당연함을 부정하는 것, 그것은 우리를 활동적이고 역동적이게 만든다. 사람들이 당연하다고 생각하던 정서를 뚫고 일어서는 생각, 우리는 그것을 '기발함'이라고 부른다. 기발함이란 특별한 생각을 말하는 것일까? 특별한 사람들이나 할 수 있는 것이고 좀처럼 나타나기 쉽지 않은 것을 말하는 것일까? 그렇지 않다. 기발함이란 '그때까지 다른 사람들이 생각하지 못했던 평범한 생각'이다. 그래서 기발한 것들을 대할 때 사람들은 이런 이야기를 한다. "아! 왜 저 생각을 미처 못 했지?" 당연하지 않던 것이 당연해지면서 세상은 바뀌기 시작한다.

## 당연함을 부정하는 것에서 미래는 시작된다

나는 여러 가지 스마트폰을 사용하고, 통신사 역시 여러 곳을 이용한다. 여러 개의 휴대폰 중에서 가장 즐겨 사용하는 것이 아이폰이다. 사용이 가장 편리하기 때문이다. 나는 아이폰을 당연함을 부정한 것에서 비롯된 기기라고 생각한다.

초기 안드로이드 스마트폰을 살펴보면 대부분 화면 하단에 세 개의 메뉴 버튼(홈버튼, 멀티창 버튼, 뒤로 가기 버튼)이 있었다. 많은 사람들은 세 개의 버튼에 대해서 '이유가 있으니 이렇게 만들었겠지'라고 생각하고, 이것을 당연하게 여겼다. 하지만 아이폰은 버튼이 하나였고, 이 하나의 버튼마저도 아이폰X부터 아예 사라져버렸다.

스티브 잡스가 아이팟iPod을 만들 때 이미 전원 버튼을 없애라고 지시했다는 이야기는 잘 알려져 있다. '기기에는 반드시 전원 버튼이 있어야 한다'라는 생각을 완전히 뒤집은 역발상이었다. 처음 이 말을 들은 엔지니어들은 어리둥절했다. 스티브 잡스는 의아해하는 엔지니어들에게 이렇게 말했다.

"버튼을 꾹 누르는 것을 전원을 켜라는 지시가 되도록 만들면 되지."

"그럼 끌 때는요?"

"정지 버튼을 누르고 아무것도 하지 않으면 전원이 차단되도록 만들면 되지."

엔지니어들은 그제야 깨달았다. 스티브 잡스는 그들이 보지 못하는 것을 보고 있다는 사실을. 스티브 잡스는 사람들이 당연하다고 생각하는 것에서 탈피해 자신만의 가치를 찾아내는 것에 매우 능했다. 그는 대화형 기기이자 환경 중심적인 기기를 만들고자 했다. 마치 기계와 인간이 의사소통을 하듯 교감을 주고받기를 바란 것이다. 그리고 오늘날까지도 스티브 잡스의 생각이 세상을 지배하고 있다.

관점 디자이너인 나에게 많은 사람들이 묻는다. "관점 디자인이 중요하다는 건 알겠다. 그런데 관점을 어떻게 바꿔야 하는가? 그 방법은 무엇인가?" 그때마다 나는 대답한다. "당연함을 부정하라!"

스티브 잡스는 생전에 아이팟의 전원 버튼을 없앴고,
그가 세상을 떠난 후 6년 만에 출시된 아이폰X에서는 물리적 홈버튼도 사라졌다.
'반드시 있어야 한다'는 고정관념, 당연하다는 생각을 넘어서는 것. 그것이 혁신을 이루어낸다.

모든 것이 당연하면 변화는 존재하지 않는다. 당연함의 틀에 갇히면 아무것도 되지 않는다. 다른 사람이나 기업에서 나에게 월급을 주는 이유는 그들이 보지 못하는 것을 내가 보기 때문이다. 많은 사람들은 하던 일을 관성대로 계속하기 때문에 스스로의 틀에 갇히는 경우가 많다. 관점의 변화는 당연함의 부정으로부터 나온다. 다르게 생각해야 한다. 남들이 못 보는 것을 보려고 노력하라.

사람들이 당연하게 생각하는 것을 계속 당연하게 생각한다면 과학과 철학은 발전하지 않았을 것이다. 철학이나 과학을 공부하는 것은 지금 당연하다고 생각되는 것들이 당연하지 않을 수도 있다는 가능성을 활짝 열어두는 것이고, 과학과 철학은 당연함을 끊임없이 극복하는 과정이라고 말해도 지나치지 않다. 나는 '창의적 creative'이라는 단어를 '당연함에 던지는 왜?'라고 정의한다.

---

**생각을 확장하는 한마디**

과거에 당연했던 것이 현재에도 당연한가? 현재에 당연한 것이 미래에도 당연할까? 성공은 과거에 있지 않다. 성공에 대한 답은 언제나 미래에 당연해질 것에 있다.

## 03 보이지 않는 고릴라

'내가 분명히 본 것' 또는 '내가 확실히 알고 있는 것'을 우리는 '진실'이라고 믿는다. 하지만 인간의 뇌는 의외로 허술한 구석이 많다. 인간의 뇌는 착각을 자주 하는데, 사람들은 그 착각을 진실로 받아들이는 경우가 많다. 우리가 안다고 생각하는 것, 확실하다고 믿는 것, 분명히 본 것처럼 느껴지는 것이 사실과 다른 경우가 많다는 얘기다.

우리는 보는 순간 세상을 왜곡하고 편집한다. 존재하는 것과 보는 것 그리고 보이는 것에 차이가 있다는 점을 잘 알아차리지 못한다. 어떨 때는 보이는 것에 의존하고, 어떨 때는 의도적으로 보려는 것이 보이기도 한다. 볼 견見, 볼 시視, 볼 관觀, 볼 남覽, 볼 감監, 볼 간看, 볼 진覙 등 '본다'는 뜻의 한자가 왜 이렇게 많을까? '본다'는 단어는 같지만 실제적으로는 모두 다르다는 것을 의미한다. 견見은 자기만의 방식대로 보는 것이고, 시視는 어느 차원, 어느 각도에서 보느냐의 문제다. 관觀은 중심을 잡고 자세히 보는 것이다. 보는 것의 중심에 무엇이 있느냐에 따라 달라지는 것이 관점이다.

천재화가 피카소는 자신만의 화풍을 만들기 위해 가장 경계했던 것이 바로 '보던 버릇'이었다고 한다. '보던 버릇'에 갇히면 새로운 생각은 피어나지 않는다. 영어로도 본다는 의미를 가진 see, watch, look 등 여러 가지 단어가 쓰인다. 주의 깊게 보느냐, 관심 없이 보느냐에 따라 인식에 남아 있는 것은 다르게 자리 잡을 수 있음을 의미하기도 한다. 세계적인 뇌과학자 아닐 세스**Anil Seth** 교수는 "우리는 사실상 환각하고 있으며, 우리가 이러한 환각에 동의할 때 우리는 그것을 '현실'이라고 부른다"라고 말한다.

그렇다면 우리가 날마다 보고 듣고 느끼는 것 중 우리 뇌가 착각하는 부분은 얼마나 될까? 믿기지 않겠지만 우리는 눈앞에서 벌어지는 일을 볼 때조차 우리가 보고 싶은 것만 본다. 2009년 EBS 〈다큐 프라임〉에서 '인간의 두 얼굴-착각의 진실' 편이 방송됐다. 이 프로그램은 사람들이 얼마나 자기중심적으로 사물을 보는지 분명하게 보여주었다. 실험을 하나 살펴보자.

거리에서 연기자가 행인을 붙들고 길을 묻는다. 그런데 길을 묻는 도중 두 사람 사이로 커다란 간판을 든 사람들이 지나간다. 그리고 그 간판 뒤에서 길을 묻던 연기자가 다른 사람으로 바뀐다. 20대에서 50대로 연령대가 확연하게 바뀌기도 하고, 남자가 여자로 성별이 바뀌기도 하는데, 놀랍게도 10명 중 8명은 길을 묻는 사람이 바뀌었다는 사실을 알아채지 못한다. 바로 앞에 있던 사람이 완전히 다른 사람으로 바뀌었는데도 그 사실을 모르는 것이다. 이유는 간단하다. 당연히 같은 사람일 것이라고 생각하기 때문이다. 놀랍지 않은가?

이렇게 눈앞에서 많은 일이 일어나도 어느 한 가지에 집중하게 되면 나머지 것은 보지 못하는 경우가 많다. 바로 내 앞에서 벌어진 일임에도 불구하고 말이다. 내가 무언가를 집중해서 보고 있다는 말은 그것 이외의 다른 것들은 못 보고 있다는 말과 같다.

우리가 '뭔가를 안다'고 하는 것은 이런 것이다. 우리는 우리가 미처 보지 못하거나 깨닫지 못하고 스치는 것들이 있다는 사실을 인정해야 한다. 사람들은 자기가 보고 싶은 것만 보고, 관심 있는 것만 보며, 듣고 싶은 것만 듣는다. 아니면 자기 일에 갇혀서 다른 것은 보지 못할 수도 있다.

EBS 〈다큐 프라임〉
'인간의 두 얼굴' 편

우리의 뇌는 눈과 귀 등 감각기관에서 받아들인 많은 정보 가운데 중요한 것은 선택하고 그렇지 않은 것은 버린다. 그래서 보거나 듣고도 인지하지 못하고 기억하지 못하는 것이 생기게 마련이다.

## '고릴라'가 보이지 않는 이유

2012년 KBS 〈시사기획 창〉에서 '빅데이터, 비즈니스를 바꾸다'라는 프로그램을 방영한 적이 있다. 나는 이 프로그램의 해설 부분에 커뮤니케이션 전략전문가로 참여했다. 이 프로그램에서는 '보이지 않는 고릴라'라는 유명한 심리 실험을 소개한다. 심리학자인 크리스토퍼 치브리스와 대니얼 사이먼스가 하버드대학교 심리학과에서 실시한 이 실험은 전 세계 심리학 교과서를 비롯하여 과학관 및 박물관에까지 전시된 유명한 실험으로, 책으로도 출간되었다.

내용은 이러하다. 농구경기 동영상을 실험 참가자들에게 보여주면서, 흰 유니폼을 입은 팀이 공을 패스한 횟수를 세라고 한다. 대부분의 실험 참가자들은 열심히 동영상을 보면서 흰 유니폼을 입은 팀의 공이 몇 번 패스되었는지를 정확히 맞힌다.

그러나 이 실험에는 함정이 숨어 있다. 여섯 명의 사람이 공을 주고받

보이지 않는 고릴라 실험

는 동안 사람들 사이로 커다란 고릴라가 오른쪽에서 나와 중간에서 가슴을 친 다음 왼쪽으로 사라진다. 이 과정에서 검은 옷을 입은 사람이 지나가고, 실험 장소 뒤편에 있는 커튼의 색깔도 바뀐다. 나중에 실험 참가자들에게 이 과정을 보았는지 물어보는데, 놀랍게도 봤다고 대답하는 사람은 50%에 지나지 않았다. 절반의 사람들이 공의 패스 숫자를 세는 데 집중해서 고릴라를 보지 못한 것이다. 고릴라를 보지 못한 사람들은 "동영상에서 고릴라는 없었다"라고 말한다. 하지만 고릴라는 있었다. 그들이 보지 못한 것뿐이다. 심지어 이런 사실을 알려주고 동영상을 다시 보여주자 아까와 다른 동영상을 보여준 것이 아니냐고 말하는 사람도 있었다. 공의 패스 횟수, 커튼 색이 바뀐 것, 고릴라가 등장한 것, 검은 옷을 입은 사람이 중간에 빠져나간 것 등 네 가지 사실을 모두 알아챈 사람은 단 한 명도 없었다.

이 실험을 통해 우리가 주목해야 할 것이 있다. 실험에서 주고받은 '공'이 의미하는 것은 무엇일까? 우리로 하여금 다른 것을 보지 못하게 만드는 '공'은 바로 사람들의 직업이나 관심사다. 우리가 '생존'을 위한 것만 계속 쫓는다면 주변의 소중한 것을 보지 못하고 지나치게 된다는 것이다. 그로부터 우리는 삶의 많은 것을 놓치게 되고, 세상은 좁아질 수밖에 없다. 앞에 존재하는 것도 보지 못할 뿐 아니라 넓은 세상도 좁게 느낄 수밖에 없다.

세상은 빠르게 변하는데 눈앞의 것만 쫓으면 필요한 것을 못 보고 놓칠 수 있다. 그러나 이를 인정하는 것이 바로 한발 앞서갈 수 있는 출발점이 된다. 모든 사람들이 변화하거나 존재하는 상황을 다 볼 수는 없다. 어떤 사람들은 고릴라가 지나가는 모습만 볼 수 있고, 어떤 사람들은 공이 패스되는 횟수만 알 수도 있다. 커튼 색깔이 바뀌거나 다른 상황의 변화는 미처 깨닫지 못하는 것이다.

우리가 가지고 있는 이런 한계 때문에, 우리는 자신의 한계를 인정하고 도움이 필요할 경우 이를 기꺼이 받아들일 수 있어야 한다. "나는 세상에 존재하는 모든 것을 보고 있다"라고 우길 필요는 없다. 존재하지 않는 것이 아니라 자신이 미처 보지 못한 것임을 기꺼이 인정해야 한다.

세상에는 수많은 '독불장군'이 존재한다. 그들은 자신이 보지 못한다는 것을 인정하지 않는다. 그것은 바로 사상적 편견이며 내면적 편협이다. 이 사람들은 죽을 때까지 자신들이 인지한 것만을 진실이라고 생각한다. 세상에 존재하는 많은 진실에 대해서 귀를 막고 눈을 감아버리는 것이다. 그들의 무의식은 스스로를 상대적으로 못 보고 못 듣는 자로 만든다. 우리는 잠시 멈추어 숨을 고르며 하늘을 보아야 한다. 멈춰 서서 시선을 다른 곳으로 돌리면, 그동안 보지 못한 주변의 진실이 보이고 들리게 마련이다.

실험으로 돌아가보자. 우리가 공의 패스 횟수를 세는 행동을 잠시 멈춘다면, 우리는 고릴라를 볼 수 있고 커튼 색이 바뀌는 것을 볼 수 있다. 이것이 진실이다. 나의 벗이자 카카오톡 창업자인 김범수 의장은 바로 이런 의미에서 잠시 멈추어 생각해보기를 권했다. 좋은 쉼표를 찍을 수 있어야 좋은 마침표를 찍을 수 있다는 것이다. 개인적으로 나는 그 친구를 매우 존경한다. 그는 잠시 멈추어 생각했고, 그렇게 해서 대다수의 사람들이 미처 생각하지 못한 것들의 가치에 눈을 돌릴 수 있었다. 그리고 결국 사람들에게 꼭 필요하다고 생각되는 커뮤니티에 또 다른 '활동의 장'을 열었다.

'잠시 멈춘다'는 것은 일하지 않는 것을 의미하는 게 아니다. 포기를 말하는 것도 아니다. 일시정지이기는 하지만, 더 나은 '발전으로의 문'일 수도 있고 색다른 호기심을 발동하는 것일 수도 있다. 그리고 이것은 결국 우리의 발전을 가져온다. 세상은 너무 빨리 변하기 때문에, 우리는 그 변화를 미처 인지하지 못하는 경우가 많다. 세상의 변화를 놓치면 코닥이나 노키아처럼, 굴지의 대기업이라 할지라도 큰 위기에 처한다.

## 보이지 않는다고 해서 존재하지 않는 것은 아니다

나는 개인의 발전에 관심이 많은 대중을 상대로 강연을 한다. 그리고 강연을 할 때마다 강의에 앞서 '우리가 보지 못한 것들이 분명히 존재한다'는 사실, 그리고 '그것을 인정해야 한다'는 것을 늘 강조한다. 우리의 관심사에만 몰두해 있지 말고, 잠시 멈추어 주변의 것을 살펴볼 수 있기를 바란다.

전투기 조종사들은 음속 이상의 속도로 비행하기 때문에 임무를 수행하는 동안 비행 자체에 완전히 몰두하고 반드시 집중해야 한다. 주변의 것들은 단지 '스쳐 지나가는 점'일 뿐이다. 어쩌면 우리는 전투기 조종사처럼 삶 전체를 살아가고 있는지도 모른다. 너무 빠른 속도로 살아가다 보면 중요한 진실을 놓칠 수도 있고 가치 있는 교훈을 깨닫지 못할 수도 있다. 우리는 우리의 관점과 우리의 시각을 속일 수 있는 상황을 경계해야 한다.

앞의 두 실험을 통해 알 수 있듯이, 우리가 보지 못했다고 해서 없는 것

카카오톡을 설립한 김범수 의장. 스스로에게 브레이크를 걸 수 있는 사람,
잠시 멈추어 설 줄 아는 사람이 새로운 가능성을 발견한다.

이 결코 아니다. 우리는 우리가 놓치는 것, 보이지 않는 고릴라를 찾아야 한다. 우리가 놓치는 것이 어쩌면 우리의 행복을 위해 반드시 필요한 것일 수도 있지 않은가!

### 생각을 확장하는 한마디

만약 당신의 눈에 고릴라가 보이지 않았다면, 문제는 고릴라를 놓쳤다는 사실 자체가 아니다. 고릴라가 있다고 지적하는데도 '고릴라는 없다'고 주장하는 것이 더 큰 문제다. 지금 당신의 '고릴라'는 무엇인가?

## 04
## '본질'마저도 불변하는 가치는 아니다

한때 '확실히 안다'고 생각하던 것이 사실과 달랐음을 깨닫게 되는 경우가 있다. 어렸을 적 또는 과거의 모습을 돌아보면서 '그때는 참 어리석었다, 생각이 어렸다'라고 회상하는 일도 있다. 그럴 때면 내 생각과 사고가 성숙해지고 발전했음이 느껴지면서 스스로 자랑스럽다. 우리는 누구나 점점 더 발전하기를 원하기 때문이다.

많은 사람들은 '본질'의 의미를 '변하지 않는 것'이라고 생각한다. '변하지 않는 가치'라고 말하기도 한다. 하지만 본질이라는 것은 끊임없이 바뀔 수 있다. 류시화 시인의 작품 가운데 《지금 알고 있는 걸 그때도 알았더라면》이라는 시집이 있다. 사실 본질적 가치를 부여하는 것은 전적으로 그 사물을 해석하는 '나 자신'에게 있다. 과거에는 생각하지 못한 본질적 가치를 지금에야 깨닫게 되는 경우가 바로 그러하다. 즉, 우리 스스로가 '지금 알고 있는 것을 그때도 알았더라면'이라는 식의 아쉬움을 갖게 되는 것처럼 본질적 가치는 변할 수 있다는 뜻이다. 결국 이것은 우리가 관념에 사로잡힐 필요가 없으며, 과거의 고정관념에 갇혀 스스로의 사고를 고착시킬 필요는 더더욱 없음을 말해준다.

'본질'이라는 말을 떠올릴 때 그것을 고정된 것, 또는 콘크리트 속에 갇혀 있는 것처럼 단단한 '근본'인 듯 생각해서는 안 된다. 물론 정도의 차

'크림'이라는 단어 하나에도 다양한 '관점'이 존재한다.

이가 있을 뿐, 사람들은 누구나 어느 정도의 고정관념을 가지고 있다. 그리고 그러한 고정관념은 자신의 발전에 방해가 되기도 하고 실수를 만들어내기도 한다. 고정관념은 사람들이 당연하다고 생각하는 것에서 만들어진다. 그리고 그 당연함은 우리가 살아가는 사회의 전통이나 관습, 성별이나 연령대, 교육 환경 등에 따라 각각 다르게 형성된다.

### 열어두는 것만으로도 '다른' 세계가 열린다

당신은 '크림'이라는 단어를 들으면 제일 먼저 무엇이 떠오르는가? 매일 화장을 하는 사람이거나 뷰티 분야에 관심이 많은 사람이라면 화장품을 떠올릴 것이다. 아침마다 면도하는 남성이라면 면도 크림이 먼저 떠오를 수도 있다. 반면 빵이나 케이크를 좋아하는 사람, 혹은 제과업계에 종사하는 사람이라면 먹는 크림을 떠올릴 것이고, 더운 날씨에 땀을 흘리고

물고기의 정면을 활용한 달력. 옆을 앞으로 바꾸는 것 하나만으로 큰 변화가 일어난다.

있다면 차가운 아이스크림을 떠올릴 수도 있다. 이렇게 단어 하나 가지고도 사람들은 자신의 상황과 환경에 따라 서로 다른 이미지, 즉 자신의 '관념'을 이끌어낸다. 결국, 우리가 무엇보다 경계해야 할 것은 고정관념이다. 우리가 옳다고, 바르다고 생각하는 것을 절대적이라고 생각해서는 안 된다. 열린 사고를 가질 수 있어야 하며, 내가 틀릴 수도 있다는 점을 명심해야 한다.

우리는 물고기를 그리라고 하면 물고기의 옆모습 위주로 그린다. 나도 그렇다. 그런데 어느 날 일본에서 만든 달력 하나를 보면서 내가 얼마나 편견에 사로잡혀 있는지 깨달을 수 있었다. 물고기 정면으로 만들어진 독특한 달력이었다. 무릎을 탁 쳤다. '맞아, 우리는 왜 물고기를 옆모습 중심으로 생각하지?'라는 깨달음을 얻은 것이다.

위아래로 접히는 것을 '폴더'라고 여기는 고정관념에 반기를 든 양옆으로 펼치는 폴더 스마트폰.

'폴더'라는 용어도 마찬가지다. 휴대폰이나 스마트폰 업계에서 폴더를 말할 때 예전에는 상하 접이식 2G 휴대폰을 말하는 경우가 많았다. 하지만 요즘에는 '폴더폰'이라고 하면 접고 펴는 형태는 같지만 전혀 다른 의미로 다가온다. 위아래로 접히는 방식 대신 양옆으로 펼치는 방식으로 바뀌었기 때문이다. 반면 세로로 접는 방식은 '플립폰'이라는 새로운 이름으로 선보이고 있다. 플립폰이 나오면서 폴더의 의미도 달라진 것이다.

곰곰이 생각해보면 우리의 고정관념은 '폴더'가 위아래로 접히는 것만 의식하고 있었던 것이다. 폴더는 상하로 접히는 것이라고 누가 말했나? 그렇게 말한 사람은 아무도 없다. 그저 우리의 무의식이 폴더는 상하로 접힌다는 고정관념을 만든 것이다. 이 같은 근거 없는 고정관념은 우리의 가치체계에서도 마찬가지다. 우리가 옳다거나 그르다거나 '그렇게 해야 한다'고 생각하는 것 중에는 곰곰이 생각해보면 '왜 그래야 하는가?'가 불분명한 것이 상당히 많다.

고정관념이라는 틀에서 벗어나는 것이 어렵다고 생각하는가? 실제로 고정관념을 바꾸는 방법은 여러 가지다. 간단한 예로, 사람들에게 'NIKE'라는 단어를 제시한다고 가정해보자. 이 단어와 함께 그리스 신화 속 여신의 이미지를 제시했을 때와 글로벌 스포츠용품 브랜드의 로고를 제시했을 때 어떻게 다를까? 전자의 경우에는 '니케'로 읽고 후자의 경우에는 '나이키'로 읽는다. 해석도 전혀 다르게 한다. 승리의 여신 vs. 스포츠용품 브랜드. 같은 것을 어떻게 해석하게 만드느냐에 따라 고정관념이 바뀌고 행동까지 바뀐다.

중요한 것은 이것이다. 우리의 사고는 자유로우며 우리의 영혼 역시 자유롭다는 것이다. 따라서 우리는 '근거 없는 고정관념'으로 삶을 만들어나가는 것이 아니라, 냉철한 판단으로 자기 자신의 삶을 주도적으로 만들어야 한다. 지금껏 세상을 움직인 주인공은 바로 그와 같은 사람들이었다. 발전을 위해서 우리는 지금의 견해가 틀릴 수 있다는 사실을 염두에 두어야 한다. 다시 말해 우리 자신에 대해 겸손해야 하고, 지금 가지고 있는 가치관이 절대적이라고 주장해서는 안 된다. 자기 내면에 결론을 고정시켜놓고 밀고 나갈 때, 자신도 모르는 방어기제와 함께 그것을 지키려는 무의식이 외부로 튀어나오기 때문이다. 이렇게 해서는 결코 발전할 수 없다. 마음을 넓히고 관점을 조금만 옆으로 이동해보자. 사물을 바라보는 관점을 고정시키지 않고 열어두는 것만으로도 전에는 보지 못하던 새로운 세계가 열릴 수 있을 것이다.

## 정답의 장벽에 갇혀 있지 마라

주변에 자기 고집만 부리는 사람이 있다면 그는 주변 사람들로부터 어떤 대접을 받을까? 싸움만 나면 "법대로 하자"라고 외치는 사람은 어떨까? 아마 주변 사람들로부터 외면당하고 따돌림을 당할 것이다. 모든 일을 법대로만 할 거면 대법원장이나 최고참 판사가 대통령이 돼야 하는 세상이 될 것이다. 누가 자기 말만 하는 사람을 좋아하며, 법대로만 하자는 사람을 좋아할까.

의견이 다를 때 자신의 의견을 피력하는 방식을 살펴보면 그 사람이 어떤 사람인지 알 수 있다. 누가 자기 말만 하는 고집쟁이를 좋아하겠는가? 누가 사람보다 법을 좋아하는 사람을 좋아하겠는가? 주변에 사람이 많이 모이는 사람들의 공통점은 잘 듣는 사람들이다.

남의 말을 안 듣는 꼰대들에게는 몇 가지 공통적 특성이 있다. 첫째, 듣는 능력이 매우 떨어진다. 남의 말을 듣는 것에는 관심이 없고 자기 이야기만 늘어놓는다. 한 시간 이야기를 나누는데 59분 동안 자기 이야기만 늘어놓는 사람이 있다. 그런 사람들의 특징은 상대의 생각이 자기 생각과 다르면 바로 말허리를 툭 끊고 들어온다. '말 같지 않은 말 하지 말라'는 식이다. 그런 부류의 인간들은 이미 머릿속에 정답을 정해놓고 있다. 자기 생각과 다르면 여지없이 "틀리다"라고 말하며 상대방을 몰아붙인다. 고집불통 꼰대들의 두 번째 특징이다.

우리나라 사람들이 가장 잘못 쓰는 말이 '틀리다'와 '다르다'는 말이다. 이 둘을 구분 없이 섞어 쓴다. 그들은 자기 생각과 다르면 "나는 너와 생각이 틀려!"라고 말하며 자기 생각을 말한다. 왜 이런 말버릇이 생기게 되었을까? 학교를 다닐 때부터 사지선다형 시험에 길들여지고 정답을 많이 맞힌 사람이 위로 올라가는 사회적 구조 속에서 살아오다 보니 그렇다. 정답이 중요한 세상 속에서 살게 된 것이다. 그러다 보니 정답 중심 사고가 생기고 머릿속에는 지나온 경험들로 인해 만들어진 정답이 생각을 지배하게 된다. 즉, 자기 경험이 만든 정답 세상正答世上에 살게 된다. 그런 사람들은 뭔가에 대해 정답을 미리 정하는 버릇이 있다. 또한 나와 다른 생각을 오답 처리해버리는 못된 버릇도 함께 갖게 된다.

다른 생각을 받아들이고 이해하려는 노력은 소통의 기본이다. 다른 생각을 받아들이면 생각의 폭은 넓어진다. 그러나 자기 생각 외에 다른 사람의 생각을 무조건 오답 처리하고 틀렸다고 말하면, 그 사람 머릿속에는 자기 생각 하나만 남게 된다. 이런 사람이 높은 자리에 올라 힘을 갖게 되면 그 조직은 최악의 상황을 맞을 가능성이 매우 높아진다. 아랫사람들은 모두 입을 닫고 그가 정한 정답에 집중하게 된다. 다른 생각을 받아들이지 못하는 그 조직은 점점 생각이 좁아지게 되고 그 조직을 싫어하는 사람의 숫자도 늘어난다. 그런 상황이 지속되면 그 조직은 점점 고립된다. 싫어하는 사람이 늘어난다는 이야기는 그 조직을 도와줄 사람의 숫자가 줄어든다는 이야기다. 더해 적이 늘어날 수도 있다.

단단하게 잡고 있는 나만의 생각이 다른 사람과의 소통을 막고 있는 것을 '고집불통'이라고 부른다. 잘파Zalpha세대들이 꼰대의 태도에 대해 이런 말을 해준 적이 있다. "꼰대는 무엇을 모르는지 모른다. 그러나 알려고도 하지 않는다." 꼰대의 문제점을 정확하게 지적한 말이다. 이런 사람 옆에 그를 도와주려는 똑똑한 사람이 있어도, 그 사람의 재주는 무용지물이 되고 노력도 허사가 되기 십상이다. 상사의 고집에 부하의 좋은 생각이 망가지고, 노력은 물거품이 된다. 시간이 지나면 똑똑했던 부하가 오히려 궁지에 몰리게 되는 경우도 많다. 설득할 마음이 있다면 설득당할 마음도 준비해야 한다.

세상은 나와 생각이 다른 사람이 절반 이상이다. 아집 我執이 고집 固執이 되면 소통과는 멀어진다. 슬기로운 사람들은 신념을 갖고 남의 말을 들으며 생각의 궤도를 수정하며 슬기롭게 진화해간다. 이런 사람들이 많은 사회가 좋은 사회다.

### 생각을 확장하는 한마디

'본질'의 사전적 의미는 '본디부터 가지고 있는 사물 자체의 성질이나 모습'이다. 실제로 본질의 본질은 불변하는 것일 수 있다. 하지만 그 본질을 바라보는 우리의 생각, 세상의 이치는 끊임없이 달라진다. 결국 언제나 관점이 문제다.

## 05
# 다른 질문이
# 생각의 방향을 바꾼다

좋은 질문은 사람을 생각하고 행동하게 한다. 따라서 다른 사람은 물론 나 자신의 의식과 행동을 움직이기 위해 끊임없이 질문해야 한다. 이때 명심해야 할 것은 '올바른 질문'이 제대로 된 답을 얻도록 만든다는 사실이다. 그러면 어떤 질문이 올바른 질문일까? 어떻게 하면 올바른 질문을 할 수 있을까?

대부분의 사람들은 '답'에 집중한다. 질문에 대한 답이 올바른지 살피고, 그 답이 틀렸다고 생각하면 자신만의 척도로 대답한 사람을 재단하고 평가하려 든다. 그 대표적인 사례가 바로 "너랑 나는 생각이 틀려!"라는 표현이다. 많은 사람들이 '다르다'는 표현을 할 때 '틀리다'고 말한다. 이것 때문에 우리 대화에 언쟁이 많이 발생한다고 생각한다.

무엇이 틀렸다고 생각하면 그 부분을 고치려는 것이 일반적인 태도다. 그러나 다르다고 생각하면, 그 다름을 인정하고 이야기도 달라진다. 박용후식 표현대로 하면 '다른 관점 하나가 더 생긴 것'이다. 비난과 비판을 구분해야 한다. 비판은 상대에게 다른 생각 하나를 더 보게 하려는 또 다른 논리다. 비난은 또 하나의 '싫다'는 표현이다. 논리적 바탕이 없으면 그저 비난일 뿐이다. 비난은 상처만 남길 뿐 긍정적 측면이 없다.

## '전제'가 질문을 바꾼다

어떤 전제를 하느냐에 따라 질문은 바뀐다. 예전 중앙일보에 흥미로운 기사가 하나 실렸다. 우리나라를 포함한 중국, 일본의 대학생을 대상으로 한 설문조사로, "당신의 조국을 신뢰하는가?"라는 질문이었다. 이에 대해 중국 대학생 중 56%가 '신뢰한다'고 답변한 반면에 일본은 16%, 우리나라 대학생들은 그보다 더 낮은 15.8%만이 '신뢰한다'고 대답했다.

왜 이런 결과가 나온 걸까? 그건 바로 우리 사회의 전제가 잘못되었기 때문이다. '열심히 해도 안 될 것'이라는 전제다. "저는 금수저도 은수저도 아니고, 심지어 흙수저도 아니에요!"라고 자조하는 젊은이들은 단지 안정적인 직업에서 답을 찾으려고 하는 것이다. 당연히 새로운 것에 도전하고 창조하는 즐거움을 찾을 여유는 '생존' 아래 사라진다. 이 얼마나 국가적인 손실인가? 대한민국이 잘되려면 우리 사회의 전제를 통째로 바꿔야 한다. "대한민국에선 무엇이든 열심히 하면 할 수 있다"라는 전제로 말이다. 이 전제로부터 "무엇을 내 꿈으로 실현할 수 있을까?"라는 긍정적인 질문으로 연결할 수 있어야 하는 것이다.

'전제' 하면 떠오르는 회사가 있다. 바로 배달의민족을 만든 ㈜우아한형제들이다. 김봉진 전 의장은 "창업자와 직원들의 비전은 다를 수 있다!"라는 전제를 했다. 보통 기업의 창업자는 자기 생각대로 기업을 운영하고 싶어 한다. '내 회사니까 내 마음대로 할 거야.' 대부분 그렇게 생각한다. 김봉진 전 의장은 이 다름에 주목하고 고민했다. '이 다름을 어떻게 경영에 접목할 수 있을까?' 김봉진 전 의장은 일반적인 경영자와는 이미 전제가 달랐다. '다를 수 있다'는 전제를 하고 질문한 것이다.

그렇게 해서 나온 것이 바로 직원들의 버킷리스트다. '작은 꿈을 꿀 수 있어야 큰 꿈을 꿀 수 있지 않을까?' 직원들은 작은 꿈이어도 회사에서 이루고 싶은 바람을 만들어 사무실 벽에 붙여놓았다. 버킷리스트에는 이런 것도 있었다. '먹는 걱정 안 하는 회사! 음료수 과자 무한 제공!', '회사 곳곳에 책이 널브러져 있는 회사', '반바지, 미니스커트 입고 출근할 수 있는 회사'. 이런 식으로 직원들은 작게나마 꿈을 실현하고, 그런 크고 작은 성취가 반복되면서 ㈜우아한형제들은 대한민국에서 가장 근무하고 싶은 회사로 성장했다. 이게 전제의 힘이다.

특전사의 슬로건은 "안 되면 되게 하라"다. 특전사가 강한 부대가 된 이유 중 하나다. 해병대에 몸담았던 사람들은 입버릇처럼 이렇게 말한다. "누구나 해병의 길을 걸을 수 있었다면 나는 해병의 길을 선택하지 않았을 것이다." 무슨 의미일까? 그들에게는 힘듦이 강함이 되고, 그것이 자부심이 된다. 그것을 인정하기에 해병대 출신들은 기수에 따라 전역 후에도 깍듯하게 경례를 한다. 그 힘듦이 어떤 힘듦이었는지를 서로 알고 인정하기 때문이라고 생각한다.

어떤 사람은 이야기한다. "안 되면 되는 거 하라." 그런 분들에게 묻고 싶다. 성공이 아주 쉽게 되는 것 뒤에 있는지, 아니면 힘든 과정을 통한 노력 뒤에 있는지.

평범한 생각에서 벗어나는 비결은 전제를 바꾸는 것이다. 다른 전제는 관점을 바꿔 다른 질문을 만들어낸다. 질문이 바뀌면 생각의 방향이 바뀌어 꺾인다. 그러면서 전혀 다른 생각으로 진입하게 되는 것이다. 질문의 힘은 엄청 세다. 성공한 사람들은 한결같이 말한다. "질문을 잘해야 한다." 우리는 과연 질문을 잘하고 있는 걸까? 안타깝게도, 그렇지 못하다.

박찬욱 감독의 영화 '올드보이'를 기억하는가? 이 영화는 존재를 알 수

㈜우아한형제들 사무실 벽에 붙어 있는 직원들의 버킷리스트에는
크고 작은 다양한 바람들이 담겨 있다. 사람마다 제각각 생각이 다를 수 있다는 점을
이해하는 것, 이러한 명제를 전제로 하는 회사의 미래가 궁금하지 않은가.

영화 '올드보이'의 한 장면

없는 누군가에 의해 15년간 갇혀 있던 주인공 최민식이 자신을 감금한 사람을 찾아내는 과정을 그렸다. 많은 사람들에게 잊지 못할 잔상과 충격을 안겨준 이 영화에는 '15년간의 감금, 5일간의 추적'이라는 부제가 달렸는데, 아마 그런 부제가 달렸다는 것을 기억하는 사람은 많지 않을 것이다.

이 영화를 본 사람들 대부분은 영화의 주인공 최민식이 했던 말, "누가 나를 가뒀을까?", "왜 가두었을까?"라는 질문에 집중한다. 이 질문이 잘못된 것은 아니지만, 이 질문은 주인공이 처한 상황을 해결해주지 못한다. 영화 속 대사에서 우리는 '올바른 질문'에 대한 하나의 단서를 얻게 된다. 유지태의 대사 중 "틀린 질문을 하니까 맞는 대답이 나올 리가 없잖아"라는 대목에서다.

유지태는 '대답'이 아니라 '질문'이 틀렸다는 사실, 즉 "왜 15년 동안 감금해두었을까?"가 아니라, "왜 15년 만에 풀어주었을까?"가 맞는 질문이라는 점을 지적한다. 카카오톡 김범수 의장은 '올드보이'의 바로 그 대사에서 신선한 충격을 받았다고 했다. 관점의 반전, 이것이 그에게 신선한 충격을 준 것이다. 그는 나에게 질문이 잘못될 수 있다는 것과 질문에 대한 의문을 품게 되면서 관점이 바뀌었다는 사실을 언급했다.

"왜 15년 동안 가두었을까?"라는 질문은 '닫힌 질문'이다. 닫힌 질문은 갇힌 생각, 닫힌 생각을 하게 한다. 그러나 "왜 15년 만에 풀어주었을까?"라는 질문은 '열린 질문'이다. 열린 질문에 대한 대답을 생각하다 보면 실마리가 풀린다. 열린 질문은 풀린 생각, 열린 생각을 하게 만드는 올바른 질문인 것이다.

우리가 질문을 할 때 명심해야 할 것은 질문의 관점이다. 질문이 틀렸다면 절대로 그 상황에 필요한 맞는 답을 얻을 수 없을 것이다. '올드보이'가 나온 지 20년이 지나서 최민식 배우는 '이상한 나라의 수학자'라는 영화에 출연해서 이런 대사를 한다. "네가 답을 맞히는 데만 욕심을 내기 때문에 눈에 아무것도 안 보이는 거야. 답을 내는 것도 중요하지만 질문이 무엇인지를 아는 게 더 중요한 것이다. 왜냐면은 틀린 질문에서는 옳은 답이 나올 수가 없기 때문이다." 잠시 멈춰서 생각해보자. 지금껏 틀린 질문에 옳은 답을 찾기 위해 아등바등한 건 아닌지.

## '맞다'는 것부터 의심하라

살면서 우리는 정말 많은 질문을 한다. 우리가 만나는 사람들에게 질문을 하고 우리가 접하는 상황들에 대해 질문을 한다. 또한 나 자신에게도 질문을 하고 내가 겪고 있는 상황을 두고 스스로 질문하기도 한다. 우리가 극복할 수 없는 태생적 문제에 대해서도 스스로에게 자괴감 어린 질문을 퍼붓는다. 이렇게 수많은 질문을 나와 남에게 퍼부으면서, 정작 그 질문이 옳은지에 대해서는 깊게 생각하지 않는다. 질문 자체에 정당성을 부여하고 그것을 '당연한 것'이라고 여기기 때문이다. 질문을 무조건 질문으로만 생각하고, 그 질문에 '정확한 대답'을 요구하는 것이다. 대답의 당사자가 '나'이든 '남'이든 간에 말이다.

그러나 우리는 명심해야 한다. 질문도 틀릴 수 있다는 사실을 말이다. 살아가면서 우리는 때때로 "왜 이런 일이 생겼을까? 왜 이렇게 되었을까? 어떻게 해야 될까?"라는 질문을 한다. 하지만 아무리 고민해도 답이 나오지 않을 때가 많다. 이럴 때 질문을 바꿔보면 자신의 주변에서 일어난 일의 본질을 더욱 쉽게 이해할 수 있다. 만약 질문이 틀릴 수 있다고 생각한다면, 질문과 관련된 부차적인 것에도 의문을 품을 수 있기 때문이다. 질문에 정당성을 부여하고 당연하다고 여기도록 보이는 본질적 요소에 의문을 품게 되는 것이다. 바로 이 시점에서 '관점의 전환'이 일어난다.

질문이 틀릴 수도 있다고 생각하는 순간, 이전과는 다른 관점을 갖게 된다. 같은 것을 다르게 질문하면 다른 관점에서 보는 힘이 생기게 된다. 새로운 관점이라는 것은 바로 그렇게 생겨난다. 질문 자체는 맞고 틀리고의 개념이 없다는 생각부터 갈아 치워야 한다. '질문이 틀렸을 수도 있지 않을까?'라고 생각하는 순간, 우리의 내면에는 다른 관점이 생성된다. 그리고 그 새로운 관점을 통해서 또 다른 세상을 관찰하게 된다. 그러니 이 순간부터 반드시 확고하게 맞다고 생각되는 것들부터 의심하라. 질문이 주어지면 무조건 대답부터 찾는 것이 아니라 '이것은 올바른 질문인가?'라는 생각부터 해보자. 누구나 사실로 인정해온 신념, 예컨대 지구가 '움직이지 않는 고정된 것'이라는 사실을 부정하자 비로소 지구가 태양의 둘레를 돈다는 진실을 알게 되었음을 명심해라.

### 생각을 확장하는 한마디

때로는 대답이 아닌 질문이 우리가 갈 길을 알려준다. 바른 질문이 우리를 바른 길로 인도한다. 지금 '틀린 질문'을 던지고 있지 않은가? '다른 질문'을 던져보라. 생각을 생각하고, 질문을 질문하는 것부터 시작해보자.

## 06
# 골리앗을 이기는
# 다윗의 돌멩이

일반적인 광고나 홍보는 '우리 제품은 이러이러한 점이 좋으니 우리 제품을 사용하세요'라는 내용이 주를 이룬다. 내용이 대동소이大同小異하기 때문에 유명하고 몸값이 비싼 광고 모델이 필요하다. 또한 황금 시간대에 홍보 영상이 송출되기 위해, 구독률 높은 지면에 광고를 싣기 위해 노력한다. 어떻게든 소비자에게 '간택'되고 싶은 간절함 탓이다. 광고료 지출이 많으니 제품 값에 당연히 광고료가 포함된다. 결국 소비자는 비싼 광고를 보는 대신 돈을 더 내고 제품을 구매하는 셈이다. 이것이 우리가 '당연하게' 생각하는 광고다.

하지만 카카오톡은 이러한 홍보방식을 따르지 않고도 얼마든지 성공할 수 있다는 사례를 보여주었다. 카카오톡이 지금처럼 국민 메신저가 되기 전, 내가 카카오톡 홍보를 맡았을 때 가장 중점을 둔 것도 '홍보' 하면 떠오르는 당연한 생각을 버리는 것이었다. 소비자에게 간택揀擇되는 것이 아니라 소비자가 오히려 고마워하면서 자발적으로 카카오톡을 사용하게 하는 것이다. 카카오톡이 무료인 것을 '공짜'라는 개념이 아니라 '고맙게도 카카오톡이 내 돈을 아껴주네?'라고 생각하게 만드는 것이 나의 전략 포인트였다. '저 사람이 내 돈을 아껴준다'라는 관점과 '무료'라는 관점은 다르다. 그냥 공짜라고 생각하면 '싼 게 비지떡'인 양 싸구려 취급을 받지만, '문자 한 건에 20원인데 카카오톡을 통해 하루에 주고받는 메시지를 문자로 환산해 계산해보면 몇 십 억? 카카오톡이 우리 돈 몇 십 억을 날마다 아껴주는 거네? 고맙기 그지없는걸'이라는 생각을 하도록 유도했다.

사람들의 생각이 이렇게 바뀌기 시작하자, 어느새 사용자들은 카카오톡 편이 되었다. 심지어 카카오톡 때문에 문자 메시지 수입이 격감한 통신사들로부터 공격을 받으면 사용자들이 나서서 방어를 해주었다. '착한 기업을 왜 괴롭히는 거야'라는 심리적인 지지자에서부터 통신사 홈페이지에 댓글을 달면서 적극적으로 항의를 하는 행동파 지지자들에 이르기까지, 사용자 모두가 보호막을 만들어주었다. 대기업들이 작은 기업 하나쯤 어렵게 만드는 것은 매우 쉬운 일이지만, 사람들의 마음을 얻은 카카오톡이라는 작은 기업은 이미 쉬운 상대가 아니었던 것이다.

이후 통신사는 카카오톡이 공짜로 자신들의 통신망을 사용한다는 이유를 들어 공격을 재개해왔다. 나는 그러한 공격에 대응으로 답변하는 대신 상대의 약점을 측면 공격하기로 했다.

"그럼 통신사들은 무슨 명목으로 소비자에게 기본요금을 받는 겁니까?"

사실 통신사에서 기본요금에 대해 설명하려 들면 상당히 구차해진다. 자신이 사용한 만큼만 요금을 내면 기본요금을 내는 것보다 더 이익인 사용자들이 훨씬 많기 때문이다. 우리가 통신사를 상대로 이렇게 대응하자 사람들의 관심은 기본요금으로 쏠리게 되었다. 통신사에서 거둬들이는 한 달 기본요금이 수조 원에 달한다는 사실에 관심을 갖기 시작한 것이다. '수조 원이나 되는 기본요금을 받고 통신사들은 도대체 고객들을 위해 무엇을 제공하는 거지?'라는 분위기가 점점 거세졌다. 결국 통신사들은 카카오톡에 대한 공격을 멈추고 말았다. 다윗의 작은 돌멩이로 골리앗의 공격을 멈추게 한 것이다.

또 다른 사례도 있다. 카카오톡 초기에 마이피플이 카카오톡을 눈에 띄게 추격해왔다. 턱밑까지 따라붙어 그 차이가 그리 크게 느껴지지 않을 수도 있는 시점이 있었다. 한 번은 마이피플 사용자가 1,000만 명을 돌파했다는 기사가 올라왔다. 이른바 '대세'라는 것이 있다. 대세가 형성되면 그쪽으로 방향성이 생기므로, 카카오톡 처지에서는 그 흐름을 막아야 했다. 그래서 '카카오톡은 두 달 만에 가입자가 500만 명을 돌파했다'라는 기사를 내보냈다. 이것은 객관적인 어떤 사실을 알려준 것에 불과했다. 하지만 누적 가입자 1,000만 명보다 두 달 만에 500만 명이 새로 가입한 것이 더 대단해 보였기 때문에, 분위기는 대번에 반전되었다.

## 문제는 어떻게 해석하게 하느냐에 달려 있다

홍보나 광고, 마케팅도 내 생각에는 결국 관점의 싸움이다. 어떤 기업이 광고에 돈을 계속 쓰는데도 불구하고 판매가 늘지 않는다면 마케팅의 방향을 잘못 잡은 것이다. 감성에 호소해야 사람들의 마음을 움직이고, 사람들의 마음을 움직여야 제품이 팔린다. 따라서 효과적인 마케팅을 위해 명심해야 할 것은 '고객들의 관점을 어떻게 바꿔야 우리 편을 들 것인가?'에 대한 고민이다. 같은 사실을 놓고도 사람들의 관점을 어디에 쏠리게 하였는가, 어떻게 해석하게 하였는가에 따라 결과는 크게 달라지기 때문이다.

예를 들어 설명해보자. 어느 대학교에서 학생들이 기숙사에 담배 자판기를 설치해달라고 수차례 요청을 했고, 그러던 중 비가 오는 밤에 기숙사 학생이 담배를 사러 가다가 고장 난 신호등 앞에서 교통사고로 사망했다면 누구의 잘못일까? 담배 자판기를 설치하지 않은 학교 잘못일까, 비 오는 밤에 담배를 사러 나간 학생일까, 신호등 관리자의 잘못일까, 사고를 낸 운전기사의 잘못일까?

개인마다 생각은 다를 수 있다. 하지만 여론은 기사 내용에 영향을 많이 받는다. 함께 실린 기사 가운데 '우리나라 신호등 관리 엉망'이라는 기사가 나오면 학생의 죽음은 신호등 때문이고, '교내에서 담배를 피우는 대학생 점점 늘어'라는 기사가 나오면 담배를 못 끊은 학생에게도 잘못이 있다는 의견이 나오는 것이다. 어떤 사건을 두고 임팩트 있는 해석 툴을 제공하면, 사람들은 그 관점에서 사건을 바라보게 되는 것이다. 이것이 바로 맥락효과 Context Effect이다. 어떤 맥락의 관점에서 해석하느냐에 따라 생각은 크게 달라진다.

내가 어느 대기업의 자문을 맡았을 때의 일이다. 그러자 나를 공격하는 사람들이 생겼다. '착한 기업만 홍보한다더니, 왜 대기업에 가서 자문을 해주는데?'라는 것이 그 이유다. 사실 그 기업에서 자문단을 구성했는데, 그중 한 명으로 요청받았을 때 나도 질문을 했었다. "명단을 보니 모두 쟁쟁한 교수님들인데 민간인인 저를 왜 뽑으십니까?" 그러자 돌아온 대답이 이랬다.

"저희 회사에 돌직구를 날려주세요. 욕을 해도 좋습니다."

그래서 나를 공격하는 사람들에게 말했다.

"그 기업에 돌직구를 날리러 가겠습니다."

그러자 나를 향한 공격이 박수로 바뀌었다. "세게 날려주세요"라는 응원도 받았다. '대기업의 자문을 맡았다'라는 말을 '돌직구를 날리겠다'는 말로 바꾸자, 나를 공격하던 사람들의 머릿속에는 박용후라는 조그만 사람이 대기업에 가서 할 말 다하는 '전사'의 이미지가 그려진 것이다. 이렇게 되면 그 기업 입장에도 박용후라는 사람이 긍정적인 효과를 주게 된다. "저희 회사가 변하고 있습니다, 돌직구를 들을 자세가 되어 있고, 어떤 말이라도 들을 자세가 되어 있습니다"라는 메시지를 고객들에게 전달하게 되는 것이다.

내가 자문하던 어느 분식업체가 최저임금 문제로 음식값을 500원 올려야 하는 상황이 되었는데, 그들이 가져온 문구는 "재료비 상승으로 인해"라는 상투적인 문구로 시작하는 공지였다. 늘 보던 이런 익숙한 문구에 소비자들의 마음이 움직일 리 없었다. 가격 인상은 최저임금 인상으로 인한 인건비 상승 때문이었고, 나는 이를 솔직하게 말하라고 제안했다. 이렇게 말이다. "직원들과 계속 함께 일하고 싶습니다."

소비자들의 마음에는 어떤 동요가 일었을까? "내 월급 빼고 다 오르지"라며 투덜거리는 대신 좀 더 열린 마음으로 가격 인상을 받아들일 수 있지 않았을까? 우리가 처한 상황과 우리의 의견을 어떻게 해석하게 만드느냐의 차이는 결코 작지 않다.

뻔함을 벗어나 평범함을 성공으로 바꿔낸 사례는 우리 주변에서도 넘치고 넘친다. '60계치킨'이라는 프랜차이즈가 있다. 이 업체는 다른 곳과는 달리 대로변이나 비싼 곳에서 점포를 보기 힘들다. 왜일까? 초기부터 그런 곳에 점포를 내주는 것을 지양했다. 저자본의 소상인이 감당할 수 있는 값이 싼 임대료 중심으로 가게를 내주었다. 또한 주인이 직접 주방에 들어가지 않으면 점포 내주는 것을 꺼렸다. 진심을 다해 일을 할 수 있느냐의 기준점으로 삼은 것이다. 또한 "새 기름으로 60마리만 튀긴다"는 슬로건을 제대로 지키기 위해 매일 기름 한 통을 무상으로 지원했다. 이것 또한 제대로 지켜지는지를 고객이 앱을 통해 조리하는 곳을 직접 눈으로 볼 수 있게 함으로써 그들이 신의를 지키는 모습을 고객들에게 보여줬다. 고객의 발길이 닿기 어려운 외진 곳에 점포가 있다는 약점을 보완하고자 배달앱 마케팅에 총력을 다해 점주들의 성공을 도왔다. 이렇듯 다른 관점과 진심 어린 노력 덕분인지, 60계치킨의 폐업률은 다른 프랜차이즈에 비해 상대적으로 매우 낮다. 사람이 많이 모이는 곳에 가게를 낸다는 기존의 통념을 멋지게 부숴버린 사례. 이처럼 관점을 바꾸면 뻔한 생각으로 보이지 않던 것들이 보인다.

내가 이야기하는 '허를 찌르는 사고의 전환'이 기업에만 국한된 것은 아니다. 우리가 살아가는 자세에 대한 이야기를 박용후식 사례로 풀어놓은 것이다. 당연함을 부정하고, 상식을 부정하라. 관점을 바꾸고, 틀을 깨고 나와 틀 밖에서 바라보라. 그리고 뻔한 질문 대신 사람들의 관점을 바꾸는 질문을 하라. 그러면 당신은 어떤 싸움에서도 지지 않을 것이다. 그리고 당연함을 부정하라. 모두가 당연하게 그냥 지나치는 것일지라도 '왜?'라는 의문을 품기 바란다.

### 생각을 확장하는 한마디

때로는 티끌이 태산을 만들기도 하고 작은 돌이 큰 산을 무너뜨리기도 한다. 관점을 바꾸는 순간 약점이 강점이 되고 허점이 전략이 된다.

07

# BMW의 휠은
# 왜 빨리 까매질까

이런 상상을 해보자. 당신이 길을 걷고 있다. 그런데 누군가가 앞을 가로막고 서서 "오늘 밤에 나랑 같이 있어줄래요?" 하고 묻는다. 대부분의 사람들은 '별 미친 사람 다 보겠네!' 하고 무시할 것이다. 그런데 만일 그 사람이 하룻밤 같이 있어주는 대가로 10억 원을 준다고 하면? 실제로 이런 상상은 1990년대에 로버트 레드포드, 데미 무어, 우디 해럴슨 주연의 '은밀한 유혹'이라는 영화로 만들어졌다.

한동안 잡지에 "당신이라면 이 제안을 받아들일 것인가?"라는 설문이 실리기도 했는데, 의미심장한 것은 상당수의 사람들이 그 액수라면 제안을 받아들이겠다고 응답했다는 사실이다. 어떤 일에 대한 대가의 크기가 가치판단에 영향을 미친다는 이야기다. 이 이야기를 꺼내는 목적은 '우리의 몸값' 이야기를 하고 싶어서다. 사실 우리가 누군가의 연봉을 궁금해하는 것은, 그 사람의 몸값이 얼마인지를 궁금해하는 것이다. 이렇게 바꾸어 생각해보자. 만일 사람들의 몸에 그 사람의 가격표가 붙어 있다면 사람들은 누군가를 만났을 때 먼저 얼굴을 볼까, 가격표를 볼까? 얼굴이 더 궁금할까, 가격이 더 궁금할까?

무시할 수 없는 사실은 얼굴을 먼저 보든 가격표를 먼저 보든, 결국 우리는 가격을 궁금해하고, 높은 가격표를 붙이고 다니는 사람은 높은 가

PART 01 보는 것과 아는 것의 차이  067

치를 지니고 있다고 판단할 것이라는 사실이다. 그렇다면 어떤 사람이 300억 원을 받는 CEO가 되고, 어떤 사람이 3,000만 원을 받는 샐러리맨이 되는 것일까? 어떤 제품이 명품이라는 이름표를 달고 엄청난 가격에도 날개 돋친 듯 판매되며, 소비자들이 소장 자체를 자랑스러워하는 것일까? 지금까지 내가 판단한 바로는 성공한 사람이든 명품이든, 비싼 데는 대체로 이유가 있다.

자동차 업계에서 제법 몸값을 자랑하는 BMW를 보자. BMW를 타다 보면 바퀴의 휠이 다른 차에 비해 빨리 시커멓게 변한다. 그 이유를 판매 사원에게 직접 물어본 적이 있다. "왜 BMW 휠은 빨리 까매집니까?"

그의 대답은 의외로 간단했다. "브레이크를 밟으면 라이닝이 갈려서 분진이 생기는데, 그 가루가 공기 중으로 날리는 것을 휠이 잡는 겁니다. 브레이크를 밟을 때 생기는 분진이 공기 중에 섞이면 환경오염이 되지요."

답변을 듣고 나니, '명차가 괜히 되는 것이 아니구나' 하는 생각에 고개를 끄덕이게 되었다.

한 가지 더, 개인적으로 나는 로지텍의 스포트라이트 프리젠터를 무척 좋아한다. 처음에는 디자인이 예뻐서 손이 간 제품이었다. 그러나 쓰면 쓸수록 나에게는 최고의 명품 프리젠터로 다가온다. 스티브 잡스의 아이팟처럼 전원 버튼도 없다. 그냥 아무 버튼이나 누르면 켜진다. 블루투스와 리시버를 모두 쓸 수 있어 편하다. 충전식 배터리라 경제적이며, 소프트웨어 업그레이드를 통해 성능과 편리성도 지속적으로 개선해준다. 강의를 자주하는 나에게 없어서는 안 될 존재이고, 다른 제품을 눈 밖으로 밀어내는 매력적인 제품이다.

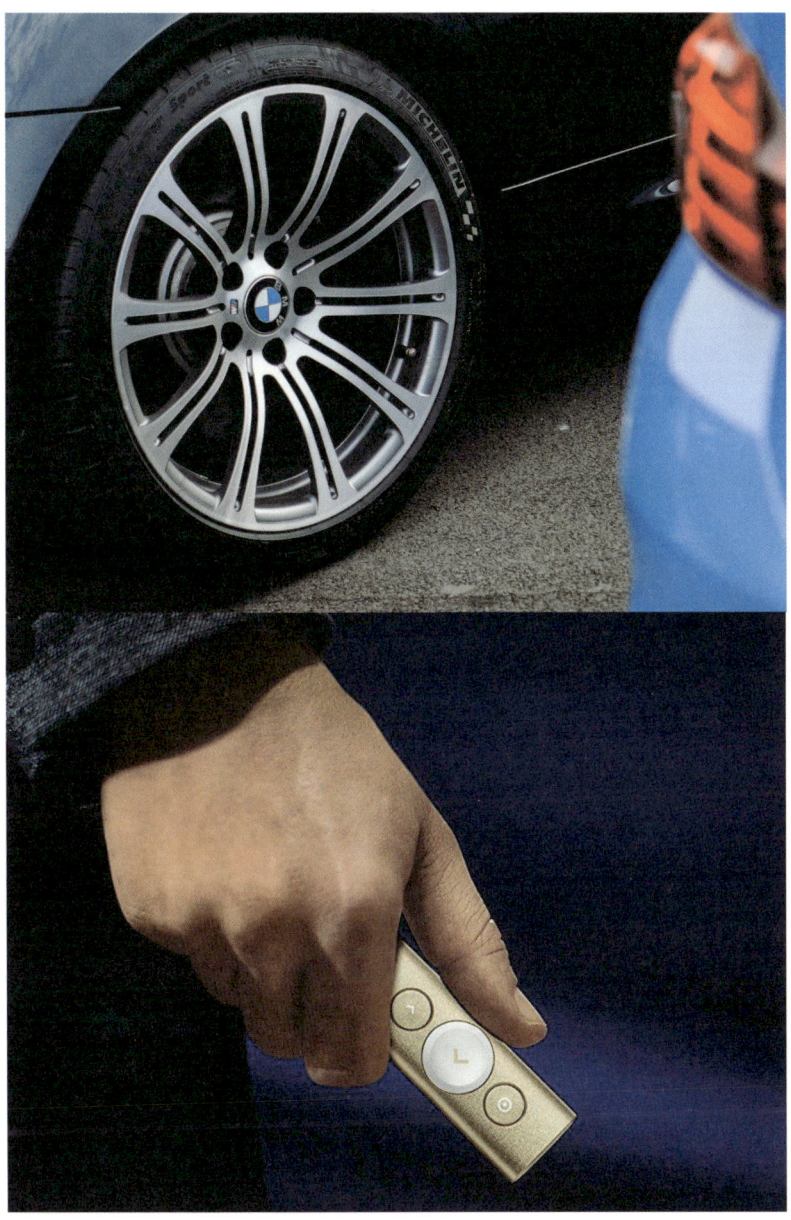

기능과 디자인의 두 마리 토끼를 모두 잡아낸 BMW의 휠과 로지텍의 스포트라이트 프리젠터.
'다름의 가치'로 감동을 주는 것, 이것이 진정한 명품의 조건이다.

이런 것이 명품이다. 내가 얼마를 지불하든, 지불한 값보다 물건에 대한 만족감이 더 큰 것, 보통 사람들이 생각하면 의문도 갖지 않을 사소한 것에도 최선을 다하는 제품, 다른 물건으로는 대체될 수 없는 물건 말이다. 사람도 명품이 있다. 그 사람이 일하는 것을 보면 보수를 얼마 지급하던 아깝지 않은 사람, 보통 사람들은 미처 생각지 못한 것을 생각해내고 남과 다른 관점으로 시대를 앞서가는 사람, 그래서 다른 사람으로는 대체될 수 없는 사람 말이다.

## 대체할 수 없는 '명품 인간'

자, 그러면 스스로에게 질문해보자. 나는 얼마든지 대체 가능한 사람인가, 아니면 대체 불가능한 특별한 사람인가? 미국의 저널리스트 토머스 프리드먼은 《세계는 평평하다》라는 책에서 이렇게 말했다. "평평한 세계에서는 모두가 대체할 수 없는 사람이 되어야 한다. '대체할 수 없는 사람'에 대해 내가 내린 정의는 '그의 일을 아웃소싱할 수 없는 사람'이라는 뜻이다."

현재 상황에 자족하거나 남들이 믿는 것을 당연하게 따라 믿는 사람은, 당연하다고 믿는 사람들과 얼마든지 대체될 수 있다. 남들이 믿는 것을 나도 믿고, 남들이 가진 생각을 나도 갖고 있다면, 내가 하는 일을 다른 사람이 한들 무엇이 달라지겠는가? 대체할 수 없는 사람, 그래서 높은 가격을 매겨도 사람들이 불평하지 않는 명품 인간이 되기 위해서는 끊임없이 자신을 뒤흔들어야 한다. 변화가 왔을 때, 남들처럼 와르르 무너지지 않기 위해서다.

한겨울, 나뭇잎이 모두 떨어진 높은 나뭇가지에 자리 잡고 있는 새 둥지를 본 적이 있는가? 태풍이 휩쓸고 지나가도 거센 겨울바람이 윙윙거리며 나무를 뒤흔들어도 새들이 지은 둥지는 무너져 내리지 않는다. 끊임없이 흔들리며, 그 흔들림을 버텨가며 지어진 둥지이기 때문이다.

거센 태풍처럼 격변하는 시대에 태어난 우리 역시 새가 둥지를 짓듯 스스로를 단련해야 한다. 스스로를 뒤흔들라는 것은 고정관념을 깨뜨리라는 말이다. 고정관념은 우리의 의식만을 가두는 것이 아니라 우리의 신체적인 능력까지 관념의 틀 속에 가둔다. 우리에게는 무한한 능력이 있는데도 불구하고, '나는 안 돼'라는 고정관념에 갇히면 절대 성공하지 못한다.

뻔한, 많이 봤던, 익숙한, 쉽게 예측되는 것들이 아니라 고정관념을 틀어 그 이면의 것을 보고, 입장을 바꿔 생각하면 보이지 않던 많은 것들이 보인다. 관점을 바꾸면 보이지 않던 것들이 얼굴을 보여준다. 그 얼굴을 보려는 노력이 평범한 고정관념에 가려져서는 안 된다.

### 생각을 확장하는 한마디

내가 가지고 있는 고정관념, 내가 당연하다고 믿는 모든 것을 뒤흔들어라. 나를 수시로 점검하고 내 생각을 수시로 재조립해서 변화의 바람에도 제 가치를 해내는, 그래서 아무도 당신을 대체하지 못하는 명품이 되어라!

## 08
## 본질은 치킨박스가 아니라 닭이다

배달의민족은 사용자의 위치를 기준으로 인근 배달 업소 정보를 보여주는 애플리케이션이다. 각종 전단지가 현관문과 냉장고마다 붙어 있는 상황에, 주변 음식점을 스마트폰을 이용해서 찾아본다고? 배달의민족 초창기만 해도 전화로 배달음식을 시켜먹는 것이 일상적이었기 때문에 회의적인 의견이 훨씬 많았다. 이런 서비스가 과연 잘될까? 잘된다! 2024년 7월 기준 누적 다운로드 6,000만 건이 넘었고 시장점유율은 과점을 넘어선 지 오래다. 또한 'B마트'라는 서비스를 통해 음식뿐만 아니라 화장품, 전자제품까지 그 영역을 넓혀 대한민국 사람들의 습관 속에 자리 잡았다.

배달의민족은 '배달음식 = 전화 주문'이라는 기존의 상식을 뒤집었다. 또한 인터넷을 통한 주문이 아무리 빨라도 반나절 이상은 걸린다는 통념에 맞서, B마트는 "배달이 내일 오는 거 보셨어요?"라는 메시지를 통해 유통에 대한 새로운 관점을 던져 시장을 흔들었다. 이렇게 허를 찌르는 역발상의 장점은 사람들로 하여금 '응? 이건 뭐지?' 하며 한 번 더 생각해보게 하고, 쳐다보게 하고, 관심을 갖게 만든다.

다른 사람들 눈에는 레드오션으로 보이는 업계에 뛰어들어, 이른바 역발상으로 블루오션을 찾아낸 셈이다. 그뿐만이 아니다. 기발한 홈페이지 운영과 좋은 콘텐츠, 톡톡 튀는 홍보 마케팅으로 대한민국 인터넷대상국무총리상, 앱어워드 생활 서비스 부문 통합대상, 각종 미디어가 선정하는 고객만족도 1위 상품 선정 등 많은 상도 받으며 명실상부한 부동의 국내 1위 배달 앱으로 성장했다. 2011년 2월 실리콘밸리 투자를 유치한 이래, 세계적인 투자 기업 골드만삭스, 힐하우스캐피털 등의 대대적인 투자를 이끌어냈으며, 2017년에는 네이버까지 가세해 총 투자액이 1,500억 원에 육박하며 그 가치를 인정받았다. 결국 2019년 배달의민족은 글로벌 배달기업인 딜리버리 히어로에 지분 87%가 4조 7,000억 원에 팔리면서 시장에 엄청난 센세이션을 불러 일으켰다. '전단지를 스마트폰 클릭으로 대체하면 어떨까'라는 고정관념을 뒤엎는 발상 하나, 그리고 그것을 평범하지 않은 생각들로 이뤄낸 쾌거였다.

## 생각지도 못했던 가치를 만드는 사람들

대한민국에 치킨 프랜차이즈의 지평을 연 제너시스BBQ 그룹의 홍보 마케팅 업무로 윤홍근 회장을 만났을 때의 이야기다. 사업 내용 하나하나에도 신경을 쓰는 윤홍근 회장이 계속 치킨을 담는 박스에 신경을 쓰고 있었다. 그때 그 이야기를 조수용 카카오 전 대표에게 했더니 대답이 걸작이었다.

"박스를 왜 고민해, 형. 본질은 닭이잖아. '우리는 닭에 집중합니다, BBQ' 이렇게 써!"

바로 이런 거다. 치킨을 먹는 사람들은 어떤 것에 감동할까? 치킨 포장지? 배달원? 당연히 치킨이다. 이렇게 말했던 후배가 삼성카드에 1, 2, 3, 4, 5 번호를 매기게 한 장본인이다.

"형, 우리 혜택 없는 제로카드 만들까? 돈 많은 사람들이 왜 혜택에 집중해. 그냥 쿨하게 쓰면 되지. 혜택 하나도 주지 말고, 대신 까다로운 조건으로 발급해주면 되지." 그래서 나온 것이 제로카드를 비롯한 번호 시리즈다.

아파트 1층의 역설도 그렇다. 아파트 1층은 원래 분양이 잘 안 된다. 다른 층보다 가격이 더 낮아도 안 팔린다. 엘리베이터를 타려면 1층에 사람이 드나들게 되고, 그러다 보니 사생활 침해도 받고 소음 공해도 적잖기 때문이다. 우리나라에 아파트가 건설된 지 수십 년이 지났어도 아파트 1층은 계속 그래왔는데, 요즘은 어떤가? 아파트를 지을 때 지하를 조금 더 파서 엘리베이터 입구를 설치하고, 1층은 상대적으로 몇 계단 높여 지었더니 아파트 1층의 고질적인 문제가 해결되었다. 1층 베란다를 확장해서 개인 정원 등을 만들어 오히려 더 비싸게 팔리는 곳도 많다.

이런 사례도 있다. 네이버 사옥은 지하 1층부터 7층이 주차장이다. 고객들이 주차한 차의 위치를 찾지 못해 안내데스크에 물어보면 직원은 이렇게 묻는다.

"혹시 주차장에서 무슨 소리 못 들으셨어요?"
"희한하게 개 짖는 소리가 들렸어요."
"아, 그러면 지하 7층입니다."
"시냇물 흐르는 소리가 들렸어요."
"아, 지하 5층에 세우셨군요."

어찌된 일일까? 네이버 사옥을 지은 조수용 대표는 소리와 층을 연결하여 고객이 쉽게 차를 찾을 수 있도록 한 것이다.

이렇게 한 번 더 생각하고 관점을 바꿈으로써, 생각지도 못하던 가치를 창출하는 사람들이 있다. 주어진 조건, 주어진 환경에서 멈추지 않고

네이버 사옥 주차장 전경. 주차한 차량의 위치를 기억하기 위해 노력하는 대신 자연스럽게 알아차릴 수 있도록 층마다 다른 소리로 정보 값을 입력한다. 정말 신박한 아이디어가 아닐 수 없다.

한 걸음 더 나아가 생각하는 것이다. 남들보다 더 생각하면 생각은 깊어지고 넓어지고, 그러다 보면 창조적인 사람이 된다. 나는 그런 사람들을 존경한다.

자, 가만히 눈을 감고 스스로를 돌아보라. 나는 주어진 대로 받아들이는 사람인가, 한 번 더 생각하고 역발상의 가치를 찾아내는 사람인가?

### 생각을 확장하는 한마디

성공한 사람들은 성공의 기회를 잘 찾는 사람들이다. 같은 것을 보아도 새로운 것을 찾아낸다. 그대로 보지 않고 비틀어 볼 줄 알기 때문이다.

## 09
## 부수고 또 부숴야 보인다

당신에게는 인생의 멘토가 있는가? 개인적으로 나는 멘토를 만들지 말자는 쪽이다. 멘토와 멘티로 고정되면 한 사람은 주고 한 사람은 받는 고정적인 관계가 되어버리기 때문이다. 만약 당신에게 멘토가 있다면, 또는 멘토가 필요하다면, 멘토를 한 사람으로 한정하지 말자. 당신이 정확하게 무엇이 되고 싶은지 결정하라. 그리고 절대로 다른 사람을 추앙하면서 "저렇게 되고 싶어"라고 말하지 마라. 그렇게 말하는 것은 자기 꿈의 깊이와 넓이를 한정하는 것이다. 누군가를 추앙하고 따라한들 당신은 그와 '비슷한 사람'이 될 수 있을지 몰라도 '그 사람'이 될 수는 없다.

사람들은 사회적인 규범 속에 갇혀 산다. 물론 이것은 당연하다. 사회에 살고 있는 이상 사회의 규범에서 벗어나 살기는 어렵다. 그러나 사회가 바라보는 고정관념에서는 벗어나야 한다. 각자가 이룬 꿈이나 성과에 대해, 어떤 것은 작고 어떤 것은 크다는 식의 정의를 섣불리 내려서는 안 된다. 예를 들어 유명 백화점에 입점한 매장 업주는 성공한 사람이고 지방의 작은 마을에서 된장찌개를 파는 식당 점주는 실패한 것인가? 결코 아니다.

그러므로 꿈이나 현실에 대해서 그것을 단정적으로 또는 한정적으로 판단해서는 안 된다. 시골 마을 식당이라도 손님들이 나의 음식을 먹고 행복하다면 그것 자체만으로도 성공한 것이다. 문제는 우리의 관점이다. 다른 사람의 고정관념을 모방하여 나의 관점을 한정시키고, 나의 꿈을 한정시키고, 내 생각의 깊이를 한정시키지 마라.

행복은 '나다운 것'에서 나온다. 결코 '맞추어가는 틀'에서 나오지 않는다. 사회가 만들어놓은 성공의 틀에 갇히지 말라. 돈을 많이 벌든 적게 벌든, 당신이 어느 곳에 살든, 당신은 성공하는 사람이 될 수 있다. 진정한 성공의 척도는 당신이 가진 관점의 다양성과 관념의 깊이가 남이 만들어 준 것인지, 내가 만든 것인지에 달려 있다.

당신은 당신이 지니고 있는 꿈의 크기까지 결정할 권한이 있다. 그것이 큰 것이냐 아니냐는 크게 중요하지 않다. 만약 당신이 작은 것으로도 만족하고 웃을 수 있다면, 당신은 소박한 사람이며 작은 것에서 기꺼이 행복을 느끼려는 겸손한 사람이다. 만약 당신이 더 큰 것에 만족을 느낀다면, 당신은 진취적이며 활동적인 사람이다. 만약 당신이 이미 그러한 목표를 이루었고 행복하다면, 나머지 인생에서 주어지는 것들은 당신이 취할 수 있는 덤이다. 그 덤을 통해서도 당신은 남들보다 더 큰 행복을 얻을 수 있다.

이쯤 되면 나에게 질문하고 싶을 것이다.

"그래, 그러는 당신은 원하는 목표와 행복을 이루었습니까?"

나는 "그렇다"라고 자신 있게 말할 수 있다. 나는 지금까지 돈도 제법 벌어봤고, 유명세를 타기도 했고, 내가 하고 싶은 일을 하지 못한 적도 없다. 이미 이룬 목표가 있고, 내가 앞으로 이룰 것들에 대해서는 덤이라고 생각하는 것, 이것이 바로 본질에 가까운 삶이라고 나는 생각한다. 그러니 이제 내가 쓰는 이 책을 포함해서 앞으로 누리게 될 즐거움은 내 삶의 덤이라고 생각한다. 얼마나 고마운 일인가.

물론 내 꿈의 설정이나 이미 꿈을 달성했다고 생각하는 것은 나만이 내린 결론이며, 나 자신만의 정의다. 다른 사람들이 진정한 성공으로 봐줄지는 미지수지만, 다른 사람의 시선은 중요하지 않다. 내 꿈과 성공의 정의는 내 삶에 대한 것이므로 내가 내리는 것이 맞지 않겠는가? 그러므로 우리는 나 자신이 가진 고정관념에 의해서 스스로를 가두지 말아야 한다. 그리고 외적인 통념에 의해서 나 자신을 갇히게 하지 말아야 한다.

가두고 갇히면 스스로가 의기소침해지기 쉽다. 가두거나 갇히지 않는 사람들이 세상을 바꾸고 있다. 진정한 자유인이란 바로 그런 사람을 두고 하는 말이다. 자유인이란 그저 형식에 얽매이지 않고 그냥저냥 삶을 사는 사람을 말하지 않는다. 진정한 자유인은 자기 자신을 고정관념 속에 가두지 않고 사회적 통념 속에 스스로를 갇히게 하지 않는 사람을 말한다. 가두거나 갇히지 않으면서 자신의 가치를 확립해나가는 사람, 그것이 진정한 자유인의 모습이다.

## 틀을 깨는 생각과 열린 사고

예전에 'Break'와 'Make'라는 두 단어가 번갈아가면서 계속적으로 이어지는 현대카드 광고가 있었다. '부수기'와 '만들기'를 반복하면서 발전에 발전을 거듭하는 이미지를 부각시킨 광고다. 우리도 그래야 한다. 자신의 내면에 있는 결론과 고정관념을 깨부수고 또다시 창조할 수 있어야 한다. 기존의 틀에 얽매일 필요가 없다. 생각의 틀에 갇혀 있다면 우리는 발전할 수 없다.

사람들이 동의하게 하려면 누구나 알고 이해하는 당연한 내용을 이야기해야 할까? 아무리 유창하게 이야기를 마쳤어도 그런 내용이라면 사람들은 "뻔한 소리 하고 있네"라고 한다. 기존의 생각을 다시 생각해보게 하는 의견에 사람들은 귀를 기울인다. 기존의 틀을 깨는 생각으로 인해 생각의 깊이는 자라게 마련이다. 그러므로 다른 사람들의 동의나 승인을 얻기 위해 당연하고 뻔한 얘기를 할 필요는 없다. 듣는 사람의 고개가 절로 끄덕거려지는 이야기는 결코 당연한 이야기가 아니다. 당연함 속에서 이해될 수 있는 다른 관점의 이야기를 하는 사람들, 이들에게 사람들은 고개를 끄덕인다. 다른 관점을 제공하는 사람들은 주목받으며 발전할 수밖에 없다.

현대카드 광고 'Make Break Make' 편 (2010)

우리가 무언가에 대해 규정하고 고정해놓는다면 우리의 무의식은 가두어진 것 안에서 생각하고 말하려 할 것이다. 그러나 가두어진 것 안에서는 아무리 발전해도 한계가 있다. 그야말로 찻잔 속의 태풍이 되는 것이다. 그러므로 우리는 끊임없이 부수고 또 부수어야 한다. 이미 결론을 내린 사항도 달라질 수 있음을, 변할 수 있음을 인정해야 한다. 만들고 부수고 만들고 부수는 과정을 반복하면서 우리는 마침내 일반적인 한계 이상으로 발전할 수 있다.

이 말은 우리가 표준이나 정형화된 관념 없이 행동해야 한다는 의미가 아니다. 주관을 가지면 안 된다고 말하는 것도 아니다. 단지 우리가 가진 관념이 아무리 최상의 것, 최선의 것, 최신의 것이라 하더라도, 시간이 지나면 충분히 바뀔 여지가 있음을 인정해야 한다는 것이다. 그러므로 우리는 어떤 결정을 내리거나 정형화함에 있어서 현재까지의 지식과 관념으로 볼 때는 그렇다고 말해야 한다. 바뀔 수 있고 변할 수 있음을 기꺼이 인정해야 한다. 고정되어 갇히는 순간 우리는 더 이상 발전할 수 없다.

　우리가 어떤 강의나 연설을 듣고 "맞아, 맞아!" 하면서 고개를 끄덕이는 것은 연사가 맞는 말을 했기 때문만이 아니라 다른 사람들이 생각하지 못한 열린 사고를 통해 새로운 관점을 제공했기 때문이다. '어제의 나'와 '오늘의 나'는 다른 관점을 가지고 있어야 한다. 어제의 나보다 오늘의 나는 더 발전해 있어야 한다. 비록 그 차이가 가시화하지 않을지라도, 하루하루의 발전이 쌓이고 쌓이면 언젠가 멈춰 있던 사람들보다 한 계단 더 높은 곳에 우뚝 서 있을 것이다.

### 생각을 확장하는 한마디

참치는 헤엄을 멈추면 죽는다. 아가미로 물속의 산소를 흡수하는데 헤엄을 멈추면 호흡을 할 수 없기 때문이다. 그런데 계속 헤엄치는 물이 고인 물이라면 어떻게 될까? 흐르지 않는 물에서 아무리 헤엄쳐봐야 산소는 점점 사라지고, 결국 죽게 될 것이다. 새로움, 그것은 당신의 생존에 꼭 필요한 것이다.

# 10
## 진보보다 진화하라

 진화와 진보, 당신은 이 두 단어를 생각할 때 무엇을 떠올리는가? 아마 비슷한 개념이라고 생각할지 모른다. 하지만 두 단어는 전혀 다른 의미다. '진보'라는 단어에는 '앞으로 나아감'이라는 의미가 담겨 있다. 그리고 '진화'라는 단어에는 '변화하는 것'이라는 의미가 담겨 있다.

 나는 사람들에게 "진보하기보다 진화하라"라고 당부한다. 사람들은 흔히 앞으로 나아가는 것만이 최고라고 여긴다. 많은 사람들이 그렇게 생각한다. 그러나 발전이라는 것은 앞으로 나아갈 때만 만들어지는 것이 아니다. 우리가 익히 알고 있는 것처럼 진정한 발전은 입체적인 시각에 의해서 가능해진다. 우리가 가진 내면의 결론들은 사실, 때로는 너무 주관적이고 독선적이기까지 하다. 우리는 그런 고정관념을 과감히 깰 수 있어야 한다.

 발전을 위해서는 때로 뒤를 돌아보아야 할 필요가 있다. 잠시 멈추어 상황을 정리해야 할 필요성도 있다. 진보를 중요하게 생각하는 사회에서는 1등만이 최고의 대접을 받는다. 하지만 우리는 입체적인 관점을 가지고 그러한 생각의 편향성에 돌을 던질 수 있어야 한다. 여러 가지 사회적 다양성과 개연성을 고려한다면 반드시 진보만 고집하지는 않을 것이다. 우리에게 필요한 것은 잠시 멈추어 생각하는 시간일 수도 있고, 과거의 것을 돌아보며 회상하는 것일 수도 있다. 힐링을 위해서 한 걸음 뒤로 물러날 필요도 있다.

당신이 글을 쓰는 작가라고 가정해보자. 글을 써내려가다 보면 괴리감을 느끼며 생각이 정리되지 않는 시점이 찾아온다. 그 순간 당신은 어떻게 하겠는가? 생각을 정리하기 위해 바람을 쐬거나, 담배를 피우거나, 커피를 마시지 않겠는가? 그리고 이런 잠깐의 멈춤은 작업을 더 능률적이고 창조적인 것으로 만들어줄 것이다. 머리를 식히기 위한 여행이나 휴식도 바로 그러한 긍정적 결과를 위한 것이다. 이렇듯, 멈춤과 되돌아봄은 개인에게 유익한 결과를 가져온다. 아주 본질적이면서 원초적인 현상인 것이다.

진보는 입체적이지 않다. 한 방향으로의 일방적 진행성만을 가질 뿐이다. 그러나 진화는 입체적이다. 모든 방향으로의 변화를 꿈꾸는 사람들은 진보만을 고집하지 않는다. 그들은 끊임없이 변한다. 즉, 진화한다. 그리고 모든 가능성을 염두에 둔다. 그것이 잠시 동안의 멈춤이나 뒷걸음질이라 할지라도 말이다.

## 관점의 입체화는 모든 것을 유연하게 보게 한다

나에게는 조수용이라는 후배가 있다. 네이버의 창을 그린 친구이고, 카카오의 대표로 일했다. 사실 나는 이 친구를 만날 때마다 깜짝깜짝 놀란다. 그가 가진 내면적 역량과 나에게 토해내는 마음의 단서들 때문이다. 어느 날 이 친구가 나와 함께한 술자리에서 이런 말을 했다.

"형, 공간은 입체잖아. 그런데 왜 사람들은 평면도로만 생각하지?"

그러고 보니 모든 것이 그랬다. 건물을 지을 때도, 제품을 만들 때에도 위에서 보는 평면도나 측면도가 전부였다. 그 친구 덕분에 나는 많은 사람들이 평면도 방식으로 생각하는 것에 익숙해져 있다는 사실을 알게 되었다. 사람들이 입체적 사고를 하지 않는 이유는 어쩌면 평면도식 문화에 젖어 있기 때문인지도 모른다.

조수용 대표가 이루어낸 결과들을 생각해보면, 그 친구는 '공간은 입체'라는 본질을 이미 파악하고 있었음을 알 수 있다. 남과 다르게 입체적으로 사물을 관찰할 수 있는 능력이 지금의 그를 만든 것이다. 이전에 방문했던 조수용 대표의 사무실을 보면서 그의 입체적인 사고가 어떠한 결과를 만들어냈는지 한눈에 알 수 있었다. 그의 방은 공중에 떠 있는 컨테이너 비슷한 구조물 속에 있었다.

방에 들어가려면 몇 개의 계단을 밟고 공중에 떠 있는 구조물에 들어서야 한다. 나는 그의 사무실을 보고 여느 사람들과는 다른 사고를 하는 그의 능력을 감지할 수 있었다. 한마디로 느낌이 확 달랐다. 그리고 공간은 입체라는 그의 생각이 무엇을 의미하는지도 간파할 수 있게 되었다.

입체적인 생각을 할 수 있다는 것은 그가 다양한 관점을 가지고 있다는 말이다. 그런 사람들은 무수히 많은 관점을 통해서 세상을 바라보기 때문에 다른 사람들과 달리 범상치 않은 내적 가치를 지니게 된다. 그들은 인공위성을 통해서 지구를 바라보기도 하고, 땅 위에 있는 현상들을 하늘에서 바라보기도 한다. 그렇게 할 수 있는 이유는 그들의 내적인 관점이 공간을 입체로 인지하고 있기 때문이다.

이와 달리 평면이 아닌 선으로만 이루어진 시각을 가지고 있는 사람들도 있다. 일방통행적인 사고인 것이다. 심지어 시각이 점에 머물러 있는 사람도 있다. 자기가 가지고 있는 것에 그대로 머무르려는 사람 말이다.

'공간은 입체'라는 본질을 파악하고 있던 조수용 대표가 만들어낸 '사운즈한남'은 독특하고 입체적인 구조와 공간으로 주목받고 있다.

물론 어떤 사람이든 그가 지니고 있는 인간으로서의 가치를 도외시할 수는 없다. 하지만 한 사람이 가지고 있는 관점은 그 사람의 생활방식과 행동양식을 결정하게 된다. 입체적인 관점을 지니고 있는 사람이라면 그의 관점은 자기 자신을 더 발전하게 만든다. 진화하게 만드는 것이다. 이것이 바로 공간을 입체로 통찰하는 사람들이 가진 관점의 가치다. 입체적이지 않고 선형적인 관점을 가진 생각들은 결국 그 폭이 줄어든 갇힌 생각일 수밖에 없다.

관점의 입체화는 모든 것을 유연하게 보게 한다. 사람들을 관용하게 한다. 상황이나 사물을 단지 평면이 아니라 입체로 볼 수 있어야 한다. 그렇게 할 수 있는 힘은 우리의 '내적 허용'에서 비롯된다. 입체적으로 생각하라. 그리고 입체적인 관점을 가져라. 그러면 당신은 진보가 아니라 진화할 수 있다. 무조건 앞으로 나아가는 것, 발전하는 것이 진화가 아니고 나에게 맞게 변화하는 것이 진화다. 진화하는 사람이 살아남는다.

### 생각을 확장하는 한마디

진보에는 목적이 있다. 앞으로 나아가는 것. 따라서 우열의 기준이 있다. 하지만 진화는 정해진 방향이 없다. 주어진 환경에서 자신의 방향으로 발전하는 것, 그것이 진화다. 우리가 스스로 진화를 이루어갈 때 모두 'only one'이 될 수 있다.

## 11
# 가치가 향하는 목적에 집중하라

사물을 바라볼 때, 신제품 또는 새로운 서비스를 만들어낼 때 절대 잊지 말아야 할 것은 그것의 목적이 무엇인지를 검토하는 것이다. 사람들은 종종 근본적 가치가 무엇인지 혼동한다. 어디에서 가치가 나오는지를 정확히 파악하지 않는다면 그 상품은 성공하기 힘들다. 물론 서비스도 마찬가지다.

가치의 목적을 정확히 판단하고 나면 변용variation이 가능하다. 수많은 변수를 고려해 본질적 가치를 이용하는 것도 가능해진다. 어디에서 가치가 나오는지를 파악하라는 것은 단지 상품이나 서비스의 기능적인 부분만을 분석하라는 것이 아니라 핵심 가치를 파악해야 한다는 뜻이다. 핵심 가치는 또 다른 관점에서 보는 제2의 본질 또는 실용적인 본질이 가져오는 가치라고 할 수 있다.

어떤 행위나 물건에 집중하면 그것에 숨어 있는 가치를 잊기 쉽다. 가치라 해서 거창하게 생각할 필요는 없다. 예를 들어 쥐가 많아 골머리를 앓던 시절, 쥐덫이 발명되었다. 쥐덫으로 쥐는 잡았지만, 잡은 쥐를 어떻게 처리하느냐가 또 다른 문제가 되었다. 그러자 사람들은 쥐를 어떤 방법으로 죽일지를 고심했다. 결국 쥐를 잡은 후에 자동으로 익사시키는 기능을 가진 여러 종류의 쥐덫이 발명되었다. 그리고 이러한 쥐덫의 생산자들은 자기네 회사에서 만든 쥐덫이 더 효과적으로 쥐를 처리할 수 있다고 경쟁적으로 홍보하였다. 하지만 그 모든 기계는 쥐약의 발명으로 사라질 수밖에 없었다. 쥐약은 쥐덫에 비해 값도 싸고 쥐를 소리 없이 죽일 수 있으며 뒤처리도 깔끔했다. 당연히 쥐덫 시장은 크게 위축될 수밖에 없었다.

부가기능을 갖춘 쥐덫을 경쟁적으로 생산하던 업체들에게 쥐약의 등장은 그야말로 청천벽력 같은 사건이었다. 본질적 가치를 생각하라는 것은 바로 이와 같은 것이다. 수많은 부가 장치들로 경쟁하듯 제품을 내놓은 기업들은, 고객들이 원하는 본질적인 가치를 깨닫지 못한 셈이다. 쥐를 잡는 행위에 너무 몰두하여 그 목적을 잃어버린 것이다.

지금도 많은 사람들이 상품이나 서비스를 제공하면서도 목적을 제대로 깨닫지 못하는 경우가 상당히 많다. 자신들이 생산하는 제품이나 서비스의 목적, 즉 본질적 가치를 깨닫지 못한다면 쥐덫을 만들던 기업들처럼 순식간에 망할 수 있다.

중요한 것은 핵심을 보는 눈이다. 한의원에 가면 진맥診脈이라는 것을 한다. 맥脈은 핵심을 말한다. 사업도 마찬가지고 일도 마찬가지다. 어떤 일에서 핵심을 짚어내지 못하면 중요한 것을 놓친 채 헛수고하기 마련이다. 닛산의 회장을 지낸 카를로스 곤은 이런 말을 했다. "아마추어는 문제를 복잡하게 만들고, 프로는 문제를 단순화시킨다." 이 말은 핵심을 짚는 능력을 말한다. 핵심을 짚어내지 못하고 주변을 빙빙 도는 말은 오히려 본질을 흐린다. 본질, 즉 맥을 제대로 짚어야 그것이 연결되면서 성공의 구조를 만들게 된다.

스마트폰을 통해 우리는 언제, 어디서나 '실시간의 가치'를 누리며 살고 있다.

## 같은 것을 다르게, 다른 모양 같은 본질

그렇다면 스마트폰의 본질은 무엇일까? 바로 'anytime, anywhere'이다. 바로 실시간 커뮤니케이션이다. 그리고 단지 사람 사이의 커뮤니케이션이 아니라 정보를 나누는 실시간 커뮤니케이션에 있다. 빌 게이츠의 저서 《거리의 소멸》은 컴퓨터와 스마트폰 등 IT 산업의 발달로 우리 생활에서 거리가 사라지고 있다는 내용을 담고 있다. 실제로 물리적인 거리가 소멸한다는 것이 아니라 거리적·공간적 제약이 사라진다는 것이다.

사람들은 자신이 좋아하는 연예인이나 유명인사가 올리는 신규 SNS 메시지에 열광한다. 별스럽지 않은 멘트 하나에도 반응이 뜨겁다. 뉴스와 기사로도 그들의 일상이 전해지기는 하지만, 그들이 직접 올린 메시지에 사람들은 더 큰 감동을 느낀다. 왜 그럴까? 바로 '실시간'이 주는 가치 때문이다. 이제 MZ세대를 넘어 잘파세대의 시대다. 이들을 '극동시성을 사는 사람들'이라고 표현한다. 잘파세대는 지구 저편에서 일어나는 작은 일도 실시간으로 알아채고 반응한다. 때문에 꼰대들의 "나 때는 말이야"라는 말을 들으면 싫어한다. 지금 일어나는 일도 신경 쓰기 힘든데 과거의 화려했던 시절 이야기를 들어줄 여유가 없는 것이다.

실시간으로 이루어지는 연결은 공간의 제한도 해결해준다. 팬데믹 시기에 대면 미팅이 어려워지자 줌 미팅이 활성화되었고, 대규모 모임이 불가능해지자 온라인 콘서트로 대체되면서 오히려 새로운 시장이 개척되었다. 실제 공연장을 찾지 않고도 자기 방에서 좋아하는 가수의 콘서트를 라이브로 볼 수 있게 되었고, 예전에는 1만 명이 즐길 수 있었다면 이제는 전 세계 10만 명의 팬들이 시차와 공간의 제약 없이 동시에 참석할 수 있게 되었다.

그러나 앞에서도 언급했듯이 전화기의 본질적 가치는 커뮤니케이션이다. 즉, 다른 사람들의 생각을 공유하고 그 생각을 나누는 것에 목적이 있다. 만약 이와 같은 본질적 가치를 잊은 채 부가적인 기능에 지나치게 의존한다면 그것은 전화기로서의 본질을 잃은 것이라 할 수 있다.

TV 생방송 프로그램의 경우도 마찬가지다. 생방송의 경우 다듬어지지 않은 콘텐츠, 편집되지 않은 언어 등의 사용으로 정갈함이 다소 떨어질 수 있지만, 사람들은 생방송 자체가 갖는 특별한 묘미를 즐긴다.

퀵 서비스나 심부름센터가 주는 가치는 행위나 서비스의 항목 자체에 있는 것이 아니라 편리함에 있다. 예를 들어 카카오의 경우, 커뮤니케이션이라는 본질적 가치를 여러 방법을 통해 고객이 쉽게 접하고 사용할

카카오뱅크 1주년 광고 (2018)

수 있게 해주었다. 카카오뱅크의 슬로건은 "같은 것을 다르게"다. 이 말은 같은 것, 즉 본질을 다르게 풀어내지만 결국 본질은 같다는 말이다. 같은 본질을 아무리 다르게 풀어내도 본질은 놓치지 않았다는 것과 같은 의미로도 해석된다. 이처럼 우리는 텍스트나 콘텐츠에 집중할 것이 아니라 상품이나 서비스가 가지는 목적, 즉 본질적 가치를 분석해내고 끄집어낼 수 있어야 한다.

카카오뱅크는 "세상에 없던 은행을 만들자"라는 슬로건을 갖고 시작했다. 나를 알아주고, 누구나 쉽게 쓸 수 있는 은행을 만들려고 노력했다. 그러나 은행의 본질을 벗어나지 않았고, 오히려 은행 중심이 아니라 철저하게 사용자 중심의 관점으로 은행의 본질을 재해석했다. 카카오뱅크는 아주 이기적인 은행을 꿈꾼다. 자기답게 변화하는 은행이다. 은행을 위해 고객이 존재하지 않는다는 것을 알게 해준 것, 그게 바로 카카오뱅크 성공의 원인이었다.

카카오뱅크의 본질 가운데 '뱅크'의 본질은 돈을 입금하고 출금하는 것이다. 더하여 '카카오'의 본질은 커뮤니케이션, 즉 사람들이 소통하고 연결되는 것이다. 이를 위해 카카오뱅크는 '모임통장' 기능을 서비스한다. 누구나, 어떤 모임이나 편리하게 공용 모임통장을 만들 수 있다. 각자의 본질을 놓치지 않았기에 가능한 일이다.

사람들의 무의식적 관념 속에서 언제나 떠오르는 브랜드, 언제나 떠오르는 상품, 언제나 떠오르는 가치……. 이것이 바로 기업이 구축해나가야 하는 본질적 가치이자 자산이라고 말할 수 있다. 이렇듯 본질적 가치를 인식하게 된다면 우리는 사회적 포지션을 구축할 때 더 차별화된 우위를 선점할 수 있다. 결론은 간단하다. 그것 자체에 집중하지 말고 그것이 주는 가치에 집중하라!

### 생각을 확장하는 한마디

물은 담는 용기의 모양에 따라 달라진다. 그러나 네모난 컵에 담든 둥근 컵에 담든 물의 본질은 달라지지 않는다. 놓치지 말아야 하는 것은 어떤 형태로 변형하더라도 변하지 않는 본질이다. 거기에서 모든 진화가 가능해진다.

# PART

# 02 관점은 관성 밖의 것을 보는 힘이다

─────────── "너는 왜 들은 얘기만 해, 네 얘기는 뭐야?" 어느 날 김범수 의장이 하는 말을 듣고 충격을 받았다. 나만 할 수 있는 얘기를 만들자고 마음먹었다. 그러고서 카카오 성공 스토리가 나왔다. 김범수 의장에게 '틀린 질문을 하면 좋은 답이 나오지 않는다'는 것을 배웠다. 그 시절의 그에게 정말 많은 것을 물었고, 그때마다 깨달음을 얻었다. 그는 사물과 가치, 세상에 대해 '자신만의 정의'를 내릴 수 있는 사람이었다. 지금은 카카오랑 계약으로 엮인 건 없지만, 나는 여전히 쓴 소리를 아끼지 않는다. 그게 내가 친구를 사랑하는 방식이고, 의리를 지키는 법이기 때문이다.

평범한 사람은 세상이 변하고 나서 세상의 변화를 눈치챈다. 어제 하던 일을 오늘도 습관적으로 하면서 관성대로 살다가 어느 순간 뒤돌아보고 "세상 진짜 많이 바뀌었네?" 하고 감탄하는 사람치고 성공한 사람은 없다. 성공하는 사람은 절대 관성대로 살지 않는다. 그들은 남들이 습관처럼 당연히 여기는 것을 부정하고, 새로운 습관을 만들어낸다. 하지만 당연함을 부정하는 것만이 능사는 아

니다. 누구나 당연하게 여기는 일을 무조건 부정한다면, 그는 사회적 부적응자 또는 'no man'에 지나지 않는다.

당연함에 질문을 던지자. 그리고 새로운 패턴을 따르는 사람이 아닌, 만드는 사람이 되어 남들보다 앞서 걷자. 그렇게 하면 어느새 당신의 걸음에는 성공이 함께하고 있을 것이다.

## 01
# 세상은
# 더듬이를 세운 자들의 것이다

우리는 대부분 스마트폰을 들고 다니며, 카카오톡을 사용하고, 궁금한 것이 있으면 인터넷 검색창에 물어본다. 그 많던 비디오 가게들은 언제부터인가 잘 보이지 않고, 무거운 디지털카메라 대신 스마트폰으로 사진을 찍는다. 컴퓨터 파일을 옮기기 위한 필수품이었던 플로피디스켓도 진즉에 자취를 감추었다. 기술의 발전으로 커뮤니케이션 수단이 다양화되면서 점차 공중전화, 알람 시계, 디스켓 등을 쓰지 않게 되었고, 습관 코드 역시 자연스럽게 바뀌었다.

우리는 언제부터 디스켓을 쓰지 않았을까? 대부분의 사람들은 이 질문에 선뜻 대답하지 못한다. 공중전화를 쓰지 않게 된 시점 역시 명확히 기억하지 못한다. 왜냐하면 우리가 알지 못하는 사이에 습관의 코드가 바뀌었기 때문이다. 우리의 습관은 시나브로, 그러나 무섭게 바뀌어왔고, 지금 이 순간에도 바뀌고 있다.

### 관성을 거스르는 사람들

세상이 이렇게 급변하고 있음에도, 대부분의 사람들은 관성에 따라 살아간다. 그리고 관성의 흐름에 휩쓸리는 대로, 되는대로의 삶에 빠져서 습관의 코드를 읽어내지 못한다. 시나브로 바뀌는 세상에 대해 별로 관심

시나브로, 그러나 무서운 속도로 사라지고 있는 우리의 습관들.
지금 우리가 당연하게 여기는 것들도 눈 깜빡할 사이 과거가 되어 사라질 것이다.

을 기울이지도 않는다. 그들은 어느 순간 멈춰 서서 뒤를 돌아보면서 세상의 빠른 변화가 놀랍다고 말한다. 대부분의 사람들이 그렇다. 이것이 바로 '관성대로 사는 삶'이다.

관성대로 살아가는 것은 쉬운 일이다. 어제까지 해왔던 대로 오늘도 내일도 하면 되니까. 고객들이 지금 필요로 하는, 당연하게 여겨지는 것들을 만들어내거나, 그것을 팔기 위해 다른 사람과 다를 것 없는 이벤트, 프로모션을 한다. 사람들의 시선을 끌기 위해 뭔가 고민하고 창조해낼 필요를 못 느낀다. 그냥 세상의 필요에 맞춰 그 흐름에 따라서 자신의 사업과 역량의 깊이를 발휘하면 된다. 다람쥐 쳇바퀴 돌듯 출근하고 퇴근하고 출근하고 퇴근하고 반복하면서 그냥 흐르는 대로 살면 된다. 물론 많은 사람들이 지금 이 순간에도 그렇게 살아간다. 그러한 사람들은 순간순간 세상의 변화를 느끼지 않는다. 아니, 그럴 수 없다. 그런 사람들에게 시간이란 멈추지 않고 계속되는 '지금'일 뿐이다.

습관의 코드를 주의 깊게 살펴보지 않는다면 변화의 흐름을 쉽게 알기 힘들다. 개인뿐 아니라 사회 변화 역시 마찬가지다. 사회적 습관을 많은 사람들은 '트렌드'라고 부른다. 트렌드는 계속해서 꿈틀거리며 바뀌고 있다. 그러나 사람들은 트렌드라는 이름으로 사회에 등장하기 전까지 트렌드가 서서히 또는 빠르게 바뀌고 있다는 사실을 잘 알아채지 못한다. 자기 일에만 몰두하다 보면 결국 그러한 흐름을 읽을 수 없게 된다. 심지어 자신의 주변이 아니라 스스로가 하고 있는 일 자체의 패턴이 바뀌고 있다는 것조차 알아채지 못하는 경우도 많다. 습관의 코드가 바뀌었다는 것을 느끼지 못한 것이다.

## 멈추어 생각하고, 멈추어 관찰하라

당연한 일이지만, 세상이 바뀌고 난 다음에 변화를 아는 사람과 바뀌는 과정에서 그것을 감각적으로 느끼는 사람 사이에는 여러 가지 면에서 큰 차이가 존재한다. 변화를 느끼지 못하는 사람들은 사업을 하더라도 뒤늦게 시작하기 마련이다. 남들보다 늦게 출발한다는 것은 성공하기 힘들다는 이야기와 다르지 않다. 이것이 바로 우리가 잠시 멈추어 주변의 모습을 살펴보아야 하는 이유다.

관성 또는 습관대로 사는 사람들과 달리 트렌드의 흐름을 몸으로 '느끼는' 사람들이 있다. 그들은 일반적인 사람들은 알아채지 못하는, 빠르게 바뀌는 습관의 코드를 읽어낸다. 대부분의 사람들은 시간이 지나면서 언론 매체나 미디어를 통해 트렌드를 알게 되지만, 이들은 트렌드의 변화를 한발 앞서 느낀다. 그들은 흐르는 시간 속에서 무엇이 바뀌어가는지를 기가 막히게 알아챈다.

습관의 코드가 트렌드화되어 사회적으로 붐이 일어난 후에 그것을 느끼는 것과 패턴의 흐름을 읽어 일정 트렌드를 창조해내는 것은 전혀 다른 일이다. 시공을 뛰어넘는 문명의 창조자들은 결국 그러한 패턴을 앞서 읽어낸 사람들이었다. 시대는 그들에게 성공으로 보답해주었고, 세상은 그들의 것이 되었다. 우리 모두가 돈 좀 벌었다고 인정하는 사람들, 이른바 성공한 사람들은 이러한 습관의 코드를 읽어내고 패턴을 감지해낸 사람들이었다. 시나브로 바뀌는 세상을 느끼는 사람만이 시대를 앞서 시대를 변화시킬 수 있다.

그럼 대체 이들은 그걸 어떻게 느끼고 읽어내는 것일까? '습관의 코드'가 바뀌고 있음을 알아채는 방법은 뭘까? 그것은 바로 변화를 감지하기

성공의 문을 여는 사람들은 남들이 보지 못하는 것을 보고 알아차린다.

위한 더듬이를 항상 세우고 있는 것이다. '멈추어' 생각하고, '멈추어' 세상의 주변을 살펴보면 습관의 코드가 변화하는 것을 느낄 수 있다. 이러한 습관의 코드 변화를 순간순간 트래킹하며 캐치해낸다. 느낄 수 있는 사람은 변화의 방향을 안다. 그러나 단지 흐름을 따라가기만 하는 사람은 변화가 일어나는 것을 인지하지 못하고, 그냥 순간의 편리함을 이용하고 즐길 뿐이다.

물길을 단지 물의 흐름으로 생각하는 사람도 있고, 물길의 흐름을 바꾸어서 또 다른 물길을 만들어내는 사람도 있다. 우리 주변에서 리더라고 불리는 이들은 대부분 그 흐름을 바꾼 사람들이다. 성공의 문은 습관의 코드가 바뀌고 있음을 몸으로 느끼며 미래를 바꾸고자 노력하는 사람들에게 열려 있다. 습관의 코드라는 패턴을 읽어내는 사람만이 성공의 대열에 합류할 수 있다. 습관의 코드를 읽는다는 것은 트렌드를 읽는 것이다. 트렌드를 읽어낸다는 것은 트렌드에 패턴이 존재하고 있음을 느끼는 것이다. 그리고 그 패턴을 느끼는 사람은 결국 시대를 앞서갈 수 있다. 바로 이러한 사람이 시대의 패턴을 창조해낸다.

세상에는 두 부류의 사람, 즉 세상의 흐름이 만들어낸 관성대로 사는 사람과 성공을 위한 자신만의 관성을 만드는 사람이 있다. 습관의 코드를 앞질러 나가서 그것을 피부로 느끼며 그 패턴을 읽어낸 사람들은 자신만의 성공을 일구었다. 많은 사람들은 카카오톡을 쓰면서 카카오톡이 주는 편리함에 즐거워하고, 그 편리함을 즐겼다. 그러나 또 다른 부류의 사람들은 카카오톡의 패턴을 읽어내고, 그 패턴을 통해 새로운 것을 창조하고 만들어낸다.

카카오톡이 100만 다운로드를 달성했을 때의 일이다. 그 당시 카카오는 재정적으로 힘든 시기였고, 돈을 벌 방법이 내 눈에는 보이지 않았다. 김범수 의장에게 물었다. "카카오톡으로 어찌 돈을 벌 것인가요?" 김범수 의장의 답은 간단했다. "내 관심은 돈을 버는 것이 아니라 카카오톡이 전 국민의 습관이 되는 거야. 습관이 되면 그때부터는 게임의 룰이 바뀌어. 습관의 크기와 빈도가 비즈니스의 크기야!" 놀라운 통찰의 말이 되돌아왔다.

이후 살펴봤다. 그의 말이 맞았다. 네이버는 정보를 찾아보는 습관을, 카카오는 커뮤니케이션의 습관을, 카카오택시는 택시를 부르는 습관을, 배달의민족은 배달 음식을 주문하는 습관을 장악했다. 습관을 장악한 기업들의 가치는 어마어마하게 커졌고, 그것이 시장의 룰이었던 것이다. 관성을 깨고 새로운 습관을 만들어내면 새로운 판이 열린다는 것을 미리 본 놀라운 통찰이었다.

남들이 못 보는 부분을 예리하게 알아차리는 사람, 그러한 사람이 바로 우리 자신이 되어야 한다. 이 책은 바로 그것을 위해 쓰였다. 자, 흐름을 느끼지 못한 채 그 흐름에 그냥 휩쓸려갈 것인가, 멈추어 서서 흐름을 만들어내 성공할 것인가? 어떠한 사람이 될 것인지는 철저히 자신의 몫이다.

> **생각을 확장하는 한마디**
>
> 관성의 무서운 점은 가속이 붙는다는 것이다. 관성의 흐름이 빨라질수록 주변의 모습은 휙휙 지나간다. 그러다 보면 어느 순간 양옆의 풍경이 달라진다는 것조차 느끼지 못하게 될 것이다. 변화가 느껴지지 않는가? 눈을 똑바로 뜨고 무엇이 보이는지 확인하라.

## 02
## 산만했다?
## 호기심이 많았다!

초등학교와 중학교 시절, 내 성적 통지표에는 항상 비슷한 평가가 적혀 있었다. "두뇌는 명석하나 주의가 산만해서 성적이 향상되지 않습니다"라는 문구였다. 산만해서 집중하지 못했고, 당연히 공부를 잘하지 못했다. 산만할 수밖에 없었던 이유는 호기심 때문이었다. 눈에 보이는 많은 것이 너무 궁금했고, 관심과 호기심이 생기는 일이 세상에 너무 많았다.

대문을 나서서 학교까지 가는 동안에도 내 발길을 멈추게 하는 일이 얼마나 많고 궁금해서 물어보고 싶은 것은 또 얼마나 많았던지……. 남들은 무심코 넘기는 사소한 것도 나는 무심히 넘기지를 못했다. 날이 추우면 '여름에도 겨울에도 똑같이 해가 비치는데 왜 여름에는 덥고 겨울에는 추울까?' 궁금했고, 몇 발짝 더 걸어가다 보면 '왜 건너가라는 신호등은 초록색인데 파란불이라고 하지?' 했다가, 거리에서 음악 소리가 들리면 '어떻게 기계에서 소리가 나올까?' 하는 식이었다. 중학생 때는 집에 있는 전자제품을 뜯어보고 분해하기를 좋아했다. 분해는 했는데 다시 조립하지는 못해서 부모님께 꾸중을 들은 적도 많았다.

비가 오면 왜 우산을 쓰는지, 학교는 왜 꼭 가야 하는지, 비행기는 저렇게 크고 무거운데 어떻게 하늘을 날 수 있는지, 산만하게 보일 만큼 지나친 호기심 때문에 어린 시절에는 부모님, 선생님, 친척들로부터 좋은 평가를 받지 못했다. 남들이 당연하게 생각하고 배우는 것을 물어보고, 시험에 나오지 않는 내용을 궁금해하고, 다른 학생들이 집중해서 수업을 듣고 있을 때 호기심에 들떠서 이것저것 딴짓만 하다가 정작 시험에 나오는 지식은 받아들이지 못했기 때문이다. 대신에 "생각이 참 기발하다", "말을 잘한다"라는 칭찬은 많이 들었다.

그런데 어렸을 때의 그 왕성한 호기심과 기발함이 지금의 멀티플레이어 박용후를 만들었다. 어린 시절에만 나의 호기심이 발동한 것은 아니었다. 나는 자라면서도 호기심이 많았고, 지금도 모든 세상일에 호기심과 관심을 멈추지 않는다. 호기심과 관심이야말로 인류 발전의 원동력이 된 힘이다.

노벨문학상을 수상한 칠레의 시인 파블로 네루다의 《질문의 책》에는 여러 가지 질문이 나온다. 세상을 떠나기 몇 달 전 당시 70세였던 네루다가 남긴 316개의 질문을 보면 감탄이 절로 난다. "나였던 그 아이는 어디 있을까? 아직 내 속에 있을까? 아니면 사라졌을까?" 어찌 이런 질문을 할 수 있을까? 그때 다시 한번 깨달았다. 질문이 생각의 수준이라는 것을.

아마존의 슬로건은 "Learn and Be Curious"다. 호기심을 갖는다는 것이 기업의 성장에 얼마나 중요한지를 깨달았던 회사가 바로 아마존이다. 호기심이 없는 자는 성장하지 못한다는 아주 단순한 사실을 미리 깨닫고 행동한 결과 아마존은 놀라운 성장을 이뤄냈다. 사람의 생각을 움직이는 것은 결국 호기심이다. 호기심이 없으면 질문이 없고, 질문이 없으면 생각은 자라지 않는다. 또한 질문이 생겨도 그 답을 찾아가는 과정이 없는 자는 행동하지 않는 자다. 생각도 없고, 행동도 하지 않는 사람에게 무엇을 기대할 수 있는가? 끊임없이 질문하고 끊임없이 답을 찾아라.

파블로 네루다의 시집 《질문의 책》과 아마존의 슬로건.
호기심은 질문을 끌어내고, 질문은 생각을 끌어낸다.

## 관심을 가지면 관찰하게 된다

최초의 동력 비행기를 만든 사람은 모두 알다시피 라이트 형제다. 그런데 당시 많은 사람들이 동력 비행기를 만들 것으로 기대했던 인물은 라이트 형제가 아니라, 스미스소니언 협회장까지 지낸 과학자 새뮤얼 랭글리 교수였다. 그는 1887년부터 동력 비행에 관심을 가지고 300명의 연구원을 동원해 많은 연구를 거듭한 끝에, 드디어 1903년 비행기를 만들어 공개 시험을 했다. 그런데 랭글리가 두 번째 공개 시험에 실패한 지 불과 9일 후, 자전거를 만들던 라이트 형제의 동력 비행기가 하늘을 날았다. 300명의 연구원과 국가의 전폭적인 지원을 받던 과학자가 아니라, 하늘을 날고 싶다는 욕망으로 가득하던 두 형제의 비행기가 먼저 하늘을 난 것이었다.

관심을 가지면 관찰하게 된다. 라이트 형제는 자신들의 관심을 자전거에서 비행기로 옮겨갔다. 따라서 라이트 형제는 토끼가 아니라 새를 관찰하게 되었다. 새를 관찰하다 보니 새들은 하늘을 날 때 날개를 꺾는다는 사실을 알게 되었고, 그것을 통해 양력 이용을 알게 되었다. 알고 싶은 욕망에 가득 찬 자들이 자전거 바퀴에서 비행기 날개로 관심을 바꾸자 세상의 역사가 바뀐 것이다.

하지만 어른들은 아이들의 호기심을 귀찮아한다. 궁금한 것을 물어보면 처음에는 잘 대답해주다가도 계속 물어보면 결국은 그만하라며 아이 머리를 쥐어박거나 혼을 낸다. 아이의 궁금증에 일일이 대답하는 것이 귀찮기 때문에 질문을 아예 못 하게 막아버리는 부모도 많다. 시험에 나오지 않는 질문을 멈추고 함수나 미분과 적분, 관계대명사나 to부정사에 대해 물어보면 흐뭇해하면서 말이다. 이렇다 보니 호기심으로 가득 차

라이트 형제가 하늘을 날게 한 것은 다름 아닌 '열렬한 욕망'이었다.

있던 아이도 결국은 시험에 나오는 것만 공부하는 모범생이 되고 만다. 하지만 호기심이 없어진다는 것은 '남들과 다를 것이 없게 되었다'는 말과 다르지 않다.

나의 호기심과 엉뚱한 관심은 나이가 들면서도 멈추지 않았고, 오히려 그 범위를 넓혀갔다. 사람들이 욕을 하면 '욕은 왜 저렇게 하지?' 궁금해서 욕에 쓰이는 낱말의 어원을 찾아보다가 뜻밖의 지식을 얻기도 하고, 〈플레이보이〉 잡지를 보다가 뜻이 궁금해서 영어를 공부하기도 했다. 20대 시절에는 이것저것 많은 경험을 했다. 궁금한 것이 너무나 많았고, 그 모든 것이 인생을 살아가는 데 자양분이 되리라 생각했다.

어른이 된 지금도 나는 매일 호기심을 가득 품은 채 세상을 살아간다. 사람에 대한 호기심, 트렌드에 대한 호기심, 어떤 현상에 대한 호기심, 사업에 대한 호기심……. 그러다 보니 기자도 하고 사업가도 하고, 이렇게 관점 디자이너로 사람들의 주목을 받기도 한다. 그러니 호기심을 멈추지 말자. 그리고 혹여 자녀가 있거든 아무리 귀찮아도 자녀의 호기심의 싹을 잘라내지 말자.

### 생각을 확장하는 한마디

영어사전에서 'curious'의 뜻을 찾아보면 '궁금한, 호기심이 많은'이라는 뜻과 함께 '별난, 특이한'이라는 뜻이 함께 적혀 있다. 기본적으로 호기심은 별나고 엉뚱한 것과 맥을 같이 하는 게 아닐까?

## 03
# 모든 '오래된 것'을
# 새롭게 하라!

2007년, 21세기 기업의 혁명가이자 애플의 최고경영자 스티브 잡스가 전화기 하나를 선보였다. 아이팟, 인터넷, 전화를 하나의 디바이스 one device로 합쳐 만든 '아이폰'이 그 주인공이었다. 아이폰의 출시는 우리에게 그 이전과는 완전히 다른 생활방식을 선물했다. 스마트폰의 시대가 활짝 열린 것이다.

그런데 아이폰의 기능 중 애플이 독자적으로 개발한 것은 하나도 없었다. MP3 플레이어와 컴퓨터, 스마트폰 등은 스티브 잡스의 작품이 아니었다. 그러나 스티브 잡스는 서로 다른 것을 연결하고 새로운 관점으로 해석해 아이폰이라는 기적을 세상에 내놓았다. 이것이 바로 C&D connect and development가 갖는 힘이다. 스티브 잡스는 이를 재발명 reinvent이라고 설명했다.

바야흐로 지금은 C&D의 시대다. 세상에 없는 새로운 것을 창조하는 것만큼 가치 있는 일이 바로, 세상에 이미 존재하는 것들을 유기적으로 연결하고 새로운 관점을 더해 '재창조'하는 것이다. 스티브 잡스는 creative, 즉 '창조'를 일컬어 "이미 존재하는 것들을 연결하는 힘"이라고 표현했다. 물론 단순히 연결하는 것은 의미가 없다. 여기에도 관점의 전환이 필요하다. 이미 존재하는 것을 새로운 관점에 의해 재해석하는 것

스티브 잡스는 아이팟, 전화, 인터넷 커뮤니케이터를
하나의 관점으로 해석해낸 아이폰을 만들어냈다.

이 바로 창조인 것이다. 이런 관점에서 스마트폰은 '연결 덩어리'라고 할 수 있다. 중요한 것은 특정 사실이나 사물을 연결한 후에 그것을 어떤 관점에서 재해석할 것인가이다. 새로운 관점이 바로 가장 중요한 포인트다.

여기에 필요한 것이 바로 해석하는 힘이다. 그 힘을 주도하는 것은 상황을 달리 보려는 열린 사고의 관점이다. 단순한 연결로는 상품성을 논할 수 없다. 효과적인 방법으로 재해석하는 지혜와 창조성이 필요하다. 그리고 그러한 것이 세상을 바꾼다. 오늘날의 IT는 바로 C&D를 기반으로 만들어졌다고도 말할 수 있다.

카카오톡도 단순한 메신저 프로그램을 넘어 많은 것이 관련되어 있다. 이모티콘과 디자인, 소통을 위한 여러 요소가 모두 연결되어 카카오톡이라는 애플리케이션을 이루고 있는 것이다. 새로운 가치를 만들기 위해서는 이미 존재하는 것을 어떻게 연결하느냐가 매우 중요하다. 그렇게 할 때 발전하고 성장한다. C&D라는 말에 영어 알파벳을 하나 더 첨가해야 한다면 그것은 바로 R research이다. 리서치를 통한 학습 또는 지식의 습득을 말하는 것이다.

스티브 잡스의 스탠퍼드대학교 졸업식 축하 연설 (2005)

### Connecting the Dots

나는 스티브 잡스의 스탠퍼드대학교 졸업식 축하 연설 동영상을 수백 번도 더 봤다. 그 연설은 나에게 감동 그 자체였다. 그 연설에서 가장 감명 받은 부분이 무엇인지 많은 사람들에게 물어보면 "Stay Foolish, Stay Hungry"라고 대답한다. 물론 그 말들도 엄청 좋아하지만 나에게 신선한 충격을 준 것은 "Connecting the Dots"였다. 직역하면, "점들을 연결하라"는 것이다. 나는 그 '연결된 점들'이라는 말을 깊이 생각했다. 스티브 잡스는 "리드대학교 시절에 타이포 강의를 듣지 않았다면 매킨토시의 아름다운 서체는 태어날 수 없었을 것이다"라고 말했다.

우리는 과거의 어떤 사건이 현재에 어떤 결과를 만들어내는 것을 보게 된다. 의도했든 의도하지 않았든 간에, 과거의 행동이나 사건이 원인이 되어 나타난 결과를 현재 시점에서 만나는 것이다. 마찬가지로, 현재의 것은 미래에 상당한 영향을 미칠 수 있다. 스티브 잡스는 바로 이 점을 주지시킨 것이다.

당신은 과거와 현재, 미래에 대해 어떠한 생각을 가지고 있는가? 현재 내가 보고 듣고 행하는 어떤 행위가 하나의 점이라면, 이 점은 그냥 사라지는 것이 아니라 미래의 어떤 점과 연결되어 있다. 현재와 미래는 따로

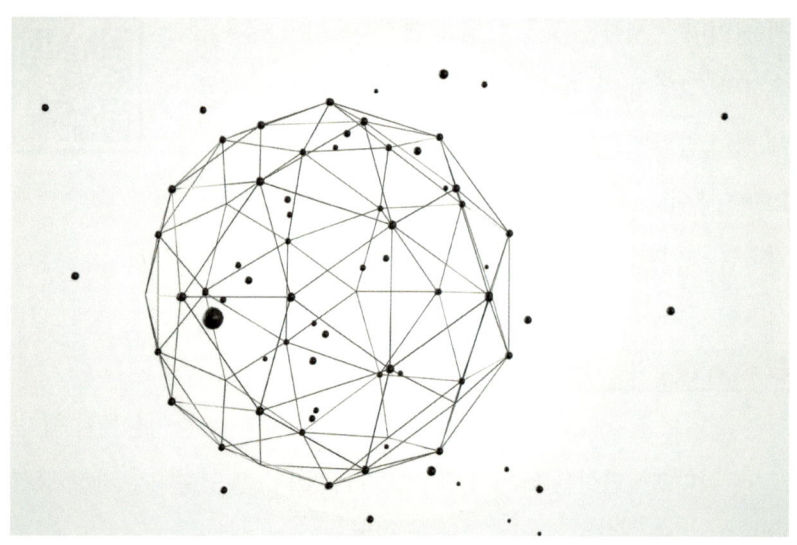

"Connecting the Dots." 현재의 이 점은 미래의 어떤 점과 연결된다.

존재하는 것이 아니라 서로 연결되어 있다. 나는 이것을 박용후식으로 새롭게 재해석하고 싶다. 순간순간을 하나의 점으로 생각한다면 각각의 점은 미래의 어떠한 점과 연결되어 있을 수 있다. 아니, 분명히 연결되어 있다. 물론 이러한 개념이 전혀 새로운 것은 아니다. 하지만 과거에 일어난 일이 현재나 미래에 분명하고도 확장된 방법으로 영향을 미친다는 점을 사람들에게 생각하게 했다는 점에서, 이것은 좀 더 체계화된 새로운 개념이라고 할 수 있다.

사람들은 미래의 목표를 설정할 때 "나는 이런 것들을 이루고 싶어" 또는 "나는 이런 사람이 될 거야"라고 이야기하곤 한다. 하지만 지금 이 순간이 미래의 어떤 점들과 끊어질 수 없는 선으로 연결되어 있다고 굳게 믿는다면, 삶에 대한 우리의 태도는 분명히 달라질 것이다. 지금의 작은 행동 하나로 인해 미래가 바뀔 수 있다니, 이것은 매우 심각하고 대단한 일 아닌가? 지금 이 순간도 단순한 현재가 아니다. 현재는 우리의 미래에 너무나도 의미가 깊으며, 따라서 매우 소중하게 다루어야 한다.

지금의 '이 순간'이 미래의 '어느 순간'과 분명하고 긴밀하게 연결되어 있다고 생각해야 한다. 그렇게 하면 현재를 통해서 미래를 보게 된다. 그러면 우리는 현재가 아니라 미래를 위한 삶을 살게 될 것이다. 어쩌면 이런 생각은 불교의 연기론緣起論과 통한다고 할 수 있다. 인연의 씨앗이 자라서 또 다른 창조를 이루고, 그것을 통해서 또 다른 무언가를 만들어낸다. 지금의 인연이 미래의 더 나은 삶을 위한 밑거름이 되는 것이다.

나 역시 '지금과 연결되는 미래는 과연 어떤 모습일까?', '인연은 어떻게 연결되고, 미래로 연결되는 점은 무엇인가?' 같은 의문을 품으며 살다 보니, 한 사람 한 사람의 인연이 결코 가볍지만은 않다. 그래서 나는 관계의 중요성을 대단히 크게 생각한다. 나에게 교육을 받는 학생이든 나를 취재하기 위해서 찾아온 기자든, 아니면 나와 비즈니스를 하는 파트너든 간에 그들과의 관계에 충실하려고 애쓴다. 내가 사람들을 좋아해서 그렇기도 하겠지만, 또 다른 주된 이유는 다른 사람을 대하는 현재의 내 모습이 미래의 어느 시점과 연결되어 있다고 생각하기 때문이다. 어떤 의미에서는 씨앗을 던지는 것이라고 말할 수 있다. 내가 뿌린 씨앗은 훗날 어떤 형태로든 미래를 만들게 될 것이다. 우리가 현재 맺는 인간관계는 그 인간관계 안에서 우리가 어떠한 씨앗을 뿌리느냐에 따라 달라질 수 있다. 즉, 관계적 충실성을 가지느냐, 그렇지 않느냐에 따라 매우 큰 영향을 미칠 수 있다.

이것은 앞에서 이야기한 C&D와도 연관된다. C&D의 차원이 '현재'에 존재하는 것의 요소요소를 서로 연결하는 것이라면, '연결된 미래'라는 개념은 과거와 현재와 미래를 통괄적으로 연결하는 개념인 것이다. 즉, C&D는 현재에 존재하는 것에만 국한되는 것이 아니라, 시공을 초월하여 연결되고 집약되는 혁신적인 개념이라고 할 수 있다.

내가 좋아하는 김정운 교수님의 저서 《에디톨로지》를 읽으면서 많은 C&D적 영감이 피어났다. 현재 존재하는 것들을 연결하여 새로운 해석구조를 더해 새롭게 느껴지는 것을 만드는 것에 대한 이야기였다. 김정운 교수님의 또 다른 역작 《창조적 시선》을 읽으면서는 뭔가 희미했던 부분이 훨씬 명확해지는 느낌을 받았다. 바우하우스에 대한 이야기였지만, 생각의 축이 어떻게 바뀌고 관점의 변화가 세상을 어떻게 바꾸었는지에 대해 흥미롭게 쓴 책이었다. 베끼는 것과 크리에이티브의 차이는 새로운 메타언어가 필요하다는 부분도 의미심장했다. 있는 것들을 단순히 연결하는 것이 아니라 새로운 해석구조를 더하고, 그것이 현존하는 언어로는 표현하지 못해 새로운 언어가 필요할 때, 메타언어를 통해 새로운 개념으로 나타날 때 창조적인 것들이 탄생한다는 말에서는 감탄이 흘러나왔다.

이미 있는 것들, 그리고 새롭게 당연해질 것들이 감각까지도 교차 편집되면서 미래는 탄생하는 것이라는 생각을 했다. 이렇듯 세상에 존재하는 것들의 연결, 과거와 현재의 연결을 통해 미래의 모습이 달라진다는 것 등 연결이라는 단어 하나도 관점을 바꿔보면 수많은 새로운 개념으로 다시 태어날 수 있다.

시간이 흐른다고 모두 미래가 되는 것은 아니다. 어떻게 시간을 흐르게 했는지가 자신의 미래가 된다. 시간에 떠밀려가면 자신이 원하는 곳에 갈 수 없다. 과거를 현재와 연결해보고, 현재를 미래와 연결해서 생각해보라. 또한 현존하는 것들을 머릿속에서 새로운 관점으로 이렇게 저렇게 연결해보라. 관점을 바꾸면 보이지 않던 것들이 보일 것이다.

### 생각을 확장하는 한마디

> 땅에 뿌려진 씨앗이 모두 싹을 틔우고 열매를 맺는 것은 아니다. 날씨에 따라, 양분에 따라 잎만 내고 죽을 수도 있고, 꽃만 피우고 시들 수도 있다. 하지만 분명한 것은 씨앗을 심지 않으면 잎도 꽃도 열매도, 그 어떤 것도 기대할 수 없다는 것이다.

**04**

# 끊임없는 질문은
# 본질에 접근하는 힘

남들보다 폭넓은 생각, 새로운 관점, 미래의 트렌드를 알고 싶다면 모든 것에 말을 걸어보라. 사람하고만 대화를 할 수 있는 것은 아니다. 우리가 늘 보는 생활필수품에서부터 회사에 가면 볼 수 있는 사무기기에 이르기까지, 모든 사물에게 말을 걸어보라. 그림을 감상하고 있다면 그림에게 궁금한 것을 물어보라. 신기하게도 우리가 물으면, 사물 역시 답을 해준다. 세상의 모든 것이 이야기를 한다. 자기 자신과도 대화를 해라. 궁금할 때마다 묻고 생각하는 과정이 반복되면 생각의 폭과 깊이가 넓어지고 깊어진다. 본질에 가까이 가는 생각을 많이 하는 사람들이 창조적인 발상으로 수백억 원, 수천억 원을 버는 CEO가 된다.

카카오톡의 김범수 의장은 카카오톡을 만들기 전에 스마트폰과 대화를 했다고 한다. 스마트폰의 본질을 파악하려고 노력한 것이었다. "스마트폰의 본질이 뭘까?"라는 질문을 했더니 "전화기"라는 대답이 나오고, "전화기의 본질은 뭘까?"라고 질문했더니 "커뮤니케이션"이라는 대답이 나왔다. 스마트폰은 전화기이고 전화기의 본질은 커뮤니케이션이라면, 그 핵심은 뭘까? 당연히 '이야기하고 싶다'는 것, 즉 '수다'다. 친구든 모르는 사람이든, 사람들과의 수다가 핵심인 것이다.

그래서 나온 것이 카카오톡이다. 결국 스마트폰의 본질인 커뮤니케이션을 소비자의 관점에서 풀어낸 것이 바로 카카오톡인 것이다. 본질을 보는 힘, 거기에서 핵심을 뽑아내는 능력, 그리고 그것을 사람들에게 어떤 방식으로 보여줄 것인가 하는 관점. 이것이 내가 말하고자 하는 것이다. 본질, 핵심, 관점. 이 세 가지는 반드시 서로 조화를 이루어야 한다. 본질, 핵심, 관점은 특정한 결론을 도출해내기 위한 생각의 순서다.

특정 사물을 바라볼 때, 그것의 본질이 무엇인지 계속 질문할 수 있어야 한다. 본질이 무엇인지 끊임없이 질문을 하다 보면 그것의 진정한 가치를 알게 된다. "원숭이 엉덩이는 빨개, 빨가면 사과, 사과는 맛있어, 맛있으면 바나나, 바나나는 길어, 길면 기차……." 이렇게 이어지는 노래를 알고 있을 것이다. 이 노래는 결국 백두산까지 이어지게 된다. 원숭이 엉덩이에서 시작한 노래가 원숭이와 아무 상관없는 백두산까지 이어지듯, 생각은 꼬리에 꼬리를 물고 계속 이어지게 된다. 꼬리에 꼬리를 물고 생각이 이어져 나가면 발전의 여지가 많아질 수밖에 없다.

몰입이라는 단어는 영어로 'flow'다. 결국 생각의 흐름이 몰입을 만든다는 것을 의미한다. 자기목적성을 잊지 않고, 끊임없이 질문을 통해 사고의 흐름flow을 만들어가는 것이 몰입이다. 몰입의 과정은 다이버가 심해로 들어가는 과정과 매우 비슷하다. 산소가 공급되는 줄을 끌고 심해로 들어간다고 해보자. 산소 공급줄이 바로 왜why이다. 왜 이 질문을 하는지에 대한 이유를 잊지 않고, 계속 그 질문의 꼬리를 이어가는 과정을 통해 본질에 접근하는 '몰입의 힘'이 생긴다.

끊임없는 질문은 본질에 접근하는 힘이다. 생각하는 과정, 의문을 풀어나가는 과정, 이 모든 것이 본질에 접근하는 힘이다. 질문을 하되 그냥 뒤죽박죽 질문하는 것이 아니라, 본질의 핵심을 파고들려는 적극적인 노력을 기울여야 한다. 사람들의 의견을 듣는 것, 관련된 서적을 읽는 것, 이 모든 것은 바로 본질과 그것이 가리키는 핵심을 이해하기 위한 노력이다. 또한 질문을 바꾸면 다른 생각으로 건너가는 다리 하나가 생긴다. 이런 관점으로 보면 많은 생각의 도전들이 생겨난다. 가보지 못했던 생각으로 가는 가장 좋은 방법은 질문을 바꾸는 것이다.

## 어떤 관점으로 외부에 보이도록 할 것인가

본질을 정확히 파악하고 나면 우리는 TPO에 따라 핵심을 뽑아내야 한다. TPO라 함은 시간time, 장소place, 경우occasion를 말한다. 분석된 것을 모두 꺼내놓을 필요는 없다. 당시 상황에 맞추어 꼭 필요한 것이 무엇인지만 파악하면 된다. 이 말은 모든 것을 끌어낼 필요는 없지만 핵심가치가 무엇인지는 분명한 방법으로 도출할 필요가 있다는 이야기다.

TPO에 기초해서 본질의 핵심을 끌어내고 나면 그것을 어떤 관점으로 외부에 보이도록 할 것인지에 대해 생각해야 한다. 즉, 본질, 핵심, 관점은 순서대로 연결되게 되어 있다. 하지만 반드시 이러한 순서를 따라야 하는 것은 아니다. 왜냐하면 본질을 올바로 이해하기 위해서도 특별한 관점이 필요하기 때문이다. 즉, 본질을 보기 위한 관점이 필요하다.

이쯤에서 관점에 대해 좀 쉽게 정리해보자. '본질을 보기 위한 관점'은 철저히 자신의 내면 정리를 위한 관점이다. '핵심을 보여주기 위한 관점'은 다른 사람들에게 어떠한 관점을 제공할 것인지와 관련된 관점이다. 두 가지 관점의 역할이 서로 다른 것이다. 본질, 핵심, 관점, 이 세 단어는 서로 유기적으로 연결되어 있고 서로를 보완한다.

피카소의 그림이 팔리는 경매장을 떠올려보자. 그 상황에서의 본질은 피카소라는 거장의 작품이 가지는 가치일 것이다. 그림이 미술관이 아니라 값을 매기는 경매장에 있을 때, 사람들의 관심은 과연 피카소의 그림이 얼마에 팔릴 것인지에 쏠린다. 이 순간에 본질적인 가치와 경매장에서의 상황, 즉 TPO를 이루는 핵심 요소 그리고 그 모든 것 안에서 작품을 살펴보는 경매 참관자들의 관점은 서로 조화를 이루게 된다.

만약 애초의 본질적인 가치가 균형을 이루지 않는다면, 즉 피카소의 작품으로 알려진 그림이 진품이 아니라면 그 경매는 사기가 될 것이다. 만일 피카소 작품이고 진품인 것은 분명한데 경매 참관자들이나 경매 장소가 작품의 가치를 뒷받침해주지 않는다면, 가령 도둑이나 도박꾼들이 훔친 작품을 창고에서 경매한다면 그것은 실패한 경매가 될 것이다. 그러므로 본질과 핵심과 관점은 서로 긴밀한 연관성이 있으면서 조화를 이루는 가운데 개인이나 기업의 가치 창출에 기여할 수 있어야 한다.

위대한 걸작, 즉 명품이라 불리는 상품들은 그냥 만들어지지 않는다. 거기에는 반드시 역사history와 가치value가 결합되어 있어야 한다. 적절한 스토리텔링과 상품의 가치, 그리고 그 명품의 품격을 높여줄 고급스러운 매장이 필요하다. 말하자면 보통의 상품과 명품의 차이를 가르는 것은 본질과 핵심, 그것을 바라보는 관점적 요소를 모두 갖추고 있는가의 여부에 달려 있는 것이다.

## 애플이 호텔을 짓는다면

만약 애플이 호텔을 짓는다면 어떨까? 아마 대부분의 사람들이 화이트 색상의 심플한 외관을 가장 먼저 떠올릴 것이다. 애플 제품의 특징이 반영되어 상상한 결과다. 물론 이것은 상상이다. 애플에서 호텔을 짓는다는 것은 실제 일어난 일도 아니고, 애플에서 그런 계획을 가지고 있지도 않다. 하지만 우리는 애플이 지을 호텔의 이미지를 어느 정도 상상해볼 수 있다. 이것이 바로 브랜드의 힘이다.

최근 사람들이 많이 쓰고 있는 챗GPT에게 이런 질문을 직접 해보면 어떤 답을 할까? 챗GPT에게 애플이 호텔을 짓는다면 어떤 모습일지 물어보자 아래와 같이 답했다.

만약 애플이 호텔을 짓는다면, 그 호텔은 고급스러운 디자인과 첨단 기술을 통합한 시그니처한 애플 스타일을 반영할 것으로 예상됩니다. 애플 호텔의 외관과 특징은 다음과 같을 것으로 생각됩니다.
깔끔한 선과 간결한 아키텍처, 넓은 공간과 자연광에 중점을 둔 디자인을 바탕으로 유리, 강철 및 친환경적인 목재와 같은 고품질 재료를 활용한 미니멀리즘 디자인 요소, 게스트 경험과 효율성을 향상시키기 위해 호텔 전체에 최신 기술을 통합, 아이패드 또는 아이폰과 같은 애플 기기를 통해 제어되는 스마트 홈 기능이 장착된 객실을 통해 게스트가 조명, 온도 및 엔터테인먼트 시스템을 쉽게 조절할 수 있는 호텔이 될 것입니다.

이것이 챗GPT가 생성해낸 애플 호텔의 이미지다. 또 다른 브랜드 샤넬을 떠올려보자. 샤넬이 짓게 될 호텔 또는 샤넬이 디자인하게 될 자동차의 이미지를 우리는 비슷하게 떠올릴 것이다. 브랜드가 가지고 있는 잠재적 힘은 이토록 대단한 것이다. 만약 당신이 오래가는 사업을 하고 싶다면, 그리고 소비자들의 눈에 확실하게 각인된 기업을 꾸리고 싶다면, 반드시 브랜드 이미지를 구축해나가야 한다.

우리가 브랜드에 가지는 고유의 이미지. 그것이 곧 브랜드의 본질이다.

브랜드란 무엇을 의미하는지 곰곰이 생각해보자. 브랜드란 '같은 본질에서 다른 것을 상상해내는 힘'이라고 말할 수 있다. 즉, 브랜드가 가지는 고유의 이미지, 이것은 '같은 본질'이라고 할 수 있다. 그래서 우리는 브랜드 이미지를 사용하여 그 브랜드의 상품이나 서비스들을 상상할 수 있다. 브랜드란 이와 같이 소비자들로 하여금 특유의 이미지를 상상하게 하고, 신뢰감을 주며, 그로 인한 부수적 가치의 연결을 가능하게 한다.

브랜드란 본질적 가치가 매우 강한 자산이다. 만약 다른 사람들이 쉽게 떠올릴 수 있는, 오래도록 각인된 브랜드를 갖고 있다면 당신은 날개를 가진 셈이다. 그 브랜드가 오랫동안 고객들의 무한 사랑을 받아왔다면, 당신은 그 브랜드 위에 어떠한 것을 얹어도 성공할 것이다. 특히 사람들이 상상의 나래를 펴도록 하는 이미지를 가진 브랜드는 그야말로 매우 강한 브랜드 파워를 지닌 브랜드라고 할 수 있다. 무엇이 본질인지를 정확히 한 다음 그것을 이미지와 메시지로 풀어내는 것이 마케팅이다. 이미지를 통해 메시지를 떠올릴 수 있고, 메시지만 던져도 이미지가 자연스럽게 상상되는 브랜드가 좋은 브랜드다.

### 생각을 확장하는 한마디

끊임없이 던지는 질문은 대리석 덩어리에서 아름다운 작품을 끄집어내는 위대한 예술가의 조각칼과 같다. 질문하라. 본질의 핵심을 도출하고 핵심의 관점을 구축하라.

## 05
## 자신만의 정의를 가졌는가

언어에는 사회성, 역사성, 보편성이 있다. 따라서 사람들은 언어에 대해 자신만의 독특한 정의를 내리기보다 이미 내려진 정의를 당연히 따른다. 대개 다수가 규정하는 것을 수용함으로써 이의 없이 '보편성'을 따르는 것이다. 물론 사회 구성원으로 살아가는 우리로서는 보편성을 무시해서는 안 된다.

하지만 그러한 보편성 안에서도 자신만의 정의definition를 가져야 한다. 자신이 가진 정의가 사전적으로 옳은지 그른지는 중요하지 않다. 물론 기존의 윤리와 도덕을 저버리는 정의는 안 되겠지만, 무언가에 대한 자신만의 정의를 내릴 때 그것이 기존의 생각에 비추어 맞는지 틀린지를 생각해야 할 이유는 없다. 어차피 옳고 그름이란 절대적이지 않고 상대적이기 때문이다.

영원히 절대적인 것이란 존재하지 않는다. 따라서 우리는 사물을 바라볼 때 보편성에 얽매이지 않고 자신만의 정의를 만들 필요가 있다. 자신만의 정의를 만들다 보면 사물의 본질에 접근하는 일이 상대적으로 쉬워진다. 예를 들어 나에게 있어 인문학이란 '모든 사물에 의인화된 관점을 부여하는 학문'이다. 이것은 누구에게나 적용될 수 있는 생각은 아니다. 또 강요할 수 없는 생각인 것도 분명하다. 나 자신만의 정의이기 때문이다.

다른 사람들의 정의 말고 자신만의 정의를 가져보자.

　나는 전자기기가 단순히 사람들의 편의를 위한 도구라고 생각하지 않는다. 살아 있는 인격을 가진 또 하나의 존재, 교감을 나눌 수 있는 또 다른 존재라고 생각하곤 한다. 스마트폰을 바라보면서도 스마트폰의 특정 기능이 나에게 말을 건다고 생각한다. 그런 생각이 나에게 발전적인 사고를 가능하게 한다.

　자세히 살펴보면, 모든 사물들은 이와 같이 대화를 하고 있다. 그리고 오래 생각해볼수록 모든 것은 인과관계에 있으며 결코 우연히 생긴 것은 없다는 사실도 알게 된다. 우리가 사용하는 편의시설, 전자기기, 심지어 우리가 사용하는 숟가락이나 일회용품에 이르기까지 모든 것이 우리에게 말을 한다. 우리에게 모종의 메시지를 던지는 것이다. 모든 것을 의인화해서 들여다보면 분석과 해석이 가능하고, 이렇게 분석된 학문이 바로 인문학이라고 나는 생각한다.

　물론 이것은 나만의 결론이고 나만의 정의다. 하지만 이와 같은 정의는 또 다른 창의적인 생각을 가져온다. 그리고 이를 통해 나는 가치 있는 것들을 다른 사람들에게 보다 쉽게 전달할 수 있었다. 자신만의 정의를 가지라는 말은 바로 이러한 상황을 두고 하는 말이다.

## 본질에 접근하는 힘

자신만의 정의를 가지기 위해서는 본질에 접근하는 힘이 있어야 한다. 그 본질이 자신에게 무엇을 의미하든, 현재까지 자신이 알고 있고 습득할 수 있는 한계 내에서 본질을 올바르게 이해하는 것이 매우 중요하다. 그리고 자신이 이해한 본질이 바뀌거나 변할 수 있다는 점을 인정해야 한다. 그러한 인정은 스스로를 발전시킨다. 우리는 끊임없이 업그레이드 되어야 하며, 급변하는 세상에서 본질이 변하는 것에 민감하게 반응할 수 있어야 한다.

생각을 계속 업데이트 update하고 재고 rethink해야 한다. 업데이트 없는 업그레이드는 존재하지 않는다. 본질에 다가가는 업데이트를 끊임없이 시도하면 우리의 발전도 끝없이 지속될 것이다. 업데이트를 계속한다는 것은 무슨 뜻일까? 그것은 본질에 대한 질문을 계속적으로 끊임없이 하는 것이다.

미래에 대한 가능성을 열어두는 것이 매우 중요하다. 더 큰 생각이나 더 발전적인 생각이 있다면, 나의 생각은 바뀔 수 있다. 이것이 바로 유연한 생각이며 겸손이다. 무엇보다 유연한 생각을 가져야 한다. 상상의 문을 열어놓아라.

㈜우아한형제들 명함을 받은 사람들은 깜짝 놀란다. 명함 주인의 이름

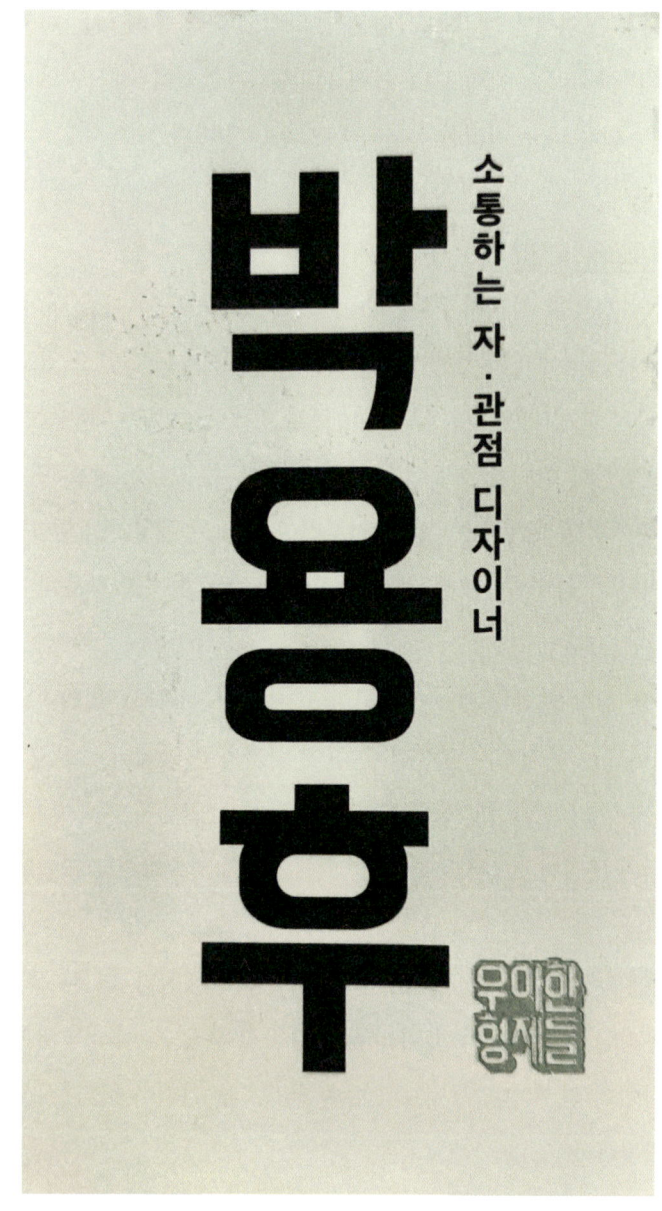

㈜우아한형제들의 명함은 존재감이 대단하다. 일반적인 명함에 비해 크기가 큰 것도 특이하지만, 한가운데 크게 명함 주인의 이름이 새겨져 있다는 점이 더욱 특별하다.

이 다른 명함들에 비해 엄청 크기 때문이다. 왜 그랬을까? 김봉진 의장은 "명함이란 무엇일까?"라는 질문을 던졌다. 그리고 "명함의 주인은 누구일까?"라는 다른 질문으로 이어갔다. 그 질문의 답은 '명함의 주인은 이름이다'였다. 이름이 명함의 주인이니 가장 크게 쓴다는 것이었다. 보통 일반회사는 회사 로고가 명함 주인의 이름보다 크거나 비슷하다. '어느 회사에 소속된 누구'라는 관점으로 명함을 해석하다 보니 그런 모양새를 하게 된 것이다. 그러나 김봉진 전 의장의 생각은 달랐다. 그 명함 소유자가 더 중요하다는 관점이 그 명함에 담긴 것이다. '나는 누구인데 이런 회사 다녀' 하는 관점이 ㈜우아한형제들 명함이다. 통념을 깬 다른 관점으로 만들어낸 명함이었다. 남들과 비슷한 그저 그런 명함이 아니라 그들만의 관점이 제대로 담긴 명함이 탄생한 것이다.

성공하는 사람들에게는 공통점이 있다. 같은 단어에 대한 남과 다른 나만의 정의를 갖고 있다는 것이다. 나는 브랜드를 '고객의 머릿속에 남긴 잔상의 합'이라고 정의하는 것을 좋아한다. 그런데 카카오의 전 대표인 조수용 대표는 '브랜드는 오너가 걸어온 여정'이라고 정의했다. 한양대학교의 홍성태 전 교수님은 '금보다 비싼 은을 만드는 작업'에 비유했다. 동네 금방의 금반지보다 티파니 같은 명품 브랜드의 은반지가 더 비싼 것을 예로 들며 브랜딩은 그런 것이라고 설명했다. 이처럼 같은 단어에 대한 다른 정의가 다름을 만들어낸다. 이런 다름을 만들기 위해서는 아주 평범한 일상의 단어에 딴지를 걸고 질문해보는 습관이 중요하다. 그렇게 만들어진 이유를 깨닫게 되면, 그것을 다르게 볼 수 있는 힘도 생겨난다.

무언가에 대한 질문을 하면 아무 생각 없이 "원래 그래!"라고 답하는 사람들이 있다. 나는 이 답을 "나는 아무런 생각도 하고 싶지 않아"라는 말과 같은 의미로 해석한다. '원래'라는 단어의 한자를 살펴보면 근원 원原에 올 래來라는 글자로 이루어져 있다. 무언가의 근원이 지금까지 오게 된 것이 바로 원래다. 그것이 그렇게 된 것에는 그럴 만한 이유가 있고, 저것이 저렇게 된 것에는 저럴 만한 이유가 있다. 그 이유를 찾는 것이 원래에 대한 질문이다. 그런데 그 까닭에 대해 궁금해하지 않으면 그것이 생긴 이유를 모르고 현재의 상태로만 그것을 이해하게 된다.

스물한 살에 억만장자가 된 스티브 잡스에게 기자가 물었다. "경영을 제대로 배우지 못했는데 어떻게 그렇게 경영을 잘할 수 있나요?" 이 질문에 스티브 잡스는 이렇게 답했다. '원래 그런 거야'가 아니라 왜 그런지 계속 질문하는 힘만 있다면 경영은 천재가 아니더라도 깨달을 수 있다고.

인생에서 중요하다고 생각되는 단어들을 적어보라. 그리고 그 단어들에 대해 자신만의 정의를 나름대로 만들어보라. 그러다 보면 지금까지 나 자신의 삶을 나의 관점, 나의 생각이 아니라 다른 사람들이 내린 정의에 따라 살아왔다는 것을 깨닫게 될 것이다. 김범수 의장이 나에게 이런 말을 한 적이 있다. 웬만해서는 남의 말을 중간에 끊고 들어오는 법이 없는 사람인데 그날은 내 말허리를 끊었다. 그리고 이렇게 말했다.

"용후야! 네가 하는 말은 어디서 읽은 것, 누구에게 들은 것들 위주잖아. 난 네 이야기가 듣고 싶어. 우리 친구잖아."

그 말을 듣고 머리를 한 대 맞은 기분이었다. 나는 남의 이야기를 하고 있었던 것이다. 그 사건 이후 내 머릿속에는 질문 하나가 피어났다. "내 이야기는 무엇일까? 나만 할 수 있는 이야기란 어떤 이야기일까?" 지금도 그 이야기에 대한 답을 찾아가고 있는 중이다.

난 젊은이들을 만날 때 이야기한다. "주워듣지 말고, 보이는 대로 보지 마라." 다른 사람들이 내린 정의 말고, 자신만의 정의를 가지려고 노력해보라. 자신이 내린 정의에 대해 생각이 바뀐다면 바뀐 정의를 적어보자. 그렇게 하면 생각이 깊어지고 진화하는 것이 보일 것이다. 생각이 깊어지고 진화하는 삶을 계속하다 보면 당신은 어느새 성공한 사람들의 반열에 서 있을 것이다.

### 생각을 확장하는 한마디

자신만의 정의를 갖는다는 것은 다른 사람에게도 그 사람만의 정의가 있다는 것을 인정한다는 뜻이기도 하다. 지구상의 사람들만큼 다양한 정의가 있다니, 너무 재미있지 않은가?

## 06
## 세상에 일어나는 일을 미적분하라

학창 시절에 배운 미적분을 기억하는가? 아마 미적분이니 통계니 기하니 하는 단어만 들어도 머리 아파하는 사람이 많을 것이다. 사실 학생들에게 수학은 매우 골치 아픈 과목 중 하나다. 하지만 학교에서 배우는 것이 오로지 대학에 진학하기 위해서만이 아니라, 세상 돌아가는 이치를 말해준다는 점을 알고 나면 공부가 한층 친숙해진다. 세상이 돌아가는 메커니즘을 이해하고 사는 것과 모르고 사는 것은 너무 다르다.

우리가 익히 아는 지식도 따지고 보면 미적분 원리에 기초한 것이 매우 많다. 의학 기계 중에도 미적분 도구가 있다. 단층 촬영, 즉 CT 촬영 장치가 바로 그것이다. CT 촬영 장치는 몸의 부분 부분을 잘게 나누어 그 단층을 촬영한 다음, 단층 촬영된 데이터를 모아 몸의 내부를 입체적으로 보여준다. 그리고 그로 인해서 전체적인 문제를 감지할 수 있게 한다. 나누어 찍는 것은 미시적 접근이고, 모아서 입체적으로 보이게 하는 것은 거시적 접근이다.

학교를 졸업하고 이제 수학 공부를 할 필요가 없어졌지만, 우리는 여전히 세상에서 일어나는 일에 대해 미적분해야 할 필요가 있다. '아니, 그 지겨운 미적분을 다시 하라고?' 싶을 수도 있다. 하지만 이것은 학창 시절에 배운 수학의 미적분과는 좀 다른 개념이기도 하다.

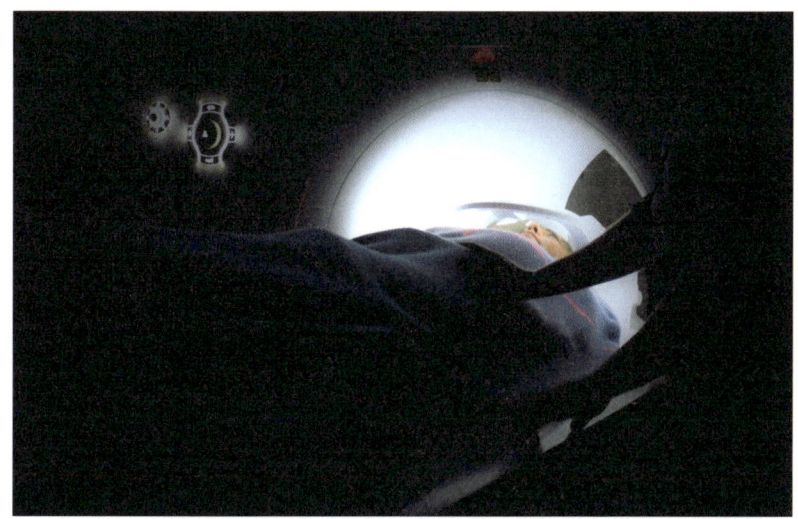
몸의 내부를 입체적으로 볼 수 있게 촬영하는 CT의 원리도 결국 미적분이라고 볼 수 있다.

경제학은 크게 거시경제학과 미시경제학으로 나뉜다. 현재 일어나는 여러 가지 일들을 통해 경제의 큰 흐름을 이해하도록 한 것이 바로 거시경제학이다. 그리고 경제학적인 흐름을 잘게 쪼개 작은 부분 부분을 분석해놓은 것이 바로 미시경제학이다. 우리는 작은 것들의 조각을 맞추어 큰 그림을 그릴 수도 있어야 하고, 큰 것을 쪼개어 분석할 수도 있어야 한다. 이것이 바로 입체적인 생각이다.

## 쪼개고, 합치면 흐름이 읽힌다

세상에서 일어나는 일을 미적분할 수 있는 매우 주효한 도구가 있다. 그것은 바로 소셜미디어다. 단순한 검색에 머무르는 것이 아니라, 사람들의 생각을 살피고 그 생각의 흐름을 살필 수 있는 도구인 것이다. 그렇다면 소셜미디어에서 미분이란 무엇일까? 그것은 소셜미디어에 나타난 하나

하나의 생각을 분석해보는 것이다. 개인의 생각을 하나하나 분석해보면 그들이 가진 다양한 생각을 살필 수 있고, 그들이 요구하는 구체적인 내용을 세세히 살필 수 있다. 그리고 어쩌면 그러한 소소한 생각을 통해서 매우 중요한 아이디어를 얻을 수도 있다.

그렇다면 무엇이 적분일까? 그것은 전체적인 흐름을 살펴보는 것이다. 특정 사실이나 사회에서 일어나는 일에 대해서 사람들이 일반적으로 가지고 있는 생각의 흐름을 살펴보는 것이 바로 적분이다. 즉, 소셜미디어는 세상에서 일어나는 일을 미적분하는 매우 유용한 도구다.

소셜미디어의 이러한 가치는 대단히 중요하다. 왜냐하면 일반적인 매스미디어의 정서와는 전혀 다른 국면을 소셜미디어가 만들었기 때문이다. 검색 엔진을 통한 검색은 그들이 보여주고 싶은 것만 보여줄 개연성이 매우 높고, 그로 인해서 편향된 사고와 편향된 군중 심리가 생성될 가능성이 크다. 그러나 소셜미디어는 그와는 판이하게 다르다. 생각 또는 키워드로 대표되는 그들의 의견은 검색을 통해 실시간으로 보일 수 있으며, 그러한 생각은 하나의 흐름을 만들고 있다. 사람들 하나하나의 생각을 살펴보는 동시에 생각의 흐름 전체를 한꺼번에 볼 수 있는 도구는 흔치 않다. 이 모든 일은 소셜미디어의 발전으로 인해서 생긴 것이다.

세상에 일어나는 일들을 미적분함으로써 우리가 거둘 수 있는 효과는 무엇일까? 그것은 사회적 흐름을 읽고 다양하고 깊은 개인의 생각을 알아가면서, 사람들이 진정으로 원하는 것의 실체를 이해하게 된다는 것이다. 이러한 이해는 결국 사람들의 공감을 얻으면서도 결코 당연하지 않은 기발한 생각을 해낼 수 있게 만든다. 즉, 많은 사람들이 좋아할 만한 기발한 생각의 재료를 얻게 되는 것이다. 참으로 유용한 도구 아닌가? 소셜미디어를 미적분함으로써 우리는 어쩌면 세상을 바꿀 만한 커다란 견해와 단서를 얻게 될지도 모른다.

### 생각을 확장하는 한마디

> 다르게 표현하자면, 미분은 현미경으로 바라보는 것이고 적분은 망원경으로 바라보는 것과 비슷하다. 세상을 올바로 이해하기 위해서는 때로는 조금 떨어져서, 때로는 좀 더 가까이에서 보아야 한다.

# 07
# 'How to Work', 제대로 일하는 법

우리는 사물과 현상을 정리하는 경우뿐 아니라 일을 하는 방법에 대해서도 자신만의 정의와 구조를 가져야 한다. 미국의 어떤 기업은 구성원 각자에게 일에 관한 자신만의 정의를 가지게 함으로써 큰 성과를 얻었다. 그 기업의 업무 프로세스는 이렇다. 먼저 기업 전체의 목적 purpose과 목표 goal를 구성원에게 알려준다. 그것에 맞도록 구성원 자신의 일을 재정의 redefine한다. 기업 전체의 목적과 목표를 명확히 한 다음, 그것에 맞도록 각 부서에 미션 mission, 즉 임무를 부여한다. 각 부서의 임무가 정해지면 이제 구성원 각자가 할 일들 to do lists을 목적과 목표와 부합하도록 적어낸다. 이를 통해 구성원 각자는 저마다 무엇을 위해 이 일을 하는지, 어떤 일을 해야 하는지를 알고 자발적으로 스스로 움직이는 힘을 갖게 된다. 그것을 기반으로 자신만의 업무에 대한 방법론 how to work을 생각하게 되는 것이다. 그 기업의 구성원은 자기가 일하는 방식을 어떤 방법으로 정할 것인지 스스로 결정한다. 즉, 'purpose&goal', 'mission', 'to do lists', 'how to work'를 결에 맞도록 스스로 짜고 검토한다.

비즈니스뿐 아니라, 어떤 일을 하더라도 우리는 목적과 목표를 정확히 알고 있어야 한다. 무엇을 위해 어디로 향해 나아가고 있는지 확실히 인지해야 한다. 목적은 어떤 행동이나 계획의 근본적인 이유나 의도이고,

목표는 그걸 측정할 수 있는 계획이나 행동들을 지칭한다. 목적은 장기적이며, 목표는 단기적이다. 목적은 질적인 부분이고, 목표는 양적 표현이다. 목적은 전략의 기반이 되고 기업 활동의 이유이며, 목표는 그 전략을 실행하는 수단이다. 그러므로 무엇을 어떻게 해야 하는지에 대한 결이 있는 명확성은 일의 성패를 좌우하는 중요한 잣대가 된다.

### 목표, 미션, 리스트

우리 주변의 많은 기업들이 경제 활동을 하고 있다. 자영업자들을 제외한 경제 활동 인구 대다수가 크든 작든 간에 기업에서 근무하는 조건으로 월급을 받는다. 그런데 꽤 많은 기업의 구성원들은 목적의식 없이 일을 한다. 기업 전체의 목표는 정해져 있을지 몰라도, 개인 차원으로 좁혀서 살펴보면 각자 자신이 어떻게 해야 할지 몰라 우왕좌왕하는 경우가 많다. 그러니 그저 윗사람이 시키는 일만 기계적으로 하게 된다. 출근 시간부터 퇴근 시간까지 시키는 일을 하면서 무사히 하루, 한 주, 한 달을 넘기고 월급을 받으면 그뿐이라고 생각한다.

기업이 발전하기 위해서는 단순히 돈을 많이 버는 것이 목적이 되어서는 안 된다. 돈 이전에 근본적으로 기업이 어떻게 발전해야 할지에 대한 설계가 필요하다. 나는 기업뿐 아니라 개인 역시 돈을 많이 버는 것이 목적이 되어서도, 목표가 되어서도 안 된다고 생각한다. 돈을 벌더라도, 돈을 번 이후에 어떠한 생활을 할 것이냐가 목적이 되어야 한다. 어떠한 소비 활동을 할 것인지가 우리의 목적인 것이다. 좀 더 직접적으로 표현하자면 돈을 벌어서 '행복'해지려는 것이 우리의 목적이다. 어떠한 경우에도 돈을 버는 것 자체가 목적이 될 수는 없다. 돈은 하나의 수단이다. 수단이 목적이 되는 것은 잘못돼도 단단히 잘못된 것이다.

이제 목적과 목표, 미션, 리스트에 관한 이야기를 정리해보자. 이것은 개인이든 기업이든 국가든 모두에게 적용되는 것이다. 우선 일정 수준의 명확한 목적과 목표가 있어야 한다. 그 목적과 목표는 비전을 제시해줄 수 있어야 한다. 즉, 단순히 매출을 늘리겠다거나 돈을 많이 벌어야 한다는 식의 이야기가 되어서는 안 된다. 이것이 목표와 목적이다.

다음으로 이 목표를 이루기 위해 어떤 일을 해야 하는지에 대해 명시해야 한다. 그 내용 역시 쉽게 이해할 수 없거나 모호해서는 안 된다. 개인 또는 기업의 이미지와 발전 방향을 올바르게 반영할 수 있는 수준의 분명하고 명료한 목적이 제시되어야 한다. 이것이 바로 미션이다.

그다음으로 필요한 것은 그러한 목적을 달성하기 위해서 해야 할 일의 항목을 작성하는 것이다. 이것은 스스로가 어떤 과정을 거쳐 그러한 목적을 달성할 것인지를 문서화하는 것이다. 리스트는 기업 차원에서 그치는 것이 아니라, 구성원 각자가 수행할 내용을 자발적으로 작성해야 한다. 구성원 모두가 자발적으로 해야 할 일의 리스트를 만들면 그 리스트를 달성하기 위해 노력할 것이다.

마지막으로 필요한 것은 각자가 만든 리스트를 어떤 방법으로 이행할 것인지 스스로 검토하고, 규정하는 것이다. 물론 각자가 마음속으로 일의 순서를 정할 수도 있고, 일하는 과정에서 융통성을 발휘하여 정하게 될 수도 있다. 어찌 되었건, 일을 어떤 방법으로 수행할 것인지가 구성원 모두의 머릿속에 떠오를 수 있어야 한다. 이것이 바로 'how to work'이다.

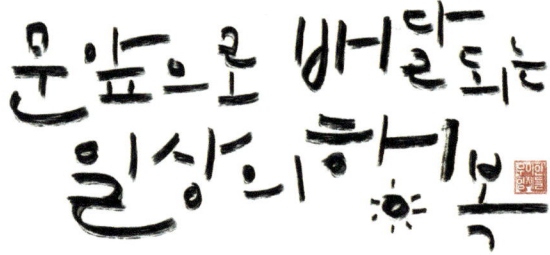

기업의 슬로건은 기업의 목적을 드러낸다. 우리가 하는 일의 목적은 무엇인가?
이 질문을 잊으면 나아가야 할 방향을 잃는다.

배달의민족의 슬로건은 "문 앞으로 배달되는 일상의 행복"이다 purpose &goal. 그들은 고객의 문 앞에 "배달되는 일상의 행복"을 위해 일하는 것이다. 결코 돈이 아니다. 고객에게 배달되는 것들이 고객의 일상의 행복을 만들어야 mission 그들은 돈을 벌 수 있는 것이다. 목적은 '고객이 배달을 통해 일상에서 느끼는 행복'이고, 목표는 그것이 배달에 걸리는 시간을 단축하는 일, 더 싼값에 배달을 해주는 일 how to work이 될 수도 있다. 그것을 위해 어떤 일을 해야 하고, 그걸 어떻게 해내야 하는지 how to work에 대해 구성원들의 창의적인 아이디어와 노력을 통해 이루어낸다. 무엇을 위해 어떤 일을 어떻게 해야 하는지를 정확히 인지하고 있는 것이 바로 목적의식 Sense of Purpose다. 이것 없이 일하면 일도 재미없고, 효율 또한 오르지 않는다.

### 생각을 확장하는 한마디

"꿈이 무엇인가?"라는 질문에 '부자', '공무원', '로또 당첨' 같은 대답을 하는 사람이 있다면 그의 삶에는 행복이라는 목적이 없는 것이다. 그저 상황이 좋아지면 행복해질 것이라는 막연함만이 있는 것이다. 왜 그것이 필요한지 묻고 또 물어라.

## 08
# 새로운 관점을 만들어내는 해체와 조립

생각은 절대 돌발적으로 생겨나지 않는다. 생각의 단초가 되는 실마리가 반드시 존재하고 그와 관련된 사건이 반드시 존재한다. 그리고 생각은 생각의 꼬리를 물어 또 다른 생각을 낳는다. 한번 시작되면 꼬리에 꼬리를 물고 이어지는 것, 그래서 처음 생각과 아무런 상관없는 색다른 결론에 도달할 수 있는 것, 이것이 바로 생각이다. 생각은 그 자체로 해체되고 다시 조립되어 또 다른 가치관을 확립할 수 있다. 이것은 개인이나 기업의 발전 방향 및 가치관 창출과도 밀접한 관련이 있다.

어떤 기업에서 "생각이 깊은 기업"이라는 슬로건을 내걸었다고 하자. "생각이 깊은 기업"이라는 슬로건을 현실화하기 위해서는 '생각이 깊은 것'이 과연 무엇인지, 그 의미부터 정의할 수 있어야 한다. 그것은 어디까지나 그들이 내린 정의다. 어떠한 관점을 가지느냐에 따라 분석은 달라질 수 있고, 이것은 다시 통합되어 조립될 수 있다. 그런 해체와 조립을 반복하면서 생각의 예외성도 발견하게 된다.

20세기 이후 세계에서 가장 많이 팔린 보드게임은 땅을 사고 건물을 지어 통행료를 받는 일종의 부동산 경제 게임인 '모노폴리'다. 그리고 그 다음으로 많이 팔린 게임이 '스크래블'이다. 알파벳이 적힌 타일 조각들을 이용해 단어를 조합해가는 게임으로, 이미 놓여 있는 단어 타일에 연

해체와 조립을 통해 우리는 그 안에 숨겨진 본질을 이해하게 된다.

결되도록 만들어야 하며 수직으로 연결해 새로운 단어를 만들거나 기존 단어의 앞이나 뒤에 새 타일을 연결해 다른 단어로 바꿀 수도 있다. 해체와 조립을 반복하며 새로운 단어를 계속해서 생성하는 것이다.

해체와 조립의 반복은 발전과 함께 새로운 관점을 갖게 한다. 정말로 필요한 것과 발전해야 할 것이 무엇인지 분명히 드러나기 때문이다. 그리고 새로운 관점은 성공한 비즈니스를 만들어내기 위해서 반드시 필요한 요소다. 우리는 어떤 일을 해결할 때 자기모순에 빠지지 않기를 바란다. 그리고 우리의 시각이 본질적 가치와 맞춰지기를 원한다. 이러한 면에서 특정 가치관이나 생각을 해체하고 조립하는 것은 매우 필수적인 부분이다. 간혹 이러한 분석 과정을 거치지 않고 일을 밀어붙이는 경우도 있는데, 그러다가 예외적인 부분이 드러나면 당황하여 그 자리에 주저앉게 될 수도 있다.

해체하고 조립하는 과정과 관련하여 분석이 필요한 예를 하나 들어보

자. 과거 서울시에서 무상급식과 관련된 투표를 할 때, 특정 정당에서 내놓은 슬로건 중에 "나쁜 투표, 착한 거부"라는 슬로건이 있었다. 우리는 이 슬로건을 면밀히 분석할 수 있어야 한다. 즉, 해체하고 다시 조립하고 또다시 해체할 수 있어야 한다. 왜 나쁜 투표라고 했는지, 무엇이 나쁜 것인지, 그들이 의도하는 바가 무엇인지 알아야 올바른 진위여부를 판가름할 수 있다. '착한 거부'란 무엇이며 왜 거부가 착함을 의미할 수 있는지, 그들이 그로 인해서 거두게 되는 '상대적인 이익'이 무엇인지 알아야 한다. 그렇게 함으로써 우리는 올바른 결정을 내릴 수 있다.

결국 우리는 특정 생각을 반영한 특정 슬로건을 통해 그들의 속내를 이해할 수 있다. 그리고 사회적 흐름이 어디에서 어디로 흘러가고 있는지도 이해할 수 있다. 이렇듯 생각을 해체하고 다시 조립하는 과정에서 사회를 보는 새로운 눈을 가질 수 있게 된다. 그리고 좀 더 재치 있고 슬기롭게 세상을 살아나갈 수 있는 힘을 얻게 된다.

해체와 조립이 거두는 두 번째 효과는 본질에 더 가까이 다가가게 하고 진실을 도출해내기 위한 수단이 된다는 것이다. 특정 요소를 분석하면 우리는 그것에 숨겨진 본질적 특성을 이해하게 되고, 보이는 것 뒤에 숨겨져 보이지 않는 요소를 간파하게 된다. 이것이 바로 통찰력이다. 그렇게 함으로써 우리는 자신만의 정의를 갖게 된다. 우리가 내리는 정의가 모두가 동의하는 것이 아니라도 상관없다. 특별히 인륜을 저버리는 것이거나 비상식적인 것이 아니라면, 자신만의 정의를 내리는 일은 분명히 필요하다. 이러한 과정을 통해 모든 것이 명료해지고 명확해진다.

## 생각을 확장하는 한마디

자신만의 정의를 만드는 이유는 무엇인가? 그것은 해체한 것을 다시 조립하게 하고 진실을 보게 하며 분석한 것을 정리하게 한다. 생각을 해체하고 다시 조립하고 또다시 해체하라. 그렇게 하는 것은 우리에게 또 다른 시각을 갖게 하고 자신만의 가치와 관점을 갖게 한다.

## 09

# 벽에 부딪히면
# 원점으로 되돌아가라

생각의 흐름을 방해하는 것은 무엇일까? 돌발적인 생각? 아니면 이전에 하지 못했던 새로운 생각? 아니다. '기존에 존재하는 것들에 대한 생각'이 생각의 흐름을 방해한다. 우리가 당연하다고 믿는 것들이 창의적인 생각을 막는다. 그리고 기존의 생각에 갇혀 지내다 보면 창의성과 목표의식이 흐려질 수 있다. 기존의 관념 안에 갇히는 것, 그것을 우리는 고정관념이라 부른다.

고정관념이 생각의 흐름을 방해할 경우, 우리는 모든 것이 없다고 생각하고 처음부터 다시 생각해봐야 한다. 한마디로 말해 '내려놓는 것'이다. 당연하다고 생각하는 것에 대해 잠시 관심을 떠나게 할 필요가 있다. 모든 것이 없다고 생각한 이후에 본질에 대해서 다시 떠올리는 것은 매우 유익하다. 모든 것을 제로 포인트에 두고 다시 생각해보면, 특정 사물이나 현상에 대한 본질이 보이기 시작한다. 결국에는 기존의 것을 그대로 가져가려는 고정관념의 관성이 우리의 생각을 막고 있기 때문이다.

"원점으로 돌아가라." 이 조언은 기존에 가지고 있던 생각의 틀을 완전히 버리라는 이야기다. 이미 언급한 대로, 우리의 생각은 정지되어 있지 않고 꼬리에 꼬리를 물고 이어진다. 생각 하나하나가 또 다른 생각의 근거가 되는 것이다. 가끔 이런 식으로 생각이 생각의 꼬리를 물다가 갑자기 끊어지는 경우가 있다. 돌발적인 상황이나 특정한 계기가 있을 때 그렇다. 이럴 때, 생각의 처음으로 되돌아가 본질을 보려고 노력하는 것이 매우 중요하다. 그러면 처음 생각을 시작했을 때 사용하던 관점이 아니라 전혀 다른 시각으로 다시 시작할 수 있다. 이것이 바로 상대적 의미의 '내려놓음'이다.

## 뒤로 갈 수 있는 용기, 관점의 유연함으로부터

사람들에게는 생각이 꼬리를 무는 것처럼 무엇인가를 연결하려는 습성이 있다. 하지만 연결점이 없더라도 관점을 달리하여 다른 방법으로 생각하는 것은 유연한 관점을 가진 창조자의 특성이다. 대부분의 사람들은 발전을 하려면 순차적인 행동을 해야 한다고 생각한다. 그리고 기존의 생각에 덧붙여진 점진적인 생각을 해야 한다고 생각하기 쉽다. 그러나 발전을 꾀하는 사람들은 덧붙여진 생각이 아니라 뒤로 갈 수 있는 용기 또한 있어야 한다. 그러한 용기는 관점의 유연함에서 생긴다. 뒤로 가는 것이 반드시 퇴보를 의미하는 것은 아니다. 뒤로 가는 것은 이 사실을 아는 사람만이 할 수 있는 용기 있는 행동이다. 이는 앞에서 말한 진보와 진화의 차이이기도 하다.

잠시 멈추어 뒤로 가다 보면 본질에 더 가까워지고 본질을 재고할 수 있게 된다. 그리고 발전을 위해 꼭 필요한 것이 무엇인지를 이해하여 더 빠른 발전을 이뤄낼 수도 있다. 때로는 기존의 생각을 더 과감히 버릴 필요도 있다. 잠시 멈추어 뒤를 돌아보면서 본질의 의미를 되짚어야 한다. 본질을 바라보는 나의 생각이 틀릴 수 있다는 것 또한 인정할 수 있어야 한다.

나는 지금까지 자신만의 정의를 가지라고 여러 번 강조했는데, 그런 정의는 때로 부정확하거나 틀릴 수 있다. 기존의 고정관념에 사로잡혀 자신의 것이 절대적으로 옳다고 고집해서는 안 된다. 본질에 대한 재해석이 필요할 때도 있다. 우리는 그 가능성을 닫지 말아야 한다. 더 빠르냐, 덜 빠르냐는 사실 의미가 없다. 두 걸음 뒤로 물러났어도 관점을 어떻게 하느냐에 따라 더 빨리 갈 수 있다.

앞에서 나는 대답뿐 아니라 질문이 틀릴 수도 있다는 점을 지적했는데, 질문이 잘못될 가능성을 열어두는 것, 이것 역시 본질의 의미를 이해하는 데 매우 중요한 부분이다. 올바른 해답을 얻지 못했을 때 사람들은 질문이 잘못될 수 있다는 것은 결코 생각하지 못하고 질문에 대한 답이 틀렸을 것으로만 생각한다. 본질을 제대로 파악하기 위해서는 질문이 매우 중요하다. 바로 이 때문에 질문이 잘못될 수 있음을 인정할 필요가 있다. 어느 누구도 완벽하거나 완전하지 않다.

사람들은 흔히 문제가 생기거나 일이 제대로 풀리지 않으면 '방법론'을 들고 나온다. 방법을 달리하면 문제가 풀릴 것으로 생각하기 때문이다. 물론 틀린 이야기는 아니다. 하지만 좀 더 근본적인 해결이 필요한 경우가 있다. 그럴 경우 반드시 필요한 것이 본질에 접근하는 힘이다. 정리하자면, 생각의 벽에 부딪힐 때 뒤돌아가는 것을 망설이거나 부끄러워하지 말라는 것, 모든 생각을 내려놓고 원점으로 돌아가 본질을 재해석할 필요가 있음을 인정하라는 것이다.

누구에게나 보상심리라는 것이 있다. 또 뒤돌아가는 것을 좋아하는 사람은 없다. 도박판에서 돈 잃는 사람을 떠올려보자. 한때 돈을 땄던 사람들도 결국에는 자신들이 가지고 있는 원금마저 모두 잃어버린다. 왜 그럴까? 그것은 돈을 잃기 시작했을 때 포기하는 것이 아니라 이미 잃은 것을 되찾으려는 보상심리로 끝까지 도박판을 떠나지 않기 때문이다. 보상심리, 그리고 뒤돌아가지 않으려는 태도가 일시적으로는 자존심을 세워줄는지 몰라도, 발전에는 별 도움이 되지 않는다.

"필요한 것이라곤 한 잔의 차와 조명 그리고 음악뿐이었습니다."

스티브 잡스는 이미 억만장자가 되었던 자신의 20대 시절을 회고하며 '여유'의 중요성을 피력하곤 했다. 또한 스티브 잡스는 스탠퍼드대학 졸업식 연설에서 이런 말을 남겼다. "여러분의 시간은 한정되어 있습니다. 다른 사람의 삶을 사느라 시간을 낭비하지 마세요. 타인의 견해라는 소음이 여러분 내면의 목소리를 덮어버리지 못하게 하세요. 무엇보다 중요한 것은 여러분의 마음과 직관을 따르는 용기를 가지라는 것입니다. 마음과 직관은 여러분이 되고 싶어 하는 바를 이미 알고 있습니다. 그 외에 모든 것은 부차적인 것입니다." 이러한 생각은 어쩌면 상당히 철학적인 이야기로 들릴지 모른다. 하지만 명심하라. 이것은 본질을 바라보는 또 다른 관점이며 매우 실용적이라는 것을, 우리의 사고 속에서만 머무는 것이 아니라 현실적으로 우리에게 도움을 주는 생각이라는 것을.

### 생각을 확장하는 한마디

어떤 사람들은 '포기하는 용기'를 오해한다. 벽에 부딪혔을 때 잠시 멈추어 뒤돌아가는 것은 단순히 모든 것을 포기하라는 것이 아니다. 때로는 원점으로 돌아가는 길이 더 어렵고 힘들 수도 있다. 그럼에도 그 길이 맞는다면 가야 한다.

## 10
# 흐름과 균형, 회계와 재무의 차이

'account manager', 즉 '경리'는 회사 자금의 출납을 관리하며 수입과 지출의 내역 등을 장부에 정리하는 일을 한다. 기업에 대해 주인 의식과 애착을 갖고 있는 유능한 경리 직원의 경우, 자금의 흐름이나 기업의 제반 사항들에 대해서 성의 있는 검토를 할 것이다. 하지만 일반적인 경리 직원은 자금의 흐름까지 관리하지는 않는다. 계산기를 두들기고 지시에 맞추어서 특정 문서를 작성하는 등의 일을 담당하는 것이 보통이다. 말 그대로 account manager의 역할만 수행하는 것이다. 이들은 기업의 균형에만 관여한다.

하지만 'finance manager', 즉 '재무 담당'의 경우는 다르다. 그는 기업의 자금 흐름을 읽고 어떤 방법으로 수입과 지출의 규모를 설정할 것인지 계획한다. 그리고 분석한 자료를 토대로 오너에게 그 사실을 알린다. 회사의 수입, 지출뿐 아니라 그러한 자금의 출납이 차후에 기업의 운영과 관련해 어떤 영향을 미칠 것까지 생각한다. 흐름을 보고 움직이는 것이다. 일반적으로 사람들이 비슷하다고 생각하기 쉬운 account manager와 finance manager는 이렇게 완전히 다른 일이다.

## 관점의 지배자는 흐름을 느낀다

사실 경제 논리는 그렇게 단순하지 않다. 흐름을 살피면 더 많은 실상이 보인다. 일반적으로 단순해 보이는 시장의 규모는 흐름과 전체적인 그림을 보면 완전히 다르게 보이는 것이다. 예를 들어 1,000원을 주고 하청을 맡겼을 경우 이것의 시장 규모는 단순히 1,000원으로 생각할 수 있지만, 오늘날의 시장 흐름은 그것과는 좀 다르다. 1,000원으로 하청을 받은 사람은 700원을 주고 또 다른 사람에게 하청을 준다. 그리고 700원으로 공사를 맡은 사람은 300원을 주고 부분 하청을 다른 사람에게 준다. 이렇게 해서 1,000원이었던 시장 규모는 단숨에 2,000원이 된다. 중간에서 하청을 전체적으로 책임진 업체는 아무것도 하지 않고 300원의 이득을 남긴 셈이다.

1,000원이라는 피상적 시장 규모 속에 2,000원 이상의 시장 규모가 숨어 있음을 보는 것, 이것이 바로 경제적 의미에서의 '흐름'을 보는 것이다. 한때 우스갯소리로 "삼성을 사려면 에버랜드만 사면 된다"라는 말이 있었다. 지주회사를 장악하면 전체적으로 큰 영향을 미칠 수 있다는 말이었다.

엄밀히 말해 이러한 시장적 모순은 정상적인 것이 아니다. 그리고 이러한 조직적 모순이 늘어날 때 재벌들의 힘은 계속적으로 커질 수밖에 없다. 하지만 이 시점에서 내가 말하고 싶은 핵심은, 시장의 모순이든 합리적인 부분이든 간에 전체적 흐름을 보는 사람들이 살아남게 된다는 것이다. 흐름을 제대로 읽지 못하면, 그로 인해 어려움을 겪을 수도 있고, 서서히 옥죄어오는 현실의 벽을 피하지 못해 무너질 수도 있다.

시장은 경제 논리에 의거해서 균형을 이루기도 한다. 불합리하다고 생각되거나 모순이라고 생각되는 경제 논리가 시장에 분명히 존재함에도 불구하고 이것이 계속 이어질 수 있는 이유는 시장 논리에 '균형'이라는 것이 있기 때문이다. 이 균형은 때로 긴장감을 초래하기도 하고 팽팽하게 대립하여 서로의 날을 세우기도 한다. 시장은 단순히 균형만 이루어진다고 해서 존재하지 않는다. 원활하게 돌아갈 수 있는 근거가 있어야 한다.

유능한 '관점의 지배자'라면 흐름을 느낄 수 있어야 한다. 시장 경제 논리의 흐름과 균형을 이해하는 것은 대단히 중요하다. 그리고 그러한 이해는 우리가 현실에서 부딪히는 많은 싸움에서 이길 수 있도록 도움을 준다.

### 생각을 확장하는 한마디

> 흐름을 본다는 것은 남들보다 더 높은 곳에서 바라본다는 뜻이기도 하다. 자신이 서 있는 곳에서 보이는 것이 자신의 한계다. 흐름을 느끼기 위해서는 자신의 시점을 높일 필요가 있다.

## 11
# 단어를 뜯어서 살펴보면 본질이 보인다

단어의 어원을 살펴보면 본질의 의미를 깨닫는 데 도움이 된다. 어떤 이유로 인해 그 단어가 생겼는지 유래를 검토하는 행위는 우리로 하여금 단어가 지니는 본래의 뜻뿐만 아니라, 그 단어에 숨어 있는 속뜻까지 이해하도록 만들어준다. 이처럼 보이지 않는 이면의 것을 보는 능력을 '통찰력'이라고 한다. 우리는 단어의 어원을 분석하면서 그러한 통찰력을 가질 수 있다.

커뮤니케이션communication은 접두사 'com'으로 시작하는 단어다. 이 접두사 com은 '함께'라는 의미다. 어원에 대한 분석을 통해 커뮤니케이션이란 반드시 둘 이상의 인격체가 관련돼야 한다는 것을 알 수 있다. 이렇듯 단어를 분해하여 살펴보면 단어가 의미하는 본래의 뜻을 한층 쉽게 이해할 수 있다. 본질에 가까이 가는 힘이 생기는 것이다.

이것은 한문의 파자破字도 마찬가지다. 파자라는 것은 글자를 쪼개서 보는 것이다. 글자를 쪼개어 분석해보면 본질의 의미가 더욱 명확히 드러난다. 예를 들어 좋을 호好 자를 살펴보면 아들 자子와 계집 녀女의 조화로 이루어져 있다. 파자를 통해 글자를 쪼개어보면 굳이 우리가 말로 설명하지 않더라도 해당 단어의 의미가 가지는 속뜻이 무엇인지 이해하게 해준다. 그리고 어떤 연유로 그 글자가 생겼는지도 미루어 짐작할 수 있다.

우리는 단지 한자를 외우는 것이 아니라 한자의 한 글자 한 글자를 통해 왜 이러한 부수가 사용되었는지 의문을 갖게 되고, 그로 인해서 본질의 의미를 따라가려는 노력을 기울이게 된다. 이와 같은 분석이 단어의 의미와 글자의 본질을 이해하는 데 매우 큰 부분을 차지한다.

말은 단어로 이루어져 있고, 단어는 글자로 이루어져 있다. 그리고 글자는 특별한 어원이나 파자를 반드시 동반한다. 어떤 의미에서 보면 이것은 기본에 충실한 것이며, 본질에 대한 분석을 통해 좀 더 정확한 의미 분석을 가능하게 한다.

그러한 단어들을 분석하는 것은 불량 단어를 가려내는 데도 도움이 된다. 가라오케 からオケ라는 말을 잘 알고 있을 것이다. 일본에서 유래한 가라오케는 한국식으로 이야기하면 노래방 시스템을 말하는 것이다. 이 글자를 한번 뜯어보자. 가라오케는 '가라'와 '오케'를 합친 말이다. '가라 から'라는 말은 일본어로 '가짜'라는 말이다. 그래서 어른들이 가짜 사기 수법과 관련된 이야기를 할 때 '가라'라는 말을 쓰곤 한다. '오케 オケ'라는 말은 오케스트라의 줄임말이다. 결국 '가라오케'라는 말은 '가짜 오케스트라'를 뜻한다. 즉, 존재하지 않는 오케스트라, 실제의 오케스트라를 대신하는 가상의 오케스트라를 말하는 것이다.

단어를 분석하고 보니 이 단어야말로 불량 단어임을 알 수 있다. 어떤가? 재밌지 않은가? 단어의 본질은 이렇게 찾아가는 것이다. 나는 이 책에서 관점에 대한 이야기를 자주 했다. 그리고 본질에 대한 이야기도 여러 번 언급했다. 한자와 영어에서의 어원과 파자를 분석해내는 것은 흥미로울 뿐 아니라 더 열린 관점을 갖게 하며 본질을 따라가는 중요한 단초가 되기도 한다. 더 넓은 시야와 자신만의 정의를 구축하는 면에서 이러한 과정은 매우 큰 도움이 된다.

**생각을 확장하는 한마디**

한자든 영어든 단어의 어원을 살펴보면 많은 단어가 같은 뿌리에서 시작했음을 알 수 있다. 즉, 본질에 가까이 다가갈수록 더 많은 갈래와 연결고리를 이해하게 된다.

# 12

## 가치와 차별성을 만드는
## 나만의 아이덴티티

사람들은 대화 중에 자주 말한다. "나랑 너는 생각이 틀리거든?" 사실 '틀리다'라는 표현은 커뮤니케이션에 벽을 만든다. '맞다', '틀리다'의 개념이 아니라 '다르다'는 차원에서 접근해야 한다. 누구에게나 자존심이 있다. 그리고 그 자존심은 자신의 주관과 가치관을 다른 사람에게 어필하기 위해서 하나의 규정을 만들도록 한다.

나는 지속적으로 자신만의 정의를 만들라고 조언한다. 그런데 정의 내리기는 일반적으로 사람들이 말하는 '규정짓기'와 비슷해 보이지만, 엄연히 다른 차원의 문제다. 정의 내리기는 자신만의 내적인 정리를 위한 것이고, 규정짓기는 타인의 것을 평가하기 위해 만든 내면의 자존심에 의한 것이다. 따라서 '틀렸다'고 말할 것이 아니라 '다르다'고 해야 옳다.

'다르다'와 '틀리다'를 영어 단어로 생각해봐도 차이점은 명확하다. '다르다'는 different이고, '틀리다'는 wrong이다. different는 '각각 다른', '차이가 나는', '각양각색의' 등 부정적인 뜻을 포함하지 않는 단어인 반면, wrong은 '잘못된', '문제 있는', '나쁜' 등 부정적인 뜻을 포함한다. 따라서 '생각이 틀리다'는 것은 '네 생각이 잘못되었다'는 부정적인 평가를 내포하는 것이다. 반면 '생각이 다르다'는 것은 여러 가지 생각 가운데 하나가 된다. 어떤 사람에 대해 틀렸다고 생각하는 것이 아니라 나와 다르다고 생각하는 순간, 나의 내면에서 또 하나의 새로운 관점이 생긴다. '다름'을 인정하는 데서 나온 새로운 관점은 자신의 마음속에 있는 '근거 없는 부정'을 '긍정'으로 만드는 시발점이 된다.

생각해보라. 만약 상대의 생각이 틀렸다고 생각한다면 그 사람이 잘못되었다고 규정하거나 그 사람을 고치려고 할 것이다. 하지만 그 사람과 내가 다르다고 생각하게 되면 나에게 없던 또 다른 관점의 방향이 생긴 것이 된다. 따라서 커뮤니케이션의 기본은 나와 남이 다르다는 것을 인정하는 것에서 비롯된다.

규정하기를 좋아하고 어떤 의견에 대해 틀리다고 이야기하는 사람과는 대화가 제대로 이어질 수 없다. 물론 때에 따라서는 비평이 필요할 수도 있고 평가가 필요한 경우도 있다. 문제가 되는 건 비평이 필요한 순간이 아닌데도 비평을 즐기는 유형이다. 상대방을 무시한 일방적인 의견 제시는 커뮤니케이션이라고 말할 수 없다. 또한 경계해야 할 태도가 하나 더 있다. 바로 좋고 나쁨의 문제를 맞고 틀리다는 관점으로 치환시키는 경우다. 자기가 싫은 사람의 이야기는 제대로 들어보지도 않고 틀리다고 우기는 사람들이 많다. 사람이 싫을 수는 있어도 그 자체로 그의 의견이 틀린 것은 아니다. 생각이 다르면 토론이 시작되어야 한다. 그 토론은 증거, 근거, 논거를 갖고 상대방을 배려하며 이루어져야 한다. 좋은 토론의 기본적인 태도는 '격한 공감, 부드러운 반대'다. 상대방의 의견에 격하게 공감해주고, 생각이 다르다면 부드럽게 자기 의견을 피력하면 된다. 그런 관계가 많아져야 사회가 긍정적인 방향으로 발전하게 되는 것이다.

## '다름'을 슬기롭게 표현하는 방법

가끔 우리는 도로에서 경찰을 만난다. 그리고 뭔가 문제가 있다고 생각되면 그들은 우리에게 운전면허증을 보여달라고 요구한다. 신분증을 제시하라는 요구는 우리가 어떤 사람인지를 보여달라는 것이다. 아이덴티티identity는 다른 사람과 구별되는 자신만의 특징을 말한다. 그러므로 이것은 다름을 표현하는 단어라고 할 수 있다. 다름은 다양성을 만들고 다양성은 세상을 다채롭게 한다. 남과 나, 우리 기업 제품과 다른 기업 제품 사이에 '무엇이 다른지'가 드러나야 그 차별성을 통해서 특정 기업이나 개인을 인지할 수 있게 된다. 다름과 차별성을 부각시켜 다른 사람이 끌리도록 하는 것은 개인이나 기업에게 반드시 필요한 것이다.

다름을 슬기롭게 표현하는 방법을 배워야 한다. 사람들은 흔히 "저는 회계사인데요", "저는 학생입니다", 또는 "저는 대학에서 강의를 하고 있습니다", 이런 식으로 자신을 구별한다. 하지만 이것은 '그중 하나one of them', 즉 자신이 '특정 부류'의 사람임을 드러낸 것일 뿐 아이덴티티라고 볼 수 없다.

다른 사람과 차별되는 자신만의 특성을 가져야 한다. 그저 자신의 직업이 무엇이고 자신이 속해 있는 그룹이 무엇인지 언급하는 것만으로는 부족하다. 그러면 무엇을 어떻게 말할 것인가? 만약 자신이 회계사라면 "저는 이러저러한 부분에서 특화된 서비스를 제공하는 회계사입니다"라는 식의 짧으면서도 명료한 자신만의 소개가 있어야 한다. 이것이 바로 진정한 아이덴티티다.

다른 사람과 관련해서 다름을 만들어가는 과정, 이것은 대단히 중요하다. 특히 성취와 성공을 바라는 사람에게 이 과정은 스스로를 드러내

아이덴티티는 '무엇'이 다른지를 '어떻게' 보여주느냐에 달려 있다.

고 마음먹은 일들을 이루어나가는 데 큰 단초가 될 수 있다. 인상적인 방법으로 자기 자신의 차별성을 부각시키는 것만이 현대를 살아갈 수 있는 열쇠가 된다. 발레리나로서든 학자로서든 또는 작가로서든, 자기만의 포지션이 분명해야 한다. 거기에 더해 그 포지션 안에서 도드라지게 남들과 다른 면모를 보일 수 있는 차별적 콘텐츠가 분명히 있어야 한다.

아이덴티티가 얼마나 중요한지 예를 들어보도록 하자. 비슷한 종류의 식당이나 점포가 모여 있는 먹자골목에서 장사를 하는 사람들은 수입이 모두 고만고만할 것이다. 그런 상황에서는 남들보다 비싼 가격을 받을 수도 없다. 다른 가게와 구별되는 아이덴티티가 없다면 가격이 바로 경쟁력일 것이기 때문이다. 하지만 조금 더 높은 가격을 받더라도 차별성이 있다면 소비자들은 이의를 제기하지 않을 뿐 아니라 입소문도 기꺼이 내준다. 이렇듯 아이덴티티는 남들과 다른 '부각점'을 만들며 남들과는 비교할 수 없는 가치를 생산해내고, 사람들의 주목을 받게 해준다.

10~20년 전만 하더라도 의사나 박사, 교사, 변호사 등의 타이틀을 가지고 있으면 사람들에게 존경을 받았고, 자신만의 가치를 인정받았다. 하지만 이제 그들은 흔한 위치에 있는 사람이 되었고 예전만큼 대단한 취급을 받지는 않는다. 지금은 특화된 콘텐츠가 있어야 빛이 날 수 있는 시대이기 때문이다. 그러므로 잠시 멈추어 자신을 돌아보라. 자신만의 아이덴티티가 무엇인지 살펴보라. 한마디로 표현할 수 있는 자신만의 차별성이 있는지 검토해보라. 만약 불분명하다면 지금 이 순간부터 자신이 부각시킬 수 있는 차별점이 무엇인지 찾아보고, 그것을 다른 사람에게 알려라. 이것이 당신이 살아남는 방법이다.

## 남들로부터 인정받을 수 있는 '다름'

내 강의를 들은 사람들 중 일부는 강의를 통해 삶의 지표를 얻었다고 말한다. 내가 남들과 똑같은 이야기를 했다면 그들은 그러한 느낌을 갖지 못했을 것이다. 결국 내 강의를 통해 그들이 느낀 남다른 부분이 나의 아이덴티티다. 아이덴티티에는 기대 가치라는 부분도 존재한다. 물론 기대 가치를 가지기 위해서는 일정 기간 상품이나 개인이 쌓아온 명망이나 명성이 있어야 한다. 그런 요소로 인해 생기는 일종의 '기대 심리'는 사람들의 마음을 움직여 특정 서비스나 상품을 이용하도록 한다. 아이덴티티는 한마디로 '남들로부터 인정받을 수 있는 다름'이라고 정의할 수 있다.

어떤 의미에서 아이덴티티는 쉽고 빠르게 성공으로 갈 수 있는 방법이기도 하다. 기존에 구축된 아이덴티티는 그것이 무엇이든 이미 구축된 이미지 안에서 사람들의 신뢰를 얻을 수 있도록 한다. one of them으로 존재한다면 그냥 먹고 살 수는 있다. 그러나 피 터지는 경쟁을 해야 하고, 아등바등했음에도 얼마든지 다른 사람들로 대체될 수 있는 존재에 불과하게 된다. 우리는 대체될 수 없는 사람, 자부심 있는 사람, 특별한 가치가 있는 사람이 되길 바란다. 이것이야말로 아이덴티티의 참다운 가치라고 말할 수 있다. 아이덴티티는 '부르는 게 값'인 상황을 만들며 범접할 수 없는 자신만의 광채를 만든다.

다른 사람들에게 자신의 가치를 나타내고 싶다면 개인이든 비즈니스로 활동하는 기업이든 '나다운 것', 나만의 오리지널리티 originality가 무엇인지 검토할 수 있어야 한다. 그리고 그것을 구체화할 수 있어야 한다. 이것은 '어떻게 보이고 싶은지를 결정하는 것'과 관련이 있다. 나다운 것이라는 의미는 내가 다른 이들에게 어떤 모습으로 보이고 싶은지의 검토를 통해서 가능하다. 그리고 이것은 본질적 가치와 매우 밀접한 관련이 있다. 특정 기업을 설명하는 슬로건은 그 기업의 가치를 드러내는 본질적인 부분이라고 말할 수 있다. 본질적 가치를 캐내고 나다운 것이 무엇인지를 알아내는 것은 기업의 성장과 개인의 발전을 위해서 매우 필요한 요소임을 부정할 수 없다.

예를 들어보자. 국내에는 적지 않은 수의 맥주 브랜드가 존재한다. 당신은 그 브랜드의 이름을 얼마나 기억할 수 있는가? 카스, 하이트, 맥스, 켈리, 클라우드, 그리고 많은 다른 브랜드들……. 잠시 멈추어 생각해보자. 각각의 브랜드가 표방하는 특이성이 없다면 각각의 브랜드는 사라지고 말 것이다. 소규모 식당이나 업체도 마찬가지다. 문화의 거리나 먹자골목, 떡볶이골목, 순대골목 등의 입지 속에서도 살아남게 하는 것이 바로 나다운 것이다.

이러한 나다움은 사소한 것이어도 좋다. 예를 들어 튀김 집을 운영한다면 식당의 쇼윈도 앞에 "깨끗한 기름을 사용하는 곳"이라는 단순한 슬로건을 붙이는 것만으로도 나다움은 만들어질 수 있다. 앞에서도 소개한 것처럼 실제로 '60계치킨'은 깨끗한 기름으로 닭 60마리만 튀긴다는 나다움으로 2015년 8월 1호점을 내고 2016년 4월 첫 가맹 사업을 시작한 이래 불과 7년 만에 점포 수가 700개를 돌파할 정도로 대박을 쳤다. 60마리만 튀기고 기름을 바꾼다는 나다움만으로 성공을 만들어낸 것이다. 또한 나다운 것이 무엇인지를 어떻게 고객이 알게 할 것인지에 대해서도 너무나 잘 아는 브랜드였다. 각 매장에 CCTV를 달아 앱을 통해 고객들이 실시간으로 주방을 볼 수 있게 해서 신뢰를 얻었다. 어느 언론사에서는 실제로 매장에서 60마리만 튀기는지를 무작위로 골라 지켜본다는 결과 사실이라는 기사를 통해 싣기도 했다.

성공하기 위해서는 우선 나다운 것이 무엇인지 알아야 한다. 이것이 빨리 결정되지 않는다면 경쟁업체가 당신 옆집에서 똑같은 콘셉트로 문을 열었을 때 이내 망할 수도 있다. 참으로 심각한 일이 아닌가?

### 생각을 확장하는 한마디

내가 생각하는 '나의 아이덴티티'와 다른 사람이 생각하는 '나의 아이덴티티'가 다를 때도 있다. 그럴 때면 원점으로 돌아가 다시 본질을 파악해야 한다. 내가 나의 핵심을 잘못 도출했는가? 혹은 다른 사람들에게 올바른 관점을 제시하지 못하고 있는가?

# PART

# 03 관점을 바꾸면 '산타클로스'가 보인다

퇴사 후 홀로서기를 시작했다. 여러 사업을 했는데, 스스로 만든 것 중 크게 잘 된 것이 없었다. "기자 시절의 명성만큼 성과를 올리지 못했다"라는 평가도 따라왔다. 마지막으로 망한 건 글로벌 금융 위기 때였다. 돈줄이 막히면서 제대로 시작도 못 해보고 망했다. 망하기 직전까지 얼마인지 모를 정도로 자금을 쏟아부었다. 카카오 창업자 김범수한테도 돈을 빌렸다. 내 주변에 돈 제일 많은 사람이었다. "1년만 쓸게." 그 말은 결국 지키지 못했다. "미안하다, 몸으로 때울게." 카카오톡과의 인연은 빚을 갚기 위해 시작된 것이었다.

우리는 아주 간단한 터치만으로 내 생각이 사람들 사이사이를 흐르게 할 수 있는 놀라운 시대에 살고 있다. 생각의 흐름을 만들어낸다는 것은 우리가 자신의 창조성을 극대화할 수 있는 시대에 살고 있음을 말해준다. TV, 신문, 라디오 등이 한쪽의 목소리만을 전하는 일방적 관계라면 소셜미디어는 다양한 콘텐츠가 이용자들에 의해 만들어지고 공유되는 쌍방향적 관계다. '내가 연출한 나'를 다른 사람들에게 보여주고, '다른 사람'을 엿볼 수 있는 1인 미디어 시대에 우리는 살고 있다. 특히 요즘 잘파세대들을 '극동시성의 세대에 사는 사람들'이라고 정의 내리는 것도 이런 흐름을 잘 보여주는 것이다.

생각의 흐름이라는 거대한 물결에 파묻혀버리지 않고, 남들의 주의와 시선을 끌기 위해서는 독창성과 보편성을 동시에 지니고 있어야 한다. 남들이 모두 당연하다고 생각하는 것을 부정하고, 의문과 호기심을 갖고 관찰한 끝에 얻어낸 독창적인 관점, 당연함을 부정한 뒤에 얻어낸 긍정적인 어떤 요소가 바로 사람들의 생각을 모여들게 한다.

소셜미디어를 통해 사람들의 생각이 모여들도록 만들면, 그것이 바로 성공이고 현대판 자수성가다. 이것은 당신이 어떤 환경에 처해 있을지라도 관점을 바꾼다면 이루어낼 수 있다. 지금 당장 시도해보라.

**당신은 지금 이 순간에도 지구 전체에 '나'를 방송할 수 있는 스마트폰을 손에 쥐고 있지 않은가!**

## 01 복잡함을 품은 단순함

사람들의 마음을 사로잡으려면 인간 내면의 본질적인 부분에 관심을 가져야 한다. 사람들이 호감을 느끼는 것, 사람들의 욕구를 풀어주는 것, 감성을 자극하는 것, 사람들의 손길이 먼저 가는 것이 무엇인지를 탐색해야 한다. 대부분의 사람들은 한번에 여러 가지 일을 해결하고 싶어 한다. 밥은 전기밥솥이 하고 설거지는 세척기가, 빨래는 세탁기가 하는데도 불구하고, 우리는 하루 24시간이 부족할 정도로 시간에 쫓기며 바쁘게 살고 있기 때문이다. 그렇다고 해서 버튼이 많거나 복잡하고 화려한 모양의 제품을 선호하는 것은 아니다.

1980~1990년대까지만 해도 기능 버튼이 많이 달린 커다란 오디오 시스템이 더 비쌌을 뿐만 아니라 값어치도 한층 더 있어 보였다. 복잡하고 화려한 디자인일수록 고급 제품으로 대접받았지만, 요즘은 그렇지 않다. 복잡한 제품이나 복잡한 기업은 경쟁력이 떨어진다. 자동차 기업 토요타의 경우, 사람들의 다양한 니즈에 맞추기 위해 제품을 다변화하고 부품과 협력업체 수를 늘렸다. 그런데 조직이 커지자 커뮤니케이션이 어려워졌고, 결국 대규모 리콜 사태라는 최악의 결과를 낳았다. 거대하고 복잡한 것이 아니라 단순하고 심플한 것이 인기를 끄는 시대가 된 것이다.

대표적인 것이 바로 스마트폰이다. 카메라와 컴퓨터, 전화기, MP3 플레이어의 모든 기능을 손바닥 크기의 작은 기기가 담당하고, 사용자의 질문에 대답도 한다. 우리 내면에 있는 본질적인 부분을 충족시켜주면서도 외형은 더할 나위 없이 단순하고 심플하다. 이것이 바로 당신과 내가 갖고 싶어 하는 '복잡함을 품은 단순함'이다.

어린 시절로 잠시 돌아가 보자. 어느 집에나 달달거리며 돌아가는 선풍기 한두 대는 꼭 있었고, 그 선풍기에는 모기장같이 생긴 선풍기 덮개가 씌워져 있곤 했다. 빠르게 돌아가는 선풍기 날개에 어린아이들이 실수나 장난으로 손가락을 넣어 다치는 사고가 간혹 있었기 때문이다. 그러한 사고를 미연에 방지하기 위해서 선풍기 덮개를 사용했었다. 그 이후에 사람의 손이 닿으면 자동으로 일시 정지하는 기능을 가진 선풍기도 출시되었다.

많은 사람들이 선풍기에 덮개를 씌우거나 멈추게 하는 데 열중하고 있을 때 영국 출신의 디자이너 제임스 다이슨이 설립한 '다이슨'에서는 특이한 선풍기를 출시했다. 바로 날개 없는 선풍기였다. 사람들은 서너 개의 날개가 힘차게 돌아가는 선풍기를 늘 보아왔고, 선풍기라면 늘 그런 모양이어야 한다는 고정관념을 가지고 있었다. 하지만 다이슨의 선풍기는 몸체 위에 동그란 고리 모양의 원만 있는데도 불구하고, 날개 달린 선풍기 부럽지 않은 바람이 나왔다. 선풍기에 관한 기존의 모든 관념을 깨버린 것이었다.

날개 없는 선풍기가 출시되면서 손가락이 날개 끝에 걸려 다치지 않을까 하는 염려와 이를 방지하기 위한 모든 노력이 한순간 무의미하게 되었다. 제품 자체가 가지고 있는 특이성과 심플함 때문에 날개 없는 선풍기는 날개 돋친 듯이 팔려나갔다. 단순함과 심플함을 추구한 발상의 전

기존의 모든 관념을 깨고 날개를 없앤 다이슨 선풍기.

환과 양력을 이용하는 기술력이 합해져 이런 결과를 가져온 것이다.

이외에도 제임스 다이슨은 먼지 봉투 없는 진공청소기, 청소기에서 나오는 공기가 일반 가정의 공기보다 깨끗한 진공청소기, 물기를 순식간에 없애주는 손 건조기 등 단순함과 심플함, 기술을 인간적으로 활용한 제품을 개발하여 큰 인기를 끌었다.

## 복잡함을 품은 단순함

물론 단순함만으로 성공할 수는 없다. 심플함 자체가 절대적인 가치를 가지고 있는 것도 아니다. 하지만 확실한 것은 '복잡함을 품은 단순함'이 성공의 열쇠가 된다는 사실이다. 이것은 특정 상품에만 해당되는 것은 아니다. 고객들이 특정 매장에 들렀을 때, 그 매장을 통해 이용하는 서비스에도 심플함이 반영되어야 한다. 어떤 매장이 고객들에게 질적으로 매우 훌륭하면서도 꼭 필요한 서비스를 제공하면서, 그 서비스를 이용하는 절차나 과정까지 매우 단순하고 심플하다면 그 매장은 성공할 수밖에 없다.

한때 차도남, 차도녀라는 말이 유행했다. 풀어 쓰면 '차가운 도시 남자', '차가운 도시 여자'다. 이른바 '쿨'하고 '시크'한 사람들을 가리키는 말로, 뒤에 '하지만 나에게는 따뜻하겠지'라는 말이 붙으며 우스갯소리로 사용되었다. 겉으로는 도도하고 냉정해 보이지만 사실 속은 따뜻하고 섬세한 사람을 뜻하는 것이다. 그렇다면 사람들이 정말 쿨하고 차가운 사람을 좋아하는 것일까? 아니다. 사람들은 누구나 올바른 주관과 자신만의 철학, 내면의 신념을 가진 멋있고 아름다운 사람을 좋아한다. '차갑다'는 말로 대표되는 특성은 바로 외적으로 드러나는 심플함과 단순함을 말하는 것이다. 사람들이 내면에 철학적이면서 감성적인 요소, 즉 복잡함을 가지고 있으면서도 외적으로는 심플해 보일 때, 그 외적인 심플함이 그를 더 예쁘고 매력적으로 보이게 하는 것이다. '쿨'과 '시크'로 간단하게 표현되는 그것 말이다.

### 생각을 확장하는 한마디

외적으로는 단순하고 심플하지만 내적으로는 충실하고 뛰어난 성능을 자랑하는 상품이나 서비스야말로 진정한 외유내강이 아닐까.

## 02 생각을 모으고 걸러주는 생각의 깔때기

소셜미디어, 소셜네트워킹서비스, 소셜커머스 등 우리는 '소셜'이라는 단어와 언제부턴가 굉장히 밀접한 관계가 되었다. 이 '소셜'의 정체는 과연 무엇이며, 소셜미디어는 나에게 어떤 영향을 미치는 것일까?

소셜미디어의 일반적인 정의는 '사람들이 자신의 생각과 의견, 경험, 관점 등을 서로 공유하고 참여하기 위해 사용하는 개방화된 온라인 툴의 총칭' 또는 'X(구 트위터), 페이스북, 인스타그램 등 소셜네트워킹서비스에 가입한 사람들이 서로 정보와 의견을 나누고 상호작용할 수 있는 플랫폼'이라고 할 수 있다. 스마트폰의 등장으로 날개를 단 소셜미디어는 광범위하고 깊숙하게 우리 생활 속으로 들어왔고, 오늘날 정치·경제·사회·문화 등 모든 분야에 큰 영향을 미치고 있다.

그런데 이 소셜이라는 단어를 어떻게 정의하느냐에 따라 소셜미디어를 이용하는 사람의 역량은 커지거나 줄어들 수 있다. '소셜'이라는 단어를 들으면 제일 먼저 무엇이 떠오르는가? 이 단어와 관련하여 자신만의 정의를 가지고 있는가? 일반적으로 사전적인 의미인 '사회적인'이라는 말을 먼저 떠올리게 된다. 그렇다면 '사회적인'이라는 말은 무엇을 말하는 것일까? 쉽게 정의 내리지 못할 것이다. 약간은 난해하고 모호한 느낌이 들지도 모르겠다. 사회社會라는 말을 학문적으로 분석하면 두 글자 모두 '모인다'는 의미를 가지고 있는데, 소셜의 온전한 의미를 담기에는 이것만으로 너무 부족하다.

'소셜'이라는 용어에 대해 내린 박용후식 정의는 '소셜은 인간이다'라는 것이다. 왜 인간人間이라는 단어를 쓸 때 사이 간間 자를 쓸까? 그 이유는 사람과 사람 사이에는 무언가가 존재해야 하기 때문이다. 나는 이것이 소셜의 본질적 의미라고 생각한다. 내가 소셜을 일컬어 '인간이다'라고 말하는 이유가 바로 여기에 있다. 다시 말해, "사람과 사람 사이에 존재하는 그 무엇이다"라고 말하고 싶은 것이다. 따라서 내 방식으로 하자면 소셜미디어라는 것은 '사람과 사람 사이에 존재하는 미디어'라고 할 수 있다.

소셜은 사람과 사람 사이의 일, 사람과 사람 사이에 생겨나는 관계에 관한 것이다. 그러므로 소셜은 인간이고, 나는 그것을 "친구의 눈으로 바라보는 세상"이라고 표현하곤 한다. 여기에서의 친구는 소셜미디어를 통해서 관계를 가질 수 있는 모든 사람을 가리킨다. 그들을 통해서 나는 세상을 보고, 내가 가진 세상을 보여주고 비교하며, 나만의 또 다른 세상을 만들어나가기도 한다.

## 소셜미디어는 '인간'이다

사람들은 보통 '인간'이라는 말과 '사람'이라는 말이 같다고 생각하고, 혼용하기도 한다. 하지만 인간과 사람은 분명히 구별되는 단어다. 생각해보라. 나 혼자 있을 때는 인간이라고 표현하지 않는다. 둘 이상의 사람이 모이거나 존재한다는 것을 인지해야만 인간이다. 결국 '나는 인간이다'라는 생각의 배경에는 나 외의 다른 사람도 존재한다는 전제가 깔려 있다

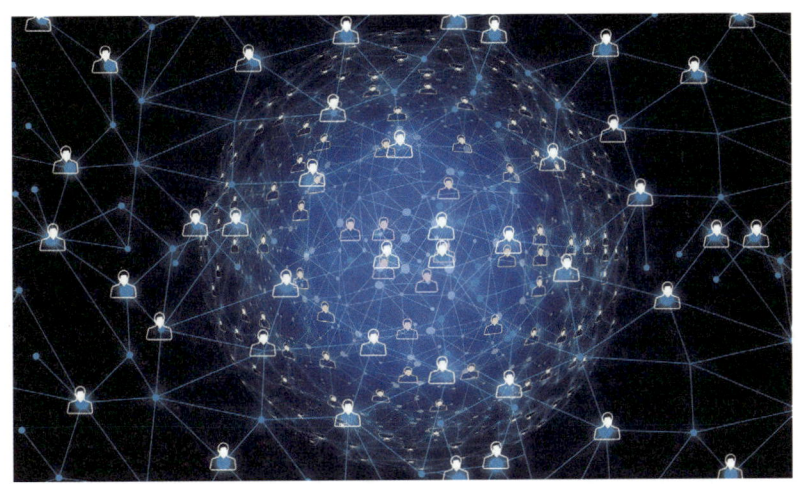
소셜미디어는 사람과 사람 사이에 존재하는 온갖 종류의 생각과 견해를 교감하는 도구다.

는 이야기다. '인간답다'는 표현은 사람과 사람 사이에 무언가가 반드시 존재한다는 것을 드러낸다. 그리고 사람은 다른 사람과의 교감이 있을 때 더 사람답고 인간답다. 결론적으로 소셜은 인간이며, 소셜미디어는 사람과 사람 사이에 존재하는 온갖 종류의 생각과 견해들을 교감하는 것이다. 물론 이것은 내가 내린 박용후식 정의고, 내가 올바르다고 생각하는 분석이다.

때로 소셜미디어에 나타나는 사람들 각자의 생각이 하나의 큰 덩어리를 이루기도 한다. 그 덩어리를 읽어내는 것이 바로 '흐름'에 대한 자각이다. 동시에 소셜미디어는 매우 유용한 도구다. 당연함을 뛰어넘는 기상천외한 생각이 과연 사람들에게 공감을 얻어낼 수 있을지를 가늠하는 데 소셜미디어를 활용할 수 있기 때문이다.

소셜미디어는 일방적인 미디어가 아니다. 모두가 함께 만들어가는 미디어다. 소통하는 미디어이며, 나누는 미디어다. 소셜을 통해서 우리는 생각의 덩어리를 살필 수 있고, 생각의 흐름을 읽어낼 수 있다. 나는 이것을 "생각의 결을 본다"라고 표현한다.

어떤 의미에서는 소셜미디어를 '생각의 깔때기'라고 말할 수도 있다. 온라인상에 존재하는 수많은 생각과 자료를 이 깔때기를 통해 모으고 걸러냄으로써 나만의 것으로 만들 수 있기 때문이다. 또한 소셜미디어는 '생각의 확성기'가 되기도 한다. 깔때기를 뒤집으면 확성기가 될 수 있듯이, 소셜미디어를 통해 나만의 생각을 확산시키고 다른 사람들에게 어필할 수 있다. 나의 생각을 사람들 사이사이에 흐르도록, 또는 스미도록 한다는 것은 매우 멋진 일이다.

나의 작은 생각이 국경을 넘어 미국으로도 가고 중국으로도 간다. 아프리카 오지에 있는 누군가의 생각이 나에게 오고, 호주에 있는 사람들의 생각도 나에게로 온다. 지구 곳곳의 모든 사람들이 거의 시간차 없이 한 사람을 향해 동시에 열광하기도 한다. 아주 간단한 터치만으로 생각이 사람들 사이사이를 흐르도록 할 수 있다는 것은 문명이 만든 기적 아니고 무엇이겠는가?

또한 우리는 다른 사람들의 동의를 이끌어낼 수도 있고 그 동의를 확인할 수도 있다. 어떤 방법으로? 바로 X의 '리트윗'이나 페이스북의 '좋아요', 유튜브의 '좋아요' 또는 구독, 인스타의 팔로워 수, 댓글 등을 통해서 가능하다. 나의 생각을 누군가 퍼 나른다는 것은 나의 생각에 동의하거나 나의 생각을 다른 사람과 나누고 싶다는 증거다. 또한 이것은 뒤집어 생각하면 나의 아이디어나 생각이 사람들 사이에서 흐른다는 증거다.

생각의 흐름을 만들어낸다는 것은 우리가 자신의 창조성을 극대화할 수 있는 시대에 살고 있음을 말해준다.

　TV, 신문, 라디오 등 기존의 미디어는 이와 같은 소셜미디어의 특성을 가지지 못했다. 우리가 알고 있는 미디어는 사실과 관찰자의 중간 지점에 존재해 있고, 미디어와 미디어를 접하는 사람들은 철저히 분리되어 있었다. 그러나 소셜미디어는 사람과 사람 사이에 존재하며, 그들 모두가 미디어의 생산자이자 미디어의 관찰자가 된다.

　TV, 신문, 라디오 등이 한쪽의 목소리만을 전하는 일방적 관계라면, 소셜미디어는 다양한 콘텐츠가 이용자들에 의해 만들어지고 공유되는 쌍방향적 관계다. '내가 연출한 나'를 다른 사람들에게 보여주고, '다른 사람'을 엿볼 수 있는 1인 미디어 시대가 열린 것이다. 우리는 과거와는 매우 다른 시대에 살고 있다.

　이쯤에서 우리는 가장 인간적인 것이 모든 사람들에게 통할 것이라는 결론을 내릴 수 있다. 그냥 보통 사람들 모두가 갖고 있는 보편적인 생각은 생각의 흐름이라는 거대한 물결에 파묻히고 만다. 파묻히지 않고 남들의 시선을 끌기 위해서는 독창성과 보편성을 동시에 지니고 있어야 한다. 남들 모두 당연하다고 생각하는 것을 부정하고, 의문과 호기심을 갖고 관찰한 끝에 얻어낸 독창적인 관점, 당연함을 부정한 뒤에 얻어낸 긍정적인 어떤 요소가 바로 사람들의 생각을 모여들게 한다.

　소셜미디어를 통해 사람들의 생각이 모여들도록 만들면, 그것이 바로 성공의 또 다른 모습이다. 그리고 이것은 당신이 어떤 환경 속에 처해 있을지라도 관점을 바꾸려고 노력하고, 실제로 관점을 바꾼다면 이루어낼 수 있는 것이다. 이래서 안 되고 저래서 안 된다는 것은 비겁한 변명일 뿐이다. 지금 당장이라도 노력해보라.

### 생각을 확장하는 한마디

> 소셜미디어의 본질은 결국 연결이고 소통이 아닐까. 혼잣말조차 SNS에 올리는 것이 우리 인간이다.

## 03
# 읽고 말하라.
# 그리고 지지를 얻어라

사람들은 흔히 소셜미디어는 내 이야기를 하는 공간이며, 내 생각을 다른 사람에게 어필하는 것이라고 생각한다. 그러나 소셜미디어는 말하기speaking의 도구가 아니라 읽기reading의 도구다. 다른 사람들의 생각을 읽는 도구인 것이다. 앞에서 나는 소셜미디어를 사람과 사람 사이의 공감을 위한 도구로 표현하였다. 사람들의 생각을 계속적으로 읽으면 우리는 사람들의 생각의 결을 느낄 수 있다. 흐름을 간파하게 되는 것이다. 그리고 우리는 그러한 생각의 결을 통해서 그들이 무엇을 원하는지, 무엇을 필요로 하는지 알게 된다.

  소셜미디어를 통해 사람들이 원하는 것과 필요로 하는 것을 알게 되면 절반은 성공한 것과 다름없다. 많은 사람들이 원하는 콘텐츠나 제품, 서비스를 제공해주면 사람들은 그것을 다운받고 사들이고 이용할 것이기 때문이다. 이것이 바로 소셜미디어를 통해서 성공하는 비법이다. 그래서 나는 내가 관점 디자인을 하려는 모든 콘텐츠나 서비스와 관련해 소셜미디어를 꼭 확인하고 검토한다. 물론 과거에도 커뮤니케이션은 있었고, 그 커뮤니케이션을 통해서 다른 사람들의 생각을 참고하고 반영할 수 있었다. 하지만 소셜미디어가 생기면서부터 커뮤니케이션의 판도는 완전히 바뀌었다고 할 수 있다.

### 의도와 방향을 초월한 다방향성 미디어

당신은 소셜미디어가 무엇이라고 생각하는가? 앞에서 소셜미디어에 관한 일반적인 정의를 '사람들이 자신의 생각과 의견, 경험, 관점 등을 서로 공유하고 참여하기 위해 사용하는 개방화된 온라인 툴의 총칭'이라고 소개했다. 말하자면 사람들은 페이스북이나 인스타그램, 유튜브처럼 생각과 의견을 나눌 수 있는 도구들을 소셜미디어라고 생각한다. 하지만 그것은 착각이다. 그것은 소셜미디어가 아니라 어디까지나 '도구'일 뿐이다. 정확하게 말하면 소셜미디어는 '사람과 사람 사이에서 왔다 갔다 하는 의견 또는 자료, 관점'이다. 즉, 소셜미디어는 사람과 사람 사이에 존재하는 모든 콘텐츠를 말하는 것이지, 그것을 전달하는 도구를 말하는 것이 아니다. 달을 보라고 손가락으로 달을 가리켰더니 달은 보지 않고 손가락 끝만 바라보는 것과 마찬가지다.

사람들이 원하는 것을 정확하게 알기 위해서는 사람들의 생각을 읽고, 읽고, 또 읽어야 한다. 읽으라는 말을 반복해서 표현한 이유가 무엇이라고 생각하는가? 자료 또는 관점을 이해하고 그와 관련된 콘텐츠를 제대로 알기 위해서는 많이 읽어야 하기 때문이다. 읽는 것의 중요성은 아무리 강조해도 지나치지 않다. 충분히 읽고 상대방의 생각을 이해한 후에 자신의 의견을 제시해야 한다.

많이 읽고 사람들의 생각을 파악한 다음에 의견이나 결론을 내려야 사람들의 공감을 얻을 수 있다. 그런데 사람들은 아홉 번을 듣거나 읽으면 아홉 번을 말하려고 하는 경향이 있다. 심지어 한 번 읽고 서너 번 말하는 사람도 있다. 명심하라. 많이 말한다고 많은 사람이 동감하는 것은 절대 아니다. 소셜미디어 자체를 토론의 장으로 생각하면 곤란하다.

먼저 많이 읽고 나서 마지막에 결론을 내려야 하는 이유는 뭘까? 소셜미디어는 읽는 작업을 통해 우리가 원하는 자료들을 수집하는 장소다. 우리는 이렇게 수집한 자료를 연결하고 조합하며, 연결되고 조합된 자료를 통해 올바른 결론을 이끌어낸다. 이런 과정을 반복하면서 변화하고 발전해나가는 것이다.

당신은 이러한 일련의 요소 사이에 무엇이 존재한다고 생각하는가? 바로 관점이다. 관점은 올바른 결론에 이르게 하고, 상황을 넓게 보게 하며, 미래의 무한한 가능성을 가늠할 수 있게 한다.

소셜미디어로 인해서 일방적이던 커뮤니케이션은 다방향성을 가지게 되었다. 다시 말하면 소셜미디어는 직선이 아니라 그물망 형태의 구조를 가지고 있다. 예전의 커뮤니케이션은 장단長短과 앞뒤가 있었다. 전달되는 의도와 방향이 분명했던 것이다. 그러나 소셜미디어는 그러한 것을 초월한 미디어다. 각각의 수많은 정보는 다양한 방향성을 갖게 되면서 가치를 측정할 수 없게 되었다. 똑같은 정보가 어떤 사람에게는 상상할 수 없는 큰 가치를 가지는가 하면, 다른 사람에게는 하찮은 한 줄의 메시지에 불과할 수도 있다.

## 동감은 공감이 되고, 공감은 결이 된다

그렇다면 읽는 미디어로서의 소셜미디어 안에서 "지지를 얻으라"는 말은 무슨 뜻일까? 그것은 동감을 얻어내라는 것이다. 동감들이 많이 모이면 그것은 공감이 된다. 공감은 하나의 흐름이며 생각의 결이다. 우리는 다른 사람들의 생각에 동감의 의사를 표현할 수 있다. 많은 사람들은 자신의 말에 동감하거나 공감하는 사람들에 대해 마음으로부터의 지지를 보낸다. 나도 그 사람을 지지하고 그 사람도 나를 지지하게 되는 것이다. 유튜브의 구독과 '좋아요'도 지속적인 공감의 표시이기도 하다.

우리가 이런 방법으로 많은 사람들의 동감을 얻어낼 수 있다면 나와 다르거나 정반대의 의견을 가진 사람들을 이길 수 있는 힘이 생긴다. 이것이 바로 소셜미디어의 힘이다. 사람들의 동감을 얻어내는 일은 개인이나 기업 차원에서 보면 대단히 중요한 문제. 사람들의 공감과 동감을 얻어내는 것은 기업의 발전과 직결된 문제이며, 소비자들을 그 기업의 편으로 만드는 일이기 때문이다. 소비자가 내 편이 된다? 그것은 그 기업의 제품에 날개를 달아주는 격이다. 개인이든 기업이든 지방자치단체 또는 정부든, 많은 사람들의 공감을 얻고 사람들을 내 편으로 만들어 폭넓은 지지를 받는다는 것은 그만큼의 힘을 의미한다. 그러니 읽어라. 읽어라. 그리고 또 읽어라. 많이 읽고 사람들 생각의 결을 파악한 후에 말하라. 그러면 사람들의 지지를 얻을 수 있다.

### 생각을 확장하는 한마디

한 가지, 많은 사람들의 동감을 얻어내는 것 자체가 소셜미디어의 목표가 되어서는 안 된다. 빠른 반응을 일으키는 자극적이고 말초적인 콘텐츠, 혹은 자신의 생각과 전혀 다른, 남들이 좋아할 만한 이야기만 올려서 얻은 '좋아요'는 아무 의미가 없다. 그것은 당신의 힘이 되지 못한다.

## 04
## 끄는 컴퓨터, 꺼지지 않도록 노력하는 컴퓨터

당신은 언제부터 컴퓨터를 사용해왔는가? 오늘날 가장 많이 쓰이고 집집마다 한 대쯤은 있는 전자기기가 바로 컴퓨터다. 우리는 컴퓨터를 사용해 매우 다양한 일을 처리한다. 개인적으로 게임이나 채팅에 컴퓨터를 이용하기도 하고, 기업이나 정부 조직 등에서도 대부분의 업무가 컴퓨터를 통해 진행된다. 좀 더 넓게는 달에 우주선을 보내거나 건물을 짓고 다리를 놓는 등 과학과 산업 분야에서도 매우 유용하게 쓰인다. 하지만 이 컴퓨터에도 한계가 있었다. 그 크기로 인해 개인이 들고 다니며 사용하기에는 용이하지 않았고, 그러한 필요에 발맞추어 노트북이 등장했다.

하지만 당신은 아는가? 컴퓨터는 업무 시간이 끝나면 잠을 자게 되어 있다는 것을. 즉, 오프 상태인 것이다. 일정 시간이 지나거나 컴퓨터를 이용해 진행 중이던 작업이 끝나면 우리는 너무나 당연하게 컴퓨터를 끈다. 오래 켜두면 과열되고 전력 낭비가 되고 컴퓨터 수명도 줄어들뿐더러 내 작업 내용을 다른 사람이 훔쳐볼 수도 있다. 이렇게 우리는 다양한 이유로 컴퓨터를 끈다.

### 절대로 꺼져서는 안 되는 컴퓨터

이제 잠깐 다른 각도로 눈을 돌려보자. 그런데 우리의 컴퓨터 중에 절대

꺼지지 않도록 항상 두는 것이 있다. 무슨 소리냐고? 꺼질까 염려되어 남은 배터리 용량을 확인하고, 여행 갈 때면 충전기를 가지고 가고, 혹시나 싶어 여분의 배터리까지 챙겨다니는 컴퓨터, 바로 스마트폰이다.

우리가 들고 다니는 스마트폰은 끄기 위한 컴퓨터가 아니다. 통화가 끝나거나 게임이 끝났다고 전원을 끄거나 인터넷 서핑이나 사진 편집이 끝났다고 전원을 꺼버리는 사람은 없다. 언제나 꺼지지 않도록 설정되어 있는 컴퓨터인 셈이다. 그리고 이 컴퓨터는 늘 우리 곁에 있으면서 실시간으로 다른 사람들과의 커뮤니케이션에 관여한다. 이것이 바로 스마트폰의 본질 가운데 하나다. 커뮤니케이션을 위한 컴퓨터이기에 절대로 꺼져서는 안 되는 것이다. 실시간으로 의견과 자료를 바로바로 보낼 수 있도록 설계된 것이 바로 스마트폰이다.

일반적인 컴퓨터 시스템에서는 종료 버튼을 누르거나 전원 공급을 끊으면 '일을 중단하겠다'는 의미가 된다. 반면 스마트폰의 전원을 끈다면 그것은 '다른 사람들과의 커뮤니케이션을 중단하겠다'는 의미가 된다. 스마트폰의 본질은 바로 커뮤니케이션에 있기 때문이다. 이것이 전원을 끄는 컴퓨터와 전원을 끄지 않는 컴퓨터 스마트폰의 본질적 차이다.

끄는 컴퓨터와 끄지 않는 컴퓨터에 대해 말하는 이유는 우리가 이런 본질적인 차이를 알고 있으면서도 눈치채지 못하기 때문이다. 한쪽은 끄고 한쪽은 꺼질까 애태우면서도 정작 '왜?'라는 질문은 하지 않는다. PC와 스마트폰의 차이를 50개 정도 찾아서 나열해보라. 이것이 바로 관찰이다. 그리고 이러한 관찰은 좀 더 다양한 관점을 갖도록 해준다.

공통점과 차이점을 나누어 관점의 깊이를 다양하게 갖는 것, 이것이 바로 분석이다. 책을 통해 배우든, 경험을 통해 배우든, 그 밖의 다른 방법을 통해 배우든 우리는 각자 다른 관점을 배우는 방법을 터득해야 한다. 소크라테스의 글을 읽는 목적은 단지 소크라테스의 글을 읽고 그의 사상을 외우기 위함이 아니다. 우리가 원하는 것은 그가 가진 삶의 관점을 배우는 것이다.

## 다양성의 문과 가능성의 문

모든 것이 그렇다. 당신은 지금 박용후의 글을 읽고 있다. 단지 글자를 읽고 있다고 생각하는가? 그렇지 않다. 당신은 나의 관점을 들여다보고 그 가능성의 깊이를 가늠해보고 있는 것이다. 우리가 집중해야 할 가장 중요한 것은 바로 관점이다.

인생이라는 경쟁에서는 많은 관점을 가진 사람이 승리한다. 많은 관점을 가지고 있다는 것은 많은 '다양성'의 문과 '가능성'의 문을 열어놓는다는 의미다. 많은 관점을 가진 사람은 많은 것을 볼 수 있고, 많은 것을 들을 수 있고, 많은 것을 깨달을 수 있다. 그런 사람이 성공하는 것이 당연하지 않은가? 내가 관점의 중요성을 거듭거듭 강조하는 이유가 바로 여기에 있다.

우리는 지금 예전의 우리가 가지고 있던 관점과 매우 다른 생활을 하고 있다. 생각해보라. 스마트폰을 가진 당신은 궁금한 것이 있을 때 스마트폰의 검색창을 먼저 여는가, 아니면 데스크톱이나 노트북의 전원을 켜는가? 아마도 언제 어디에서나 검색이 가능한 스마트폰을 먼저 이용할 것이다. 끄는 컴퓨터에서 꺼지지 않도록 하는 컴퓨터로의 관점의 이동이 바로 현재의 우리 삶을 만들었다.

관점을 이동하는 것은 우리가 이해하는 방식에 많은 변화를 가져온다.

나아가 생활의 변화를 가져온다. 오피스리스워커 박용후, 여러 기업에서 월급을 받는 박용후, 발길 닿는 곳 모두가 사무실이며 일터인 박용후, 이런 현재의 박용후를 만든 것은 바로 관점의 이동이다. 스마트폰으로 관점을 돌리고 거기에서 가능성을 타진하자 이전과는 다른 박용후가 새롭게 탄생한 것이다.

현실적으로 생각할 때, 여러 기업에서 요구하는 것을 모두 충족시키고 각 기업의 대표들과 커뮤니케이션을 나누며 하루에도 수백 명의 사람들과 교감한다는 것은 어쩌면 불가능하게 보인다. 실제로 많은 사람들이 나에게 "한 사람이 그 많은 기업의 일을 하는 것이 가능한가요?"라고 묻는다. 하지만 '일은 사무실에서 해야 한다', '문서는 직접 전해줘야 한다', '회의는 기업체의 회의실에서만 가능하다', '서류 작성은 책상에 앉아 데스크톱이나 노트북으로 해야 한다' 등등 우리가 당연하다고 생각하는 근무 환경에서 스마트폰 환경으로 관점을 돌려보라. 모든 것이 가능해진다. 차 안에서나 커피숍, 심지어 밥을 먹으러 식당에 갔을 때에도 업무를 할 수 있다. 기업에서 당신은 일을 하기 위해 컴퓨터를 많이 사용하는가? 나도 그렇다. 꺼지지 않도록 하는 컴퓨터, 이동식 컴퓨터를 사용해 그와 같이 많은 일을 하는 것이다.

시대적 발상의 전환은 나와 같은 사람을 만들었다. 어쩌면 이것은 관점 전환의 시대가 만들어낸 하나의 현상일지도 모른다. 나 같은 부류, 오피스리스워커 또는 디지털 노마드형 인간이 점차 늘어날 것이라는 이야기다. 꺼지지 않는 컴퓨터의 시대는 앞으로도 더 많은 결과물을 만들어낼 것이다. 그리고 사회를 더욱 더 비약적으로 발전시킬 것이다.

이 모든 것이 관점의 전환으로 인해 생겼다. 우리가 어떤 관점을 가지느냐에 따라 각 개인의 삶은 충분히 바뀔 수 있다. TV 출연을 계기로 열 개가 넘는 기업의 일을 하고 월급을 받는 관점 디자이너라는 사실이 널리 알려지자, 나는 초능력자 또는 슈퍼맨이라는 칭호를 들었다. 다른 사람에 비해 호기심이 더 많은 사람, 다른 사람에 비해 헤치고 끄집어내는 분석력이 조금 더 나은 사람일 뿐인데 말이다.

관점이 전이된 시대, 관점의 이동이 존재하는 시대, 바로 이러한 시대가 이 모든 일을 가능하게 했다. 사업에 실패하고 어머니에게 용돈을 받아 쓰던 박용후를 다시 일으켜 세워, 많은 사람들에게 꿈을 주고 많은 기업에서 월급을 받도록 만든 것이다.

그러므로 우리는 우리의 삶에 on과 off 버튼이 있어야 한다고 생각할 필요가 없다. 문은 항상 열려 있다. 꺼지지 않게 하는 컴퓨터처럼 항상 우리의 관점을 설계하고 유연성을 가지며 창조적인 발상으로의 문을 열어둘 수 있다면, 우리의 삶은 분명히 바뀔 것이다. 나는 그것을 확신한다.

### 생각을 확장하는 한마디

> 24시간 꺼지지 않는 스마트폰으로 인해 우리는 시간과 공간의 모든 제약을 넘어서게 되었다. 그런데도 제약이 있던 시대와 같은 방식으로 계속 일할 필요가 있을까?

## 05
# 나만의 '산타클로스'를 만들어라

도저히 넘길 수 없을 것 같은 위기 한가운데 홀로 있을 때 당신은 어떻게 하는가? 이때야말로 관점의 전환이 필요한 순간이다. 자신과 위기를 둘러싼 모든 상황을 다른 각도에서 재정립하고 자신만의 산타클로스를 만들어내야 한다. 관점을 바꾸어 다시 생각해보는 것, 자신만의 산타클로스를 만들어내는 것, 이것이야말로 위기를 극복하는 힘이며 현실의 한계를 돌파하는 능력이다.

자신만의 산타클로스를 만들라는 것은 일반적인 상황에서 뜻하지 않은 선물을 만나는 것과는 다른 개념이다. 위기의 순간, 바로 그 위기가 또 다른 기회가 되도록 하는 관점의 전환을 만들어내라는 것이다. 관점을 전환하면 보이지 않던 가치가 보이게 되고, 극복하는 힘이 생긴다. 성공한 사람들은 말한다.

"절대로 안 된다고 말하지 마라!"

정주영 현대그룹 회장이 생전 측근들에게 가장 많이 한 말 가운데 하나가 "된다고 해도 될까 말까 한 일을 안 된다고 하면 무조건 안 되는 거지", "해봤어? 해보기는 했어?"라고 한다. '미리 포기하지 말라'는 뜻이다. 위기의 순간 번뜩이듯 내 앞에 나타나는 것이 바로 기회의 문일 수 있다.

나만의 산타클로스를 만들어내는 것, 이것은 위기를 극복하는 강력한 힘이다.

    관점을 뒤집으면 실망하고 포기할 상황이 어떻게 변화할 수 있는지를 보여주는 아주 좋은 예를 하나 들어보자. 일본에서는 입시철이면 합격을 기원하는 의미에서 수험생에게 '합격 사과'를 선물한다. 이 '합격 사과'가 어디에서 유래되었는지 아는가? 바로 일본의 사과 주산지인 아오모리현이다. 아오모리현의 합격 사과는 위기 상황을 기회로 바꾼다는 것이 무엇인지, 자기만의 산타클로스를 만든다는 것이 무엇인지 잘 보여준다.

    1991년 9월, 사과 수확을 앞둔 아오모리현에 최대 풍속 53.9㎧의 태풍이 불어 닥쳐 전체 사과의 90% 정도가 땅에 떨어져버리고 말았다. 많은 사람들이 땅에 떨어져 팔 수 없는 사과를 보며 망연자실해 있을 때, 한 청년이 모진 태풍을 이겨내고 매달려 있는 사과를 보고 아이디어를 냈다. 그는 '거센 비바람과 태풍에도 떨어지지 않는 행운의 사과'로 자신들의 사과에 대한 관점을 바꾸었다. 마침 대학 입시철이 다가오고 있었다. 그는 '합격 사과'라는 이름을 붙여 평상시의 10배 가격으로 사과를 팔기 시작했다. 강풍에도 떨어지지 않고 매달려 있던 사과들은 10배의 가치를 인정받아 사람들에게 순식간에 팔려나갔다. 관점을 바꿈으로써 사과 농사에 실패하고도 예년보다 높은 수익을 창출할 수 있었던 것이다.

비슷한 예로 미국의 '우박 사과'도 있다. 미국 뉴멕시코주 고산지대에서 사과를 재배하던 농장에 우박이 내렸다. 수확을 앞두고 미리 판매 계약을 마친 사과들이 우박 피해를 입어 상처투성이가 되어버린 것이다. 주변 농가들도 모두 마찬가지였다. 모두들 넋을 잃고 힘들어할 때, 영거라는 농부가 상처 입은 사과를 서둘러 구매자들에게 보내면서 편지 한 장을 같이 보냈다.

"우박이 내려서 사과가 뜻밖의 부상을 입었습니다. 이 사과의 상처는 고산지대에서 자란 특산품이란 증거입니다. 고산지대에서는 가끔 기온이 급격히 떨어지는데, 그 때문에 사과 속이 조여져 맛있는 과당이 만들어집니다. 흠은 좀 있지만 맛은 더 좋아지는 것이지요. 그럼에도 만약 맛이 없으면 전액 환불해드리겠습니다."

편지와 함께 상처는 있지만 맛있는 사과를 받은 고객들은 한 명도 환불 요구를 하지 않았다. 이것이 바로 자신만의 산타클로스를 만드는 발상의 전환이다. 남들이 당연하다고 생각하는 지점에서 관점을 조금만 바꾸어도 전혀 다른 국면을 새롭게 맞이할 수 있다. 태풍이나 우박으로 폐허가 된 사과 농장에서 관점의 전환만으로 똑같은 이윤을 창출하는 일, 그것이야말로 산타클로스가 준 선물이자 관점의 전환이 가진 놀라운 힘이다.

## 산타클로스, 위기 상황을 극복하는 힘

사실 산타클로스는 존재하지 않는 상상의 존재다. 그러나 상상의 존재인 산타클로스를 결코 가볍게 보아서는 안 된다. 관점을 바꾸면 극복하는 힘이 생긴다. 그리고 보이지 않던 것이 보이게 된다. 자신만의 산타클로스를 만들면 사람들이 당연하다고 생각하는 것보다 훨씬 뛰어난 결과를 언제든지 만들어낼 수 있다.

미래를 위한 관점의 전환을 시도하는 것은 보이지 않던 가치를 만들어내는 일이다. 관점을 바꾸면 존재하지 않던 가치를 끌어낼 수 있고, 그 가치는 물질화될 수 있다. 우리는 스스로가 그 가능성을 믿어야 한다.

우리의 삶도 마찬가지다. 위기에서 탈출할 수 있게 해주는, 아니, 위기를 기회로 바꾸어주는 산타클로스는 분명히 존재한다. 위기 상황이 닥쳤을 때 안 된다고 포기하지 말고 관점을 전환시켜 돌파해나가고자 한다면 방법은 생기게 마련이다. 내가 말한 산타클로스는 위기 상황을 극복하는 힘이라고 정의할 수 있다. 그렇다면 위기를 기회로 바꾸어줄 산타클로스는 과연 어디에 있을까? 다른 사람들이 모두 안 된다고 이야기할 때, 잠깐 멈추어 안 된다는 상황 모두를 뒤집어 생각해보라. 바로 이 관점의 반전을 통해 산타클로스를 찾을 수 있을 것이다.

---

### 생각을 확장하는 한마디

길을 잃었을 때 당신은 그것을 '경로 이탈'로 받아들일 것인가, '모험'으로 받아들일 것인가?

## 06 군중 속의 깃발, 슬로건

 소득 상위 20%에 속하는 사람들이 전체 소득의 80%를 차지한다는 '파레토 법칙', 평균임금 204만 원의 846만 비정규직 근로자들, 창업 5년 만에 66.2%가 실패한다는 자영업, 학업 스트레스 또는 학교 폭력으로 인한 학생들의 자살, 하우스푸어, 에듀푸어……. 이런 단어들을 보면 무슨 생각이 떠오르는가? 현대사회에서 살아가는 것이 얼마나 힘든지 실감할 것이다. 현대사회는 전쟁터나 다름없다. 저마다 살아남기 위해 매일 처절한 싸움을 하고 있다.

 매일매일 학교에서 경쟁, 직장에서 경쟁, 경쟁업체들과의 경쟁할 때 당신을 이끌어주고 나아갈 방향을 제시해주는 것은 무엇인가? 전쟁터에서 군사들의 사기를 북돋고 그들이 충성해야 할 대상을 알려주는 이정표는 다름 아닌 깃발이다. 우뚝 솟은 깃발을 보며 군사들은 자신이 속한 군대가 멋진 이상과 신념을 가진 집단임을 이해하게 된다. 깃발을 보며 군사들은 힘을 얻고, 적진을 향해 달려 나간다. 전쟁터나 다름없는 현대사회의 경쟁에서도 살아남기 위해 깃발이 필요하다. 즉, 슬로건이 필요하다. 그렇다면 당신이 리더일 경우, 자신이 속해 있는 구성원들에게 어떠한 방법으로 슬로건을 제시할 것인가?

 나폴레옹이나 히틀러 또는 군국주의 같은 방식으로 특정 가치관을 강

비슷한 생각을 가진 사람들이 모여 공동체를 이루고,
이 공동체가 커지면 특정 목적을 위해 움직일 수 있다.

요할 수 없는 현재, 개인의 자유가 그 무엇보다 앞선 가치인 오늘날, 특정 공동체나 커뮤니티와 기업 구성원들에게 깃발의 역할을 해줄 슬로건을 어떻게 부여할 수 있을까?

　다른 사람들이 동의할 수 있는 의견과 생각을 내놓을 수 있다면 가능하다. 고개를 끄덕일 만한 생각이라면 사람들은 동감한다. 물론 특정한 생각에 '모든' 사람들이 동감하는 것은 불가능하다. 사람들은 모두 서로 다른 관점과 다른 입장, 다른 생각을 가지고 있기 때문이다. 그래서 다른 사람들이 '동의할 수 있는 방법'으로 의견을 제시하고, 자신의 생각에 다른 사람의 '동의를 이끌어낼 수 있는 실마리'를 만들어야 한다. 동의할 만한 의견과 동의 방법, 동의할 만한 계기를 만들어주면 다수의 동감을 얻어낼 수 있다.

## 슬로건, 대중의 마음을 뒤흔들 깃발

동감은 모이면 공감이 된다. 동감하는 사람들이 공유할 수 있는 감정과 정서가 생긴다. 그리고 이 시점이 되면 공감은 하나의 슬로건이 된다. 압제적이고 군국적인 방법이 아니더라도 우리는 얼마든지 사람들의 마음속에 깃발을 심어놓을 수 있다. 슬로건을 제시할 수 있다. 그리고 리더로서 그들을 이끌 수도 있다. 군중을 이끄는 것은 쉽지 않을뿐더러 많은 용기가 필요한 일이다. 그러나 그들의 마음속에 깃발을 꽂을 수 있다면 당신은 리더로서 반드시 성공할 수 있다.

하지만 다수의 동의나 동감을 구하는 것이 매우 힘든 일이라는 사실은 인정하지 않을 수 없다. 그래도 실망할 필요는 없다. 관점을 전환하여 달리 생각한다면 우리의 삶은 얼마든지 재미있게 펼쳐질 수 있다. 가장 좋은 방법은 자신의 생각에 동의할 만한 사람을 많이 만드는 것이다. 그렇게 되면 나 자신은 매우 강력한 파워를 지니게 된다.

특정한 생각에 동의하는 사람들이 모이면 동아리가 된다. 같은 관심사, 비슷한 생각을 가진 사람들이 모인 동아리도 일종의 공동체다. 이 공동체가 커지면 특정 목적을 위해서 움직일 수 있다. 때때로 우리는 특정한 공동체를 이끌어나가면서 행운을 만나기도 한다. 그 행운이란 다른 것이 아니다. 한두 명의 빅마우스나 다혈질이 그 구성원 중에 속해 있는 것이다. 그렇게 되면, 공감대는 급속도로 확산된다. 별도의 큰 힘을 들이지 않고도 우리의 생각을 그들에게 어필하여 특정 목적을 이루는 일에서 더 효과적인 성과를 만들어낼 수 있다.

슬로건이 단지 기업이나 집단에만 필요한 것이 아니다. 각개전투를 벌이는 우리 자신에게도 지향점을 알려주고 힘을 실어주는 각자의 깃발이 필요하다. 우리 모두가 삶의 지표가 될 수 있는 슬로건을 가지고 있어야 한다.

> **생각을 확장하는 한마디**
>
> 자고로 깃발을 든 기수는 '가장 용맹하고 죽음을 두려워하지 않는 자'에게 주어지는 역할이었다. 전쟁터에서 깃발은 전력의 중심이자 상징이었기 때문이다. 오늘날에도 마찬가지다. 같은 뜻 아래, 같은 목표 아래 모인 공동체를 하나로 묶어줄 깃발이 필요하다.

## 07
# 인지상정과 기상천외,
# '당연'과 '기발' 사이

인지상정人之常情과 기상천외奇想天外라는 말은 연관성이 깊은 단어다. 물론 언뜻 보면 연관성이 깊기는커녕 반대되는 말처럼 보일 것이다. 인지상정은 '사람이면 누구나 가질 수 있는 보통의 마음이나 감정'이고, 기상천외는 '생각이나 착상이 보통 사람은 쉽게 상상할 수 없을 정도로 엉뚱하고 기발함'이라는 뜻을 가지고 있으니 반대말처럼 보이는 것도 무리가 아니다.

그런데 나는 왜 이 두 단어의 연관성이 깊다고 한 것일까? 곰곰이 생각해보자. 인지상정은 '사람들이 그럴 수 있다고 생각하는 관념, 사고'와 연관 있고 기상천외는 '사람들이 그럴 수도 있구나'라고 생각하는 기발한 생각'과 관련이 있다. 사람들이 "에이, 그건 말도 안 되지!"라고 말하는 것은 기상천외한 것이 아니라 허무맹랑한 것이다. 말하자면 기상천외는 사람들의 관념 가운데 자리하는 인지상정을 독특하고 창의적인 방법으로 풀어낸 것이다. 인지상정의 또 다른 관점인 셈이다. 인지상정이라는 단어와 기상천외라는 단어는 서로 반대되는 개념이 아니다.

인지상정의 흐름 안에서 관점의 전환을 통해 생성될 수 있는 것이 바로 기상천외인 것이다. 쉽게 이야기하면 이렇다. 기상천외라는 것은 사람들의 마음과 정신 속에 있는 인지상정적인 요소들을 다른 관점으로 해석해낸 것이다. 사람들은 그러한 생각에 대해서 "와, 어떻게 저런 생각을 했지?"라고 말하면서 동시에 고개를 끄덕인다. 이것이 바로 기상천외인 것이다. 인지상정에 대해서도 사람들은 고개를 끄덕이지만, 기상천외할 경우 "맞아, 맞아!" 하면서 감탄과 함께 고개를 끄덕이게 마련이다. 두 단어는 매우 밀접한 관계가 있을 뿐 아니라 서로 통하는 단어인 것이다.

## '당연한 것'에서 탄생하는 '기발한 것'

여기에서 반드시 짚고 넘어가야 할 것은 우리는 누구나 기상천외한 생각을 해낼 수 있다는 것이다. 바로 관점의 전환을 통해 가능하다. 과거에 당연하다고 생각했던 것들에 대해 우리의 관점을 조금만 달리한다면, 우리는 얼마든지 기상천외한 생각을 할 수 있다. 그리고 그 생각을 통해 더 발전적이고 윤택하게 살 수 있다. 독특하고 기상천외한 생각은 허무맹랑한 것에서 나오는 것이 아니다. 당연한 것, 사람들이 쉽게 이해할 수 있는 것, 그리고 누구나 고개를 끄덕일 수 있는 지극히 상식적인 것에서 시작되는 것이다.

다시 말하지만 '기상천외한 생각'이라는 것은 당연함 속에 존재하는 그 무언가를 다른 관점으로 재해석해놓은 것이다. 그것은 결코 특별한 사람만의 전유물이 아니다. 당신과 나도 기상천외한 생각의 창조자가 될 수 있고, 동시에 특별한 세상을 만들어가는 데 일조하는 사람이 될 수 있다.

기상천외한 창조성은 '당연한 것'에서 비롯된다. 기발하다는 것은 인지상정을 바닥에 깔고 가는 당연함을 소스로 한다. 이 점은 상품이나 서비스를 히트시키기 위해 노력하는 기업에도 많은 단서를 준다. 많은 사람들은 경쟁에서 이기거나 시장점유율을 높이기 위해 '남들이 하지 못한 생각'을 해야 한다고 생각한다. 물론 그 생각이 틀린 건 아니다. 그러나 기상천외한 생각은 인지상정에서부터 시작된다. 허무맹랑한 기발함으로는 절대로 우위를 선점할 수 없다. 사람들이 고개를 끄덕일 수 있는 기발함만이 높은 시장점유율을 달성할 수 있고, 사람들로부터 공감을 얻을 수 있다는 점을 기억하기 바란다.

몇 년 전 소셜미디어를 중심으로 '크로플'이라는 디저트가 큰 인기를 끌었다. 크루아상과 와플이 합쳐진 이름 그대로 크루아상 생지를 와플 기계에 넣고 구운 것으로, 크루아상 특유의 페이스트리 식감과 와플의 바삭하고 고소한 맛을 동시에 느낄 수 있다. 오븐에 구워먹는 크루아상 생지를 와플 기계에 굽는다는 발상의 전환이 '아는 맛'이면서도 '모르는 맛'을 만들어낸 것이다.

만약 당신이 어떤 사업을 시작하거나 가게를 열고자 할 때, 또는 현재 하는 일에 더해 또 다른 상품이나 서비스를 계획할 때는 스스로에게 묻기 바란다. "과연 새로 시작하는 이 일에 사람들의 동의를 얻을 수 있는 기발함이 묻어 있는가?" 달리 표현하면 사람들이 "어떻게 저런 생각을 했지?"라고 할 만한 의외성을 가지고 있으면서, 고개를 끄덕일 수밖에 없는 요소들을 반드시 가지고 있어야 한다는 것이다. '나는 왜 저런 아이디어를 못 냈지?'라는 생각 속에 '나도 그런 발상의 전환을 할 수 있었다'는 동의가 포함되어 있어야 한다. 소규모의 개인 사업이든 큰 기업체든 자영업이든 바로 이런 요소들이 있어야만 성공할 수 있다.

관점의 전환은 이처럼 중요하다. 기상천외와 인지상정은 그 흐름이 본질적으로 같다. 기상천외는 '인지상정을 보는 다른 관점'이다. 인지상정

조롱을 딛고 랜드마크가 된 체코 프라하의 춤추는 집 Dancing House.
기상천외함은 시간이 흐른 뒤에야 그 진면목이 드러나기도 한다.

을 생각의 틀 밖에서 보는 관점이 바로 기상천외다. 기상천외한 생각은 기존의 생각을 부정하는 생각이 아니다. 그것은 끌어안는 생각이며 기존의 생각을 포용할 수 있는 생각이다. 한마디로 기상천외는 인지상정의 확장판이라고 말할 수 있다. 사람들이 동의하게 만드는 의외성, 이것이 바로 기상천외다.

그러므로 이것은 특별한 사람의 전유물이 아니라 우리 모두가 가질 수 있는 재능이다. 물론 기상천외한 것 중에는 지금 당장 사람들에게 공감을 얻어 히트 상품이 될 것도 있고, 지금 당장은 아니지만 훗날 크게 사람들의 동의를 얻을 것도 있을 것이다. 당신에게 미래의 성공을 가져다주는 것은 사람들이 당연하다고 생각하는 것을 비틀어서 만들어낸 기상천외한 생각이다. 이기는 게임을 하고 싶다면, 예외성을 추구하되 '이해되는 예외성'을 추구하라.

### 생각을 확장하는 한마디

똑같은 재료의 다른 모양, 똑같은 모양의 다른 맛. 친숙함에 약간의 특별함을 더하는 것이야말로 차별화의 첫걸음이 될 수 있다.

## 08
# snap judgement, 작은 기발함

'snap judgment'는 '성급한 판단'이라는 뜻도 있지만, '순간적인 판단'이라는 의미로 많이 사용된다. 적응하기 힘들 정도로 세상이 급변하고 불확실성이 높아지면서 '순간적인 판단'의 중요성은 점차 커지고 있다. 《아웃라이어》의 저자이기도 한 말콤 글래드웰은 자신의 저서 《블링크》에서 "첫 2초간의 판단이 모든 것을 좌우한다"라는 말로 snap judgement의 중요성을 역설했다. 과거 오랫동안 유지되어오던 프레임과 패러다임 자체가 변하는 시대에 오래 분석하고 신중하게 결정을 내려도 어차피 미래를 정확히 예측하는 것은 어렵다. 그래서 많은 사람들이 snap judgement의 중요성에 공감하는 듯하다.

나도 snap judgement를 '순간적인 판단'이라는 의미로 사용하지만, 내가 말하는 순간적인 판단이란 기발한 생각이 떠올랐거나 다른 사람의 기발한 생각에 순간적으로 동의할 때 손가락을 튕기며 "맞아!"라고 외치는 그런 '작은 기발함'을 말한다. 순간적으로 떠오르는 기발한 생각, 아주 작은 차이가 매우 큰 차이를 만들어낼 수 있기 때문이다.

## 역사는 '생각의 불씨'에서 시작된다

최초의 주전자에는 물이 끓을 때 김이 나오는 작은 구멍이 없었다는 사실을 아는가? 뚜껑 위에 달린 작은 구멍은 snap judgement, 즉 작은 기발함이었다. 이 작은 기발함은 주전자의 물이 끓는 동안 높아진 압력 때문에 생기는 위험으로부터 사람들을 자유롭게 해주었고, 물이 끓고 있다는 사실을 시각적으로 알아챌 수 있게 해주었다.

시간이 흘러 구멍에서 김이 나오는 것이 너무 당연한 일이 되자 사람들은 쳐다보지 않고도 물이 끓는 것을 알 수 있는 방법을 원했다. 그래서 등장한 것이 바로 물이 끓는 순간 소리가 나는 주전자였다. 하모니카 떨림 판을 주전자 뚜껑의 김이 나오는 구멍에 설치해 물이 끓는 순간 하모니카 소리가 들리도록 한 것이다.

주전자의 뚜껑에 작은 구멍을 설치한 것은 분명히 '작은 기발함'이었다. 그리고 그 작은 기발함이 인류의 발전과 더불어 편리함을 가져왔다. 구멍에 설치된 떨림판 역시 작은 기발함을 통해 더 편리하게 만든 것이었다. 하지만 그것도 익숙하고 당연해지자 사람들은 더욱 편리한 것을 원하게 되었다. 또 다른 작은 기발함이 필요한 시점이었다. 그래서 발명된 것이 전기 포트다. 이 포트의 특징은 전기의 안전성에 편리함이 더해졌다는 것이다. 물이 끓기 시작해서 적정한 온도가 되면 전원이 자동으로 차단되어 뜨거운 물을 언제든지 편리하게 사용할 수 있게 되었다.

하지만 사람들의 작은 기발함은 여기에서 멈추지 않았다. 전기 포트는 포트 자체에 전원 선이 길게 달려 있어 이동할 때 걸리적거렸다. 난로나 레인지 위에서 물을 끓일 때는 선이 필요 없었는데, 전기로 물을 끓이게 되면서 이러한 단점이 생긴 것이었다. 작은 기발함의 역사는 이 부분에서도 번득였다. 무선 전기 포트가 발명되었다.

이런 점진적인 변화는 매우 작은 기발함에서부터 시작되었다. 최초의

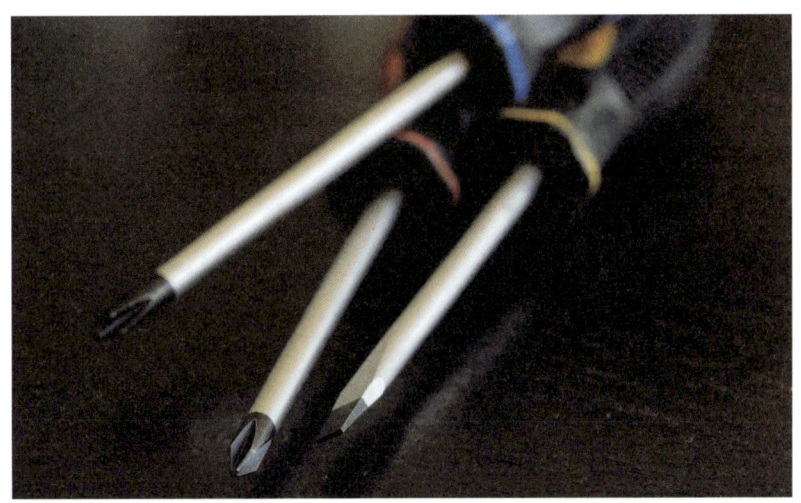

지금은 당연하게 쓰고 있는 십자드라이버도 누군가의 '작은 기발함'으로 탄생한 발명품이었다.

주전자에서 현재의 무선 전기 포트에 이르는 발전의 모습을 보면, 모양이나 성능이 상당히 다르다는 사실을 알 수 있다. 이 모든 것을 점진적으로 변화하고 발전하도록 만든 것이 바로 '창조적인 관점'에서 비롯된 작은 기발함이다.

어느 집에나 있는 십자나사못과 십자드라이버 역시 전파상에서 라디오 수리를 하던 헨리 필립스라는 소년의 기발한 생각이 가져온 발명품이다. 십자나사못과 십자드라이버가 발명되기 전, 나사못은 일자 형태였다. 일자나사못은 몇 번 수리하다 보면 홈이 뭉개져 나사못을 빼고 박기가 힘들었다. 어느 날 망가진 일자나사못을 뽑기 위해 가로로 새로운 홈을 파서 수리하던 필립은 기발한 아이디어가 떠올라 손뼉을 쳤다. 나사못과 드라이버를 모두 십자 홈으로 고쳤더니, 나사못 머리도 잘 뭉개지지 않을뿐더러 나사못을 빼고 박는 데 걸리는 시간도 훨씬 짧았다. 가난한 필립은 먼 친척의 도움을 얻어 자신의 발명품으로 특허출원을 했고, 엄청난 로열티를 받게 되었다. 이후 1933년 공장을 확장하여 자신의 이름을 딴 필립스 스크루 컴퍼니 Phillips Screw Company를 설립하여 대기업으로 키웠다.

여기서 우리는 작은 기발함은 역사를 만들고 인류의 문명을 만든다는 사실을 알 수 있다. 오늘날에도 '작은 기발함'은 개인이 발전하는 데 큰 기여를 할 수 있다. 더 나아가 기업의 발전이나 국가의 발전에도 큰 역할을 할 수 있다. 그러므로 우리는 내면에서 떠오르는 작은 아이디어나 작은 생각의 불씨를 결코 가벼이 보지 않아야 한다. 역사는 바로 그러한 것에서부터 시작되기 때문이다.

### 생각을 확장하는 한마디

작은 기발함은 대부분 기존 제품의 불편함을 해결하기 위한 방안을 탐구하는 과정에서 출발했다. 즉, 문제를 찾는 것에서 시작한다. 이는 곧 대상을 깊이 관찰하고 본질을 파악하고 다른 관점에서 바라봐야 한다는 뜻이다.

## 09
# 보여줄 이미지부터 결정하라

 어떠한 분야에서든 어느 정도 유명세를 타게 되면 자신의 의지와 상관없이 외부에서 '보이는' 현상이 있다. 자신의 의지, 자신이 설정해놓은 상황, 내가 보여주고 싶은 것이 아니라 언론이 보고 싶은 대로 흐름이 형성되는 경우가 생기는 것이다. 그런 식으로 여론이 형성되면 주도적인 마케팅이 아니라 끌려가는 듯한 마케팅이 되는 것을 어렵지 않게 볼 수 있었다.

 예를 들어 개인이나 단체가 자신의 의지와는 상관없이 갑자기 유명해지는 경우를 생각해보자. 그렇게 되면 기자들이 몰려들어 인터뷰를 하곤 하는데, 이때 기자들의 무작위 질문에 의해서 만들어진 답변이 기사화되는 경우가 종종 있다. 그러면 그 기사는 누구의 관점으로 만들어진 기사일까? 바로 '기자'가 독자에게 보여주고 싶은 관점이다. 자신의 의지, 객관적인 사실, 의도와는 상관없이 기자들이 만든 흐름에 따라 끌려가는 경우가 많다. 결국 원하지 않는 결과가 주요 미디어를 통해서 발표될 수 있다. 그러다 보면 진실은 누더기가 되고 유명세를 치른 사람은 색안경을 끼고 자신을 바라보는 사람들로 인해 당황할 수밖에 없다.

 스스로가 이야기를 주도해나가기 시작하면 자신이 보여주고 싶은 대로 세상에 자신의 모습을 보여줄 수 있다. 새로운 영화가 발표되거나 신제품이 출시될 때면 영화사나 기업에서는 기자회견을 열곤 한다. 예를 들면 그러한 형태의 '이끌어가는' 이벤트를 만들라는 것이다. 무작위로 몰려든 기자들의 질문에 휩쓸려 어떤 대답을 하면, 그것은 대답한 사람의 의도와는 다르게 대중에게 전달된다. 그러면 이끌어가는 것이 아니라 질질 끌려다니는 마케팅이 되고 만다. 개인이라면 대중에게 왜곡된 이미지를 심어주게 된다. 공인일 경우 진실과 다르게 왜곡된 이미지가 치명적인 피해를 입는 경우도 많다. 초점은 바로 이것이다.

"내용이나 콘텐츠를 끌고 갈 것인가, 아니면 끌려갈 것인가?"

우리는 이슈를 끌고 가기 위한 하나의 과정을 만들어야 한다. 결코 끌려 다녀서는 안 된다. 이슈의 권한을 절대로 기자나 관찰자에게 주지 마라. 세상에 나 자신을 어떻게 보여주길 원하느냐에 따라 이미지가 구축된다. 끌려다니듯 형성된 이미지가 만들어지지 않도록 하라. 주도권은 언제나 자신에게 있다. 그것을 다른 사람에게 빼앗기지 않도록 하라.

## '만들어진 이미지'와 '만들어낸 이미지'

이 글을 읽는 당신이 연예인도 아니고 유명인도 아니며 기업의 홍보를 맡은 사람도 아니라면 왜 이것이 중요할까? 오늘날 우리는 많은 사람들을 직접적으로 만날 수 없다. 그리고 그들과 각각 소통한다는 것도 불가능한 일이다. 결국 그들과 제한된 소통을 할 수밖에 없는데, 그 소통의 근거가 되는 것이 바로 만들어진 이미지에 의한 소통이다. 그런데 자칫 잘못된 이미지가 만들어지면 그 이미지를 벗어나기란 상당히 힘들다. 어떠한 형태의 이미지이건 간에 끌려가듯 만들어진 이미지가 구축되지 않도록 조심하지 않으면 안 된다. 이슈는 나 자신이 원하는 대로 끌고 가서 만들어지는 것이 정석이다.

　당신이 이 이야기의 중심에 있다고 생각해보자. 당신은 뉴스 매체 어느 곳과도 인터뷰한 적이 없다. 그리고 외부에 자신의 이미지와 관련된 어떠한 홍보도 일절 하지 않았다. 그런데 이미 외부에는 당신과 관련된 기사가 작성되고 있다. 이것이 당신이 원하는 것인가? 결코 그렇지 않을 것이다. 당신의 이미지는 당신이 만들어가야 한다. 설령 당신이 사적으로 어떤 문제나 일반적인 단점을 가지고 있다고 해도 마찬가지다. 비즈니스와 지극히 개인적이고 사적인 마음의 공간은 완전히 일치할 수 있는 종류가 아니다.

　당신은 많은 사람들이 바라보는 관점 속에서 살고, 그 가운데에서 성공을 꿈꾸고 있다. 그러므로 외부에 보이는 이미지와 관련하여 자신이 주도적으로 그 이미지를 구축하도록 해야 한다. 이슈의 주인공도 당신이며, 그 이슈를 만들어가는 것도 당신이다. 기억하라. 세상은 보여주는 대로 보게 되어 있다.

　무엇을 보여줄 것인가? 그리고 무엇이 당신의 이미지가 될 것인가? 당신이 어떻게 그것을 만들어나가느냐에 따라 당신은 크게 성공할 수도 있고 크게 실패할 수도 있다. 내가 만들어가는 이미지는 세상에 그대로 투영되고, 불행하게도 세상은 나를 그렇게 기억한다. 이미지는 외부에 의해 만들어지는 것이 아니라 스스로 구축해나가는 것이다.

　나의 이미지를 만들어갈 때 반드시 선행되어야 할 것은 내가 외부에 어떻게 보이고 싶은지를 먼저 결정해야 한다는 것이다. 일부 연예인의 경우 자신이 외부에 어떻게 보일 것인지를 결정하기도 전에 먼저 이슈거리가 되어야 한다는 강박관념을 가진 경우가 있다. 그래서 배우들이 노출 이슈를 만들기도 하고 스캔들 기사를 만들기도 한다. 이른바 노이즈 마케팅을 하는 것이다.

자신이 보여주고 싶은 이미지를 결정하기도 전에 세간의 입방아에 먼저 오르게 되면, 그렇게 만들어진 이미지 때문에 자신의 진로가 방해를 받게 된다. 과거 이미지가 자신의 발목을 죄는 족쇄가 되는 것이다.

이것은 연예인뿐 아니라 나와 당신, 기업도 마찬가지다. "나는 소중하니까"라는 멘트로 끝나는 광고를 기억하는가? 자신을 소중하게 여겨야 한다. 자신이 소중하다면, 이벤트성 또는 이슈로 만들어진 이미지가 아니라, 자신이 보여주고 싶은 이미지, 사람들에게 원하는 이미지로 사람들에게 어필해야 한다.

그러므로 자신이 어떤 모습으로 보이고 싶은지를 심사숙고해서 먼저 결정하라. 그리고 자신의 이미지를 결정했다면 끊임없이 그 방향대로 끌고 나가야 한다. 설사 그 이미지가 자신의 내면 그대로의 모습이 아니더라도 말이다. 자신이 만들어낸 이미지와 진짜 모습이 다를 경우 만들어진 자신의 이미지에 대해서 괴리감을 가져야 하는가? 전혀 그럴 필요가 없다.

이미 가지고 있는 진짜 모습이 자신의 본질인 것처럼, 나아가려고 하는 방향 역시 자신의 본질이다. 자신이 원하고 바라는 것, 욕망하는 것도 모두 자신이다. 자신이 가지고 있는 아픔이나 고통, 그럼에도 불구하고 세상을 향해 웃는 자신의 미소, 이 모든 것이 바로 자신이다. 그러므로 괴리감이나 자책감을 가질 이유가 없다. 단지 자신이 갖고 있는 공간이 외적인 공간과 내적인 공간으로 나뉘어 있을 뿐이다.

다시 한번 당부하지만 절대로 끌려가지 마라. 상대로 하여금 끌려오게 만들어라. 끌려다니며 형성된 이미지는 자신의 발목을 잡지만, 스스로 상대를 이끌어가면서 만든 이미지는 성공의 토대가 된다.

### 생각을 확장하는 한마디

> 어떤 이미지로 나를 구축할 것인가는 결국 나의 핵심, 나의 본질을 사람들로 하여금 어떤 관점에서 바라보게 할 것인가의 문제다. 이조차도 상황과 필요에 따라 변화할 수 있다. 중요한 것은 이미지를 제공하는 주체가 자기 자신이어야 한다는 점뿐이다.

## 10

## 약점을 강점으로 바꾸는 관점의 비밀

나는 강연에서 가끔 《마케팅은 짧고 서비스는 길다》라는 책을 소개한다. 그 책에 나오는 이야기를 한번 해볼까 한다. 우리는 흔히 매장을 '물건 파는 곳'이라고 말한다. 이 부분에서 관점의 주체는 누구인가? 그렇다. 파는 사람, 즉 매장의 직원이 주체다. 마케팅에서 왜 물건을 파는 사람이 중심이 되었는가? 어딘가 좀 어색하지 않은가? 그 물건을 소비하는 사람은 소비자인데 왜 주체가 직원이 되어야 하는가?

일본의 유명 백화점 중 한 곳은 매장이라는 단어에 대한 관점을 바꾸었다. '물건을 파는 곳'이 아니라 '고객이 물건을 사는 곳'으로 바꾼 것이다. 언어적 주체는 당연히 고객이다. 고객으로 관점이 옮겨간다는 것은 매우 의미심장한 일이다. 즉, 파는 사람의 관점에서 사는 사람의 관점으로 옮겨간다는 것은 매우 중요한 변화를 의미한다. '매장'이라는 단어의 관점을 바꾸고 나니 그들에게 전에는 보이지 않던 많은 것이 보이기 시작했다. 그리고 그들은 같은 공간을 전혀 다른 곳으로 만들었다. 어쨌건 이 백화점은 이러한 방법으로 마케팅의 혁명을 일구어냈다. 관점의 이동이 만들어낸 가치를 찾은 사례다.

다른 예를 살펴보기로 하자. 인류 역사를 통틀어 끊임없이 친근한 이미지의 브랜드 가치를 가지고 있는 몇 안 되는 브랜드가 있다. 그중 하나가 바로 '코카콜라'다. 코카콜라는 무엇인가? 그것은 병 속에 들어 있는 검은 물이다. 100년 전에도 코카콜라는 병 속에 검은 물을 가득 채워서 팔았고, 그 맛은 지금까지 이어져 내려오고 있다. 그 물의 원료도 바뀌지 않았다. 로고의 변형도 거의 없다. 하지만 많은 사람들은 100년 전에도, 그리고 100년이 지난 오늘날에도 '코카콜라'라는 브랜드에 대해 엄지손가락을 치켜세운다.

간과할 수 없는 또 한 가지 사실이 있다. 코카콜라는 찬 음료다. 이것은 코카콜라라는 기업 입장에서 볼 때 겨울철이 다가오면 약점으로 작용할 수 있다. 왜냐하면 코카콜라는 데워서 먹을 수 없기 때문이다. 얼음이 얼고 눈발이 날리는 추운 겨울에 찬 음료를 판다? 이것은 기업이 넘어야 할 커다란 숙제였을 것이다. 하지만 코카콜라는 100년 전에도 존재했고 오늘도 존재하고 있으며, 이 검은 물은 추운 겨울에도 잘 팔린다. 코카콜라는 어떻게 그렇게 만들었을까? 당신은 그 원인이 어디에 있다고 생각하는가? 검은 물을 병에 담아 파는 것이 무슨 큰 장점이 있어서 이런 놀라운 결과를 얻었을까?

## 먼저 고객에게 어떻게 보이고 싶은지 결정하라

코카콜라는 고객들의 '느낌'을 디자인한다. 고객들이 코카콜라를 통해 얻는 느낌과 이미지를 고객보다 한발 앞서 발전시켜온 것이다. 코카콜라를 마시는 사람은 고객이다. 코카콜라는 고객의 입장에서 생각하고 고객의 관점을 읽고 이미지와 느낌을 이끌어간다. 코카콜라의 CF를 살펴보면 추운 겨울에도 잘 어울리는 코카콜라의 이미지를 끊임없이 부각시킨다는 사실을 알 수 있다. 산타클로스가 콜라를 마시고 루돌프가 콜라를 마시며, 북극의 하얀 얼음 위에서 콜라를 마시는 북극곰을 만든다. 그래서 사람들은 추운 계절에도 코카콜라를 마신다. 왜? 추운 겨울에도 자신들이 먹는 음식과 콜라가 잘 어울린다고 생각하기 때문이다. 이것이 바로 코카콜라가 고객 중심으로 이미지를 만들어나간 결과물이다.

앞에서 나는 기업이 소비자들에게 어떻게 보이고 싶은지를 먼저 결정해야 한다는 말을 했었다. 코카콜라는 매우 쿨한 기업적 이미지를 구축했고, 엄청나게 나이가 많은 제품임에도 불구하고 젊은이의 이미지를 잃지 않으려 노력했다. 이것이 바로 코카콜라가 소비자들에게 어필하고자 하는 이미지였다. 그리고 이러한 그들의 이미지 메이킹은 고객들에게 통했다. 코카콜라는 마케팅에서 자신만의 '결'을 만들었다. 코카콜라의 본질은 바뀌지 않았지만, 그들의 마케팅적 방향성은 시대를 거듭하면서 철저히 고객의 시점에 맞추어졌다. 이것이 바로 코카콜라가 살아남은 방법인 것이다.

고객의 느낌과 관점을 디자인해서 성공한 사례는 국내에서도 어렵지 않게 찾아볼 수 있다. 2000년대 로드숍 열풍을 주도했던 저가 화장품 브랜드 '더페이스샵'의 경우를 보자. 비록 저가 브랜드 시장이 쇠퇴하면서 2020년 LG생활건강에 합병되고 현재는 브랜드로만 남았지만, 한때 로드숍 화장품 브랜드 판매량 1위, 가맹점 수 부동의 1위를 기록하는 등 폭발적인 인기를 얻었다. 당시 사람들은 저가 화장품에 대해 거의 일관적으로 '싼 게 비지떡, 싼 만큼 뭔가 덜 좋겠지'라는 생각을 가지고 있었다. 더페이스샵은 이러한 로드숍 화장품 브랜드에 대한 인식을 전환하기 위해 권상우, 전지현 같은 유명 배우들을 광고 모델로 선점하며 초반 마케팅을 이끌었다. 값이 싸지만 질이 떨어지는 싸구려 제품이 아니라는 이미지를 각인시키기 위해서였다. 소비자들은 더페이스샵 제품을 구매하면서 '고급스러운 화장품을 싼값에 살 수 있다는 느낌'을 갖게 됐다. 이것이 바로 관점과 느낌의 이동이다.

그리고 5년 전쯤 더페이스샵에 대한 소비자들의 인식이 상승하는 일이 벌어졌었다. 더페이스샵의 한 잉크 래스팅 파운데이션이란 제품을 두고 유명 뷰티 유튜버들이 앞다퉈 호평 붐을 일으킨 후였다. 그들은 '백화점 브랜드 뺨치는 퀄리티'라는 타이틀로 소비자들을 사로잡았다. 뷰티 전문가들이 인정했다는 신뢰감을 바탕으로 '백화점 브랜드 고가 제품의 3분의 1도 안 되는 가격인데 그만큼 좋다!'는 것이 순식간에 기정사실화된 것이다. "고가 제품을 살 수 없어서 이 제품을 쓰는 것이 아니라 그것보다 좋기 때문에 선택해서 쓴다"는 관점은 소비자들로 하여금 더페이스샵에 대한 충성도를 굳건히 하는 큰 전환점이 되었다.

소비자의 관점 이동에 성공할 때 그 기업은 비로소 살아남을 수 있다. 이른바 대박 상품이라는 것은 기업에서 보여주고 싶어 하는 이미지가 소비자들의 필요와 맞아 떨어질 때 탄생한다. 이 둘 사이의 조화를 효과적으로 만들어나갈 때 시장은 성장하고 제품은 히트하게 된다.

## 주어의 자리에 고객이 있게 하라

오늘날 많은 사람들이 마음으로부터 원하는 것이 있다. 바로 힐링 healing이라는 콘셉트다. 사람들은 상처를 치유하고 싶어 한다. 이러한 상황에서는 힐링을 콘셉트로 한 방송 프로그램이나 음악, 자기계발 프로그램은 성공할 가능성이 높아지게 마련이다.

물론 사람들의 니즈는 계속해서 바뀐다. 그 흐름을 읽는 것이 기술이며 안목이다. 사람들은 꿈과 희망에 대해서 이야기하며, 그러한 것을 온 마음으로 동경한다. 이와 같이 대중들이 가진 생각의 결이 그러한 프로그램의 성공 요인이 된다. 사람들은 마음으로부터 피로감을 느끼고 지치고 힘들어하고 있다. 그 어느 때보다 성공을 원하고, 다람쥐 쳇바퀴 돌듯 타성에 젖은 생활에서 벗어나기를 간절히 원한다. 사람들로 하여금 고개를 끄덕이도록 하는 생각, 마음을 설레게 하는 언어의 연금술은 그러한 힐링 프로그램들이 가지는 매우 매력적인 특징이다. 사람들에게 고개를 끄덕이게 하는 모티프를 전달한다면, 상품이든 서비스든 성공 확률이 높아진다.

시장의 흐름을 주도하는 기업이나 오너도 마찬가지다. 만약 당신이 사업을 하고 있다면 자문해보라. 당신에게 손님은 어떤 위치를 차지하는가? 단지 자신의 물건을 사주는 사람이라고 생각하는가? 그들은 단지 서비스를 이용하기 위해서 존재하는 사람들인가? 결코 그렇지 않다. 당신의 관점을 조금만 옆으로 이동시켜보라. 손님들은 당신의 주된 관심을 받아야 할 사람들이다. 왜냐하면 그들 덕분에 당신은 생계를 꾸려나가고 있고, 그들로 인해 삶의 보람을 느끼기 때문이다. 좀 더 간단하고 분명하게 말하자면 그들은 당신의 '존재의 이유'다.

어느 매장을 방문했을 때의 일이다. 매장의 구조 때문에 손님이 다칠 수 있었다. 그 이야기를 사장에게 전달하니 돌아온 말은 의외였다. "보험 들어놔서 괜찮아요." 귀를 의심했다. 그 카페의 사장에게 손님은 매출 올려주는 존재밖에는 되지 않았다. 이 내용을 페이스북에 올리니 이런 댓글이 달렸다. "암보험 들어놨으니 암 걸려도 괜찮나요?" 난 이런 관점을 가진 사람은 고객을 응대하는 사업을 하지 말라고 자문한다. 그런 마인드의 사장에게 고객은 그저 매출 올려주는 대상일 뿐이다.

만약 당신이 '고객의 위치'에 대해 자문을 해봤다면, 이제 당신의 매장이나 업체를 다시금 살펴보기 바란다. 고객이 이용하는 화장실이나 고객의 손이 가는 특정한 소품, 의자의 배치 등은 고객을 생각하고 배려하는 차원에서 준비되었는가? 아니면 당신이 더 능률적으로 일하기 위해서 배치된 것인가? 만약 이러한 자문과 검토를 통해서 조금이라고 개선할 여지가 있다면 바로 지금 그 문제를 해결하라.

문장에서 주어의 자리는 가장 중요한 자리라고 할 수 있다. 주어가 무엇이냐에 따라 문장의 특성이 완전히 달라진다. '주어의 자리에 고객이 있게 하라'는 것은 바로 그런 의미다. 내가 하고 있는 일에서 고객을 주어의 자리에 놓는다면 나의 서비스와 내가 공급하는 상품의 질이 바뀌게 될 것이다. 단지 최상의 것이 되는 것뿐 아니라, 당신은 고객의 사랑을 받는 메리트를 지속적으로 소유하게 될 것이다. 당신의 매장은 고객이 기꺼이 찾아가고 싶은 장소, 가면 즐거운 장소가 되는 것이다. 한 번 와서 그런 감정을 맛보고 간 고객이, 다시 당신의 매장을 찾을 것은 자명한 일 아닌가!

### 생각을 확장하는 한마디

관점의 주체를 기업에서 고객으로 이동하는 것, 그것이 수많은 기업이 표방하는 '고객 중심'의 진정한 의미가 아닐까.

# PART

# 04 나를, 상품을, 기업을 판다는 것

　　　　　　　김범수 전 의장에게 빌린 돈을 갚지 못해 몸으로 때우겠다고 선언하고서 맡은 일은 카카오톡 마케팅이었다. "돈 안 받고 하겠다"고 하자 정말 돈을 안 줬다. 8개월 동안 무급으로 일했다. 아직 카카오가 대세가 되기 전 초기 시절이라 경쟁이 치열했다. 고객들의 관점을 뒤집는 '공짜 문자' 전략으로 경쟁사들을 다 제쳤다. 그해 말 김범수 의장이 나에게 아이패드를 선물하며 말했다. "잘했다. 내년부터는 월급 받아." 그 후로 2년 정도 더 카카오와 함께했다. 다 이기고 예상보다 빨리 '졸업'했다. 그렇게 전설이 됐다.

기업은 단순히 매출을 늘려 이윤을 창출하는 데 그치지 않고, 사회에 기여하고 꿈과 메시지를 전달해야 한다. 소비자들로 하여금 그 기업의 상품을 꾸준히 이용하도록 하려면 '어떤 기업이 될 것인지'가 기업의 궁극적인 목적이 되어야 한다. 성공하는 것에는 공통점이 반드시 존재한다. 그 공통점을 따라가라. 타성에 젖은 마케팅이 아니라 목적이 분명한 마케팅, 고객으로 하여금 다른 사람에게 링크를 보내게 만드는 마케팅을 활용해야 한다. '좋아요'를 누르게 만들고 스스로 공유하게 만드는 마케팅을 하라.

당신이 집중해서 바라보아야 할 곳은 경쟁사가 아니라 고객이며, 고객의 짜증에서 답을 얻어야 한다. 다른 제품과의 차이점이 없어서 사용해보고도 이름이 기억나지 않는 상품이 아니라, 한 번 사용하면 감동과 신선한 느낌이 뇌리에 각인되어 또다시 찾게 되는 상품을 만들어라. 매장이 '물건을 파는 곳'이 아니라 '고객이 물건을 사는 곳'이 될 때 고객은 기업의 편이 되고, 그 기업은 50년, 100년을 지속할 수 있는 강력한 힘을 가지게 된다.

**기업의 사이즈가 만들어내는 힘이 아니라,
고객이 만들어주는 '지속 가능성 있는' 힘 말이다.**

PART 04 나를, 상품을, 기업을 판다는 것

## 01
# 타성에 젖은 마케팅, 목적이 분명한 마케팅

흐르지 않는 마케팅, 영혼이 없는 마케팅, 결이 없는 마케팅……. 나는 목적이 확실하지 않은 마케팅을 이렇게 부른다. 다시 말하면 '타성에 젖은 마케팅'이다. 많은 기업이 습관처럼 때가 되면 세일을 하거나 이벤트, 프로모션 등을 한다. 물론 이런 마케팅에 '매출 증대'라는 원초적 목적 자체가 없다는 뜻은 아니다. 하지만 이런 마케팅 방법에는 변화와 생명력이 없는 경우가 많다. 관성에 따라서 늘 해오던 방식대로 밀어붙이는 마케팅이기 때문이다. 아디다스 부사장을 지낸 내 친구 강형근 부사장은 이런 마케팅을 '막해팅'이라고 부른다. 아주 적확한 표현이다.

흐르지 않는 마케팅이란 목적의식이 없는 관성적 마케팅을 말한다. '지금까지 그래 왔으니까 당연히 그래야 한다'라는 식의 마케팅이다. 봄이 다가오면 겨울옷 할인 행사를 하고, 크리스마스에는 크리스마스 이벤트를 하고, 연말이면 이월 상품 할인 행사를 하는 등……. 이때쯤 되면 으레 다들 하는 이런 이벤트를 해야 한다는 식의 마케팅이다.

한 기업의 마케팅 정책이 타성에 젖은 것인지 그렇지 않은지 여부는 기업 임원이 아닌 일반 직원들에게 물어보면 알 수 있다. 마케팅 행사를 추진 중인 직원들에게 "왜 이런 마케팅 행사를 하는가?" 하고 물어보면 목적을 제대로 모르는 경우가 종종 있다. 심지어 "시키니까 하는 겁니다"

라고 대답하는 직원들도 있다. 이런 것이 바로 흐르지 않는 마케팅, 결이 없는 마케팅이다. '왜'를 잊은 마케팅은 목적과 멀어지는 '막해팅' 그 자체다.

## 마케팅, 일종의 이야기다

타성에 젖은 마케팅으로는 절대로 효과적인 흐름을 만들 수 없다. 기업의 정책에는 일정한 흐름이 있어야 하고 분명한 목적이 있어야 한다. 기업에서 어떤 행사를 할 경우 그 기업의 직원은 언제든지 "이 행사는 우리 기업의 인지도를 높이기 위해서 진행하는 것입니다" 또는 "소비자들에게 동기부여를 해서 판매를 늘리기 위한 행사입니다"라고 대답할 수 있어야 한다. 임원들은 물론 일반 직원들까지 그 행사의 목적을 정확히 이해하고 있어야 하는 것이다.

"어떻게 마케팅에 목적이 없을 수 있지?"라고 반문할 수도 있다. 물론 어떤 행사든, 이벤트든 처음 시작할 때는 분명히 목적이 있었을 것이다. 그런데 정기적으로 같은 행사를 하다 보면 타성에 젖어 목적을 잊는 '목적 상실 마케팅'이 되어버린다. 예전처럼 늘 하던 대로 하는 마케팅, 이것이 바로 관성대로 흘러가는 마케팅이다.

타성에 젖을 경우 구성원들은 목적의식을 잊어버리고 열과 성을 다하지 않는다. 목적의식이 없어지면 마케팅 효과도 뚝 떨어진다. 마케팅을 하는 사람이 왜 하는지도 잘 모르는 마케팅에 감동해서 물건을 구매할 고객은 거의 없다. 신제품이 나왔는데 5년 전에 사용하던 연간 계획을 아무런 변화 없이 그대로 적용하는 기업도 본 적이 있다. 이러한 기업에 발전이란 있을 수 없다.

마케팅에 결이 없다는 건 마케팅의 흐름이 이어지지 않는다는 이야기다. 기업의 마케팅에 흐름이 이어지기 위해서는 새로운 아이디어나 새로운 상품에 적용될 수 있는 새로운 시스템적 요소가 연결고리가 되어 흐름을 만들어내야 한다. 마케팅은 하나의 이야기다. 소비자들을 설득하고 이해시키기 위해서는 이야기가 필요하다. 이야기를 통해 소비자는 재미를 느끼고 가족 같은 유대감을 느낀다. 소비자가 느낄 수 있는 친근함은 바로 여기에서 발생한다. 관성에 따라 예전 방식대로 따라가는 마케팅으로는 소비자를 설득할 수 없다. 새로워진 제품과 변화하는 고객 인식에 따라 관점을 연결해 흐름을 만들어내야 한다.

제품은 새로운 것인데 판매 방식이나 시스템은 예전 방식 그대로라면, 시대의 흐름이나 고객의 감성 패턴과 맞지 않을 수밖에 없다. 쌍둥이도 세대 차이가 난다는 '변화의 시대' 아닌가! 그런가 하면 제품의 지향점과 기업의 시스템 사이에 존재하는 괴리감 때문에 소비자를 만족시키지 못하는 경우도 생긴다. 이런 경우 제품을 고객의 가슴에 담게 하는 이야기는 만들어지지 않는다.

한마디로 이것은 중구난방衆口難防 마케팅이라고 할 수 있다. 두서없이 이리저리 중구난방 마케팅을 하면 일정 수준 이상의 흐름을 기대하기 어렵다. 열 사람이 각기 다른 방향으로 끌어당기는 것보다 서너 사람이 한 방향으로 힘을 합해 끌어당기는 편이 훨씬 더 능률적이기 때문에 마케팅에 아무리 돈을 쏟아부은들 그 효과가 제대로 날 리 없다. 이유는 단 한 가지, 마케팅에 흐름이 없기 때문이다.

흐름이 있다는 것은 방향성이 있다는 의미다. 흐름이 있다는 것은 어딘가를 향해서 가고 있다는 말이다. 무언가를 향해 가고 있다는 것은 목

목적과 방향이 있는 마케팅만이 시장에서 살아남는다.

적이 있다는 것이다. 목적과 지향점이 분명한 기업만이 변화 속도가 빠른 새로운 시대에 살아남을 수 있다.

목적이 없는 마케팅은 타성에 젖은 마케팅일 뿐만 아니라 '방향'이 없는 마케팅이다. 어떠한 마케팅을 진행하든 기업의 구성원들 간에 명확한 목적의식을 공유한다면, 그것은 그 기업의 방향성이 존재한다는 것을 의미한다. 방향성이야말로 마케팅에서 반드시 필요한 요소이며 구성원들이 반드시 알아야 하는 것이다. 방향성이 중요한 이유는 우리가 원하는 방향대로 가고 있는지를 인지하도록 기준을 정해주기 때문이다. 기업의 방향성이 없다면 기업이 제대로 굴러가고 있는지 알 수 없게 된다.

기업의 간부들이 직원들에게 흔히 하는 말 중 하나가 바로 "우리 잘해보자"다. 이것보다 더 포괄적인 말이 어디 있겠는가? 단지 "잘해보자"라는 표현으로 모든 것을 덮어버린다? 여기에는 방향성도 없고 의지도 없다. 그런 기업에서 "잘해보자"라는 다짐은 어떻게든 매출을 많이 늘려서 돈 많이 벌자는 이야기일 뿐이다. 물론 기업의 궁극적 목적은 이윤 추구다. 그리고 급변하는 세상에서 살아남으려면 이윤 추구에 매달릴 수밖에 없다. 그러나 한번 살펴보자. 기업이 이윤 추구를 하려면 단지 잘하는 것만 필요할까? 그렇지 않다. "잘해보자"라는 말에 모든 것이 포함돼 있는가? 결코 그렇지 않다. 기업이 잘되려면 목적과 방향성이 명확해야 한다. 기업의 이미지를 구축해야 하고 그 이미지를 통해서 장기적으로 살아남는 기업이 되어야 한다.

오래 살아남는 기업(아니, 살아남는다는 표현은 적합지 않다. 그들에게는 존재한다는 말이 더 어울린다. 그들은 과거에도 존재했고 앞으로도 존재할 것이다)을 살펴보면, 그들의 존재를 의심하지 않게 하는 요소가 있다. 그 요소는 그 기업이 가진 특유의 이미지일 수도 있고 특정한 가치를 부여하는 브랜드일 수도 있다. 그리고 그러한 이미지를 구축한 기업은 쉽게 망하거나 바람에 쓰러지지 않는다.

## 방향성이 분명하면 쉽게 쓰러지지 않는다

목적이 있는 마케팅이란 '기업의 이미지나 가치를 살리려는 활동'으로서의 목적이 명확한 마케팅을 말한다. 목적 있는 전진은 기업의 비전을 달성하게 하고 기업의 가치를 높인다. 당신은 기업의 목적이 무엇이라고 생각하는가? 돈을 버는 것? 그럴 수도 있다. 많은 사람들이 그렇게 생각한다. 어찌 보면 기업의 궁극적인 목적은 많은 이윤을 남겨서 구성원들에게 그것을 되돌려주는 것일 수도 있다. 나 역시 그것을 도외시하지 않는다.

기업은 지하철에서 물건을 파는 날품팔이가 아니다. 기회를 포착해서 치고 빠지는 식의 일시적 매출을 만들어서는 안 된다. 가끔 그런 기업이 있는 것은 사실이지만, 그것은 건강한 경제 활동이라고 볼 수 없다. 어떤 기업에서 지속적이고 항구적인 비전을 제시하고 꾸준한 매출을 만들어내기 위해서는 마케팅에 분명한 목적이 있어야 한다. 마케팅과 기업의 이미지 구축이 연관되어야 하는 것이다.

기업은 매출 창출 도구 이상의 의미가 있다. 사회에 기여하고 꿈과 메시지를 전달하는 것이다. 단순한 상품을 생산하는 경우에도 기업은 상품 그 자체뿐 아니라 그 상품을 이용함으로써 거둘 수 있는 사회적인 효과도 고민해야 한다. 이것과 연결되는 것이 바로 기업의 이미지다. 기업의 이미지는 소비자들로 하여금 그 기업의 상품을 꾸준히 이용하도록 하며 지속적인 매출을 창출하도록 한다. 따라서 '어떤 기업'이 될 것인지가 궁극적인 기업의 목적이 되어야 한다. 그리고 이런 목적이 분명하게 직원들 각자의 뇌리에 박혀 있어야 한다.

어떤 기업은 착한 이미지를 부각시킨다. 또 어떤 기업은 믿을 수 있는 신뢰를 부각시킨다. 또 다른 기업은 명품으로서의 고급스러운 이미지를 각인시키려고 노력한다. 이것이 바로 그 기업이 마케팅으로 구축하려는 '분명한 목적'이 되는 것이자, 기업을 운영하는 명분이며 기업이 나아가야 할 방향이다. 방향성이 분명하고 올바르게 제시된 기업은 쉽게 쓰러지지 않는다. 설혹 외적인 상황 때문에 난관에 부딪는다 하더라도 그 기업은 위기를 딛고 일어선다. 소비자들에게 부각시키고자 하는 기업의 이미지는 곧 상품의 질과 직결된다.

그러한 기업의 방향성은 기업에서 벌이는 수많은 일정에 영향을 미친다. 기업이 자신들의 이미지를 구축하고 그것을 유지하기 위해서 하는 일정이 바로 캠페인, 프로모션, 이벤트와 같은 것들이다. 각각의 일정에 기업의 이미지와 방향성은 분명하고도 강하게 어필되어야 한다. 그리고 그러한 강한 방향성을 가진 기업을 우리는 '의지가 있는 기업', '건강한 기업'이라고 부른다.

기업의 존재 이유를 단순한 '이윤 추구'에서 '사회를 좀 더 건강하게 만드는 주체로서의 이미지 구축'으로 옮기는 것, 여기에도 '관점의 이동'이 있다. 고객들에게 어떤 관점으로 어필하느냐에 따라 더 튼튼하고 사랑받는 지속 가능한 기업이 될 수도 있고 그렇지 않을 수도 있다. 기존의 상식이나 고정관념에서 벗어나 과연 무엇이 우리 사회를 더 건강하고 건실하게 하는 생각인지를 숙고해야 한다.

### 생각을 확장하는 한마디

기업의 모든 활동에는 목적이 있어야 한다. 그것이 제품 개발이든, 생산이든, 마케팅이든 마찬가지다. 목적이 없다는 것은 나아가려는 방향이 없다는 것이고, 목적 없는 실행은 결국 제자리를 맴돌게 될 뿐이다.

## 02 가치에 가치를 더하는 마케팅

지금까지 살면서 크든 작든 홍보를 해본 적이 있는가? 해봤다면 어떤 방법으로 했는가? 지역 광고지에 돈을 주고 일정한 문구를 실어서 광고를 했을 수도 있고, 재정적으로 여유가 되거나 꼭 필요한 일이었다면 조금 더 큰 신문사나 케이블TV를 통해서 광고를 했을 수도 있다. 다중의 소비자에게 제품을 파는 기업이라면 공중파 방송에 광고를 내보내거나 대형 옥외 광고판을 이용했을 수도 있다. 이런 광고에는 공통점이 있다. 돈을 지불하고 많은 사람들이 그것을 지켜보게 한다는 것이다. 이것은 꽤 오래전부터 사용해온 마케팅 기법이고, 분명히 상당한 효과가 있다.

하지만 훨씬 더 효과적이면서 돈도 들지 않고, 필요 이상의 에너지를 소진하지 않아도 되는 마케팅 기법이 있다. 나는 이것을 'V2V$^{value\ to\ value}$ 마케팅'이라고 말한다. 다시 말하면 가치와 가치를 바꾸는 마케팅이다. V2V에 대한 생각은 코카콜라 마케팅 기법에서 그 모티프를 얻었다.

코카콜라는 청량감이라는 가치를 다양한 계층의 사람들에게 제공한다. 워낙 많은 사람들이 코카콜라를 마시다 보니 코카콜라에서 기발한 생각을 해냈다. 250ml 코카콜라 캔 위에 조그만 광고를 싣는 것이었다. 기존의 '가치' 위에 또 다른 '가치'가 드러나도록 힘을 실어준 것이다. 그렇다고 코카콜라가 캔 광고를 싣고 돈을 받은 것은 아니었다.

코카콜라의 캔을 통해 광고를 집행한 것은 국내에서 한창 인기를 끌었던 게임 카트라이더였다. 콜라 캔 광고에 돈을 내지 않는 대신 카트라이더 게임 속에 코카콜라를 등장시켰다. 물론 카트라이더도 광고비를 받지 않았다. 또한 코크플레이 www.cokeplay.com 사이트를 통해 코카콜라를 구매한 사람들이 모은 포인트로는 게임에서 쓰이는 아이템을 살 수 있도록 했다. 코카콜라 캔에 노출된 카트라이더 광고가 코카콜라를 마시는 사람들에게 홍보가 된 것은 물론이다.

이것은 두 개의 기업이 서로가 가진 가치를 교류한 것이다. 둘 사이에 존재하는 핵심 가치를 서로 공유하고 바꿈으로써 두 기업은 효과적으로 서로를 알리는 데 도움을 줄 수 있었다. 이와 같이 서로의 가치를 바꾸는 파트너십을 이뤄낼 수 있게 한 것도 바로 열린 관점의 전환이었다. 관점은 모든 것을 가능하게 한다.

기존의 마케팅 판도를 뒤엎는 새로운 발상은 이런 결과를 만들어냈다. 그러므로 더 이상 돈을 내고 특정 지면이나 매체를 통한 광고를 고집할 필요가 없다. 매우 효과적이면서도 영향력 있는 이러한 마케팅 기법은 비단 유력한 영향력을 가지고 있는 두 기업에서만 실행 가능한 시스템은 아니다. 작은 점포나 식당을 하더라도 이와 같은 V2V 마케팅은 빛을 발할 수 있다.

관점의 전환을 통해 놀라운 홍보 효과를 얻은 사례를 살펴보면 지금 시도하거나 만들고 있는 비즈니스에도 굉장히 많은 아이디어를 도출해낼 수 있다. 광고비를 그리 많이 들이지 않더라도 전략적 업무 제휴 등의 방식을 통해 각각에 존재하는 가치와 가치를 공유하고 교환함으로써 얼마든지 홍보를 할 수 있는 것이다.

이렇게 전혀 다른 형태의 혁신적인 마케팅 기법은 오직 관점의 전환을 통해서만 가능하다. 이제껏 우리가 살펴보았듯이 관점은 우리를 다른 사람으로 만들 수 있다. 적은 에너지를 통해서 매우 큰 결과를 만들어낼 수도 있다.

V2V 마케팅의 또 다른 장점은 갖고 있는 것들의 진정한 가치가 무엇인지를 생각하게 되고, 기존에 평범하게 보이던 작은 것에도 가치를 부여하게 된다는 것이다. 새로운 관점을 또 하나 갖게 되는 셈이다. 예를 들면 포스터나 포장지, 전단지 등에서 나뿐만 아니라 다른 기업을 위해 활용할 만한 가치를 찾아보게 된다. 가장 큰 영향력을 발휘하는 것이 무엇이며, 눈에 보이는 물질적 가치를 창출할 수 있는 힘이 어디에서 나오는지를 재평가할 수 있게 되는 것이다.

## '관습적 정의'를 폐기할 때 얻는 이익

갖고 있는 것들에 대한 가치를 찾고 재발견한다는 것은 '본질적 가치'의 발견이라는 차원에서 매우 유익하다. 가치를 다른 곳에서도 찾게 되므로 사물이나 사회를 바라보는 안목을 키울 수도 있다. 다른 사람의 관점에서 바라보는 나 자신의 가치를 추리하고 분석한다는 것은 매우 의미 있는 일이다. "다른 사람들은 어떤 것에서 나의 가치를 발견할까?"라는 스스로에게 묻는 질문은 개인이나 매장, 그리고 기업에 매우 유익하고 발전적인 결과를 만들어낸다. 적어도 내가 홍보 고문으로 일한 모든 기업에서는 그랬다. 이 또한 앞에서 이야기했던 바와 같이 질문을 바꿔 던졌을 때 보인다.

예를 들어 당신은 지금 이 책을 읽는 데 금 같은 시간을 쓰고 있다. 여기서 질문을 달리해보자. 당신은 이 책을 읽는 시간과 무엇을 바꿨는가? 시간과 건강을 바꾸는 사람, 시간과 지식을 바꾸는 사람, 시간과 경험을 바꾸는 사람, 시간과 관계를 바꾸는 사람……. 무언가를 시간과 잘 바꿀 줄 아는 사람이 성공한다. "시간을 어떻게 보냈나?"라고 질문하지 마라. "나는 시간과 무엇을 바꿨나?"라고 질문하라. 똑같은 일도 질문을 바꾸면 전혀 다른 것이 보이기 시작한다. 직업도 마찬가지다. 관습적 정의를 버리면 된다.

세계적인 향수 개발자 크리스토프 로다미엘이라는 사람이 있다. 흔히 향수 개발자를 조향사라고 부른다. 그런데 이 사람은 평범한 정의를 가차 없이 버렸다. "당신은 뭐하는 사람입니까?"라는 질문에 그는 '향수 개발자'라고 대답하는 대신 이렇게 정의한다. "나는 공간에 부유하는 공기 입자에 감정을 입혀 재조각하는 일을 하고 있습니다."

얼마 전 그를 만날 기회가 있어서 다시 "당신은 뭐하는 사람입니까?"라고 묻자 이렇게 답했다. "세계에는 2,000개의 향기 리소스가 있습니다. 그리고 제 사무실에는 1,400개의 향기 리소스가 있습니다. 저는 1,400개의 향기 음계로 향기를 작곡하는 향기 작곡가입니다."

어떤가? 이쯤 되면 향기로 우리의 마음에 나비를 날게 할 수도 있지 않을까? 나는 이런 사람이 진심으로 존경스럽다. 정의를 바꾸면 이처럼 생각이 바뀐다.

마케팅도 마찬가지다. 자, 나는 마케터다. 나는 마케팅이란 정의를 내 방식대로 내린다. "마케팅이란 고객의 관점을 바꿔 제품이나 서비스를 가치 있게 해석하는 것이다." 배달의민족 마케팅을 정상에 올려놓은 장

세계적인 조향사 크리스토프 로다미엘은 자기 자신을,
그리고 자신이 하는 일을 자신만의 언어로 정의한다.

인성 상무는 마케팅을 이렇게 정의한다. "고객이 써보고 싶은 마음이 들게 하고 써보고 나서 다른 사람에게 써보라고 말할 수 있게 만드는 것"이라고. 얼마나 명쾌한가? 그의 질문은 "어떻게 해야 써보고 싶은 마음이 들까?", "어떻게 해야 다른 사람에게 써보라고 말할 수 있게 만들 수 있을까?"이다. 통념에 갇힌 정의를 벗어나 나만의 정의를 가질 때 사유의 높이는 높아진다.

나는 학교에서 배운 관점을 버리고, 마케팅에 대한 나만의 새로운 정의를 내리면서 인생까지 바뀌었다고 생각한다. 카카오톡, 애니팡, ㈜우아한형제들, 본죽, 본도시락 등 내가 일했던 회사에서도 이런 관점에서 내 역량 이상의 일을 해낼 수 있었기 때문이다.

이런 가치 찾기 작업을 하면서 존재하지 않던 참다운 가치가 발견되고, 겉치레에 불과한 무가치한 것은 사라지게 된다. 내실 있고 알맹이 있는 건실한 비즈니스를 만들어낼 수 있다. 사람이나 기업은 돈에 의해서 평가되는 것이 아니라 가치에 의해서 평가되어야 한다. 이것이 바로 나의 경영 철학이다.

> **생각을 확장하는 한마디**
>
> 당신이 하는 일의 가치는 무엇인가? 이에 대답하기 위해서는 본질의 핵심을 파악하고 자기만의 정의를 내려야 한다. 'one of them'이 아닌 'only one'의 정의를.

## 03
# 소셜을 움직이는
# 링크, 링크, 링크

　날씨, 환율, 주가, 길 찾기 등이 궁금할 때 가장 손쉽게 접근하는 방법은 네이버, 다음, 구글 등의 포털사이트를 이용하는 것이다. 포털사이트 검색창을 열어서 키워드를 입력하면 단 몇 초 만에 답을 찾을 수 있다. 포털이 보여주는 세상대로, 검색창의 눈을 통해서 사람들은 세상을 바라보게 되었다. 사람들은 더 이상 백과사전을 찾아보거나 선생님, 부모님에게 질문하는 수고를 하지 않는다. 이런 경향 덕분에 포털 검색 사이트는 크게 성공했고 많은 돈을 벌 수 있었다.

　우리는 궁금증을 풀기 위해 으레 습관적으로 포털사이트를 이용하고 있다. 그리고 그러한 습관은 고착화되었다 해도 과언이 아니다. 하지만 이제 또다시 그런 경향이 바뀌고 있다. 검색의 메커니즘이 바뀌고 있기 때문이다. 예를 들어, '김치찌개 레시피'를 검색한다고 치자. 얼마 전까지만 해도 당연히 포털의 검색창에 입력했겠지만, 요즘은 다르다. 유튜브에 검색하면 김치찌개를 만드는 영상을 볼 수 있다. 인스타그램에 해시태그를 검색하면 더 많은 사진과 레시피, 짧고 간단한 영상부터 자세하고 긴 영상까지 실로 다양한 결과 값을 얻어낼 수 있다. 무엇보다 이들이 '퍼져나가는' 속도는 어마어마하다. 내가 보고 좋으면 '좋아요'를 누르고 '공유'를 한다. 그럼 또 누군가가 내가 공유한 것을 보고 그것을 공유한다.

별것 아닌 것처럼 보이는 이 행위는 엄청난 파급력을 지닌다. 이것이 바로 '링크'의 힘이다. 실질적 가치는 콘텐츠 자체에 있었지만, 그것을 확산시켜 커다란 힘을 만든 것은 바로 링크다.

요즘 세계 최고의 인기를 누리고 있는 보이그룹 BTS를 만든 것도 결국은 SNS 마케팅, 링크 투 링크 마케팅이라고 해도 과언이 아니다. 2024년 기준 뮤직비디오 유튜브 조회 수가 무려 333억 5,000만 회가 넘는 엄청난 기록을 세운 BTS는 한국 가수 최초 빌보드 핫100 1위 달성, 그래미 어워드 노미네이트 등 놀라운 성과를 거두며 전 세계적으로 큰 영향력을 행사하고 있다. 2019년에는 포브스에서 BTS가 창출하는 경제 효과가 5.5조에 달한다는 기사를 내기도 했다.

BTS는 데뷔 이전인 2012년부터 유튜브 방송을 시작하며 사람들에게 자신들의 재능을 소개하고 팬층을 확보해갔다. 그들의 춤과 노래는 유튜브에서 스스로 번져나갔고, 팬클럽은 자연스럽게 형성됐다. '아미'라는 팬클럽은 SNS 마케팅 전략을 짜 국가별로 활동하며 BTS를 세계에서 가장 핫한 아이돌 그룹으로 성장시켰다. 결과적으로 그들은 기존의 음악 소비 네트워크 도움 하나 없이 지금의 자리에 오른 것이다.

이제 링크를 보낼 이유를 만들 수 있다면, 이 콘텐츠를 공유하고 싶게만 만들 수 있다면, 사람이든 동물이든 상품이든 서비스든 뜨는 시대가 된 것이다. 그러므로 링크를 보낼 이유를 만들어라. 그렇게 한다면 당신의 수직 상승은 보장되어 있는 것이나 다름없다. 이제 홍보 영상을 만드는 것만으로는 사람들의 마음을 붙들어둘 수 없다. 사람들 사이에서 링크를 보낼 만한 이유를 만들 수 있다면 그것은 단순한 홍보 영상보다 훨씬 강력한 영향력을 발휘하게 될 것이다. 한마디로 말해서 대박을 칠 수

해시태그를 입력하는 5초만으로 얻을 수 있는 어마어마한 정보의 세계.

있다. 이제 마우스 투 마우스 홍보 시대는 끝났다. 현재도 그렇지만, 링크 투 링크 마케팅이 최고의 마케팅 방법으로 살아남게 될 것이다.

**생각을 확장하는 한마디**

시간과 공간의 제약을 넘어서는 실시간 연결이 가능한 시대에 링크 투 링크 마케팅은 지역적 경계와 비용의 한계를 뛰어넘는 엄청난 가치를 만들어낼 수 있다. 필요한 것은 단 하나, 상대가 공유하고 싶은 마음이 드는 콘텐츠를 만드는 것이다.

## 04
# 핵심지표 없는 기업은
# 속도계 없는 자동차와 같다

　속도계 없는 자동차를 상상해본 적 있는가? 자동차를 타고 어딘가로 향할 때 우리는 일반적으로 목적지에 몇 시쯤 도착해야 한다는 목표를 가지고 출발한다. 그런데 속도계 없이 빠르게 느껴지는 체감 속도만 믿고 천천히 운전한다면 그 자동차에 탄 사람은 약속 시간에 늦을 것이다. 반대로 배기량이나 안정성을 고려하지 않고 지나치게 빠른 속도로 달린다면 그 자동차는 이동 수단이 아니라 살인 도구가 될 수도 있다. 이런 상황을 막아주는 것이 바로 속도계다. 수치화된 속도계는 여러 가지 면에서 유익한 결과를 가져온다.

　자동차가 얼마나 빠른 속도로 달리는지를 알 수 있게 해주는 것은 속도계다. 만약 우리가 수행하는 일의 가치나 발전 정도를 수치화하여 속도계처럼 볼 수 있다면 우리는 목표에 도달하기 위해 더 속도를 올릴지, 과속 중이니 속도를 조금 늦출지를 판단할 수 있을 것이다. 달성하려는 목표를 재고해볼 수도 있고, 발전을 위해 필요한 것이 무엇인지를 찾아낼 수도 있다. 적어도 올바른 방향으로 잘 가는지, 그렇지 않은지를 알 수 있다.

　자동차의 속도계처럼, 기업이 올바른 방향으로 나아가는지 그렇지 않은지를 이해할 수 있는 방법으로 수치화하는 것이 바로 KPI **key performance indicator**다. KPI란 '핵심지표'를 말한다. 적어도 기업이라면

KPI를 의미 있는 지표로 만드는 것은 우리의 몫이다.

스스로가 어디에 머무르고 있는지, 어디로 가는지, 그리고 제대로 된 방향으로 나아가는지를 검토하고 그에 따른 발전 가능성을 도출해낼 수 있어야 한다. 자신의 기업이나 공동체가 올바른 방향으로 발전하고 있는지를 살펴보는 것은 매우 중요하다. 그러나 검토하는 수준에서 그치는 것이 아니라 그것을 수치화하여 구체적으로 분석해볼 수 있어야 한다. 그것이 이루어지지 않는다면 그 기업은 속도계 없는 자동차라고 말할 수 있을 것이다.

미래 가치를 판단할 때 단순히 속도만을 생각한다면 그 기업은 위험해질 수도 있다. 반면 지나치게 안일한 대처로 기업의 발전을 방해해서도 안 될 것이다. 핵심지표를 어디에 둘지, 무엇을 그 수단으로 삼을지를 결정하는 것은 전적으로 기업의 몫이다. 핵심지표가 있어야만 방향성을 가질 수 있다. 어느 방향으로 가야 하는가를 알게 되는 것이다.

예를 들어 애플리케이션을 개발하는 기업이라면 얼마나 많은 고객들이 그 애플리케이션을 다운로드하는지가 하나의 지표가 될 것이다. 같은 애플리케이션을 하루에 몇 번 사용하느냐, 또는 어떤 시간대에 사용하느냐도 지표가 될 수 있다. 코인이나 아이템을 애플리케이션에 사용한다면 사용 빈도를 통해서도 애플리케이션의 미래를 가늠할 수 있다. 게임을 개발하는 기업이라면 이 프로그램을 사용하여 하루에 몇 명이 게임에 참여하는지를 수치화할 수도 있다. 이 모든 것이 KPI, 즉 핵심지표가 될 수 있다.

이것은 개인과 기업, 나아가서 개별 프로젝트에도 적용이 가능하다. 핵심지표를 잘 관리하고 발전적인 방향으로 이끌어가기 위해 올바른 컨트롤 방법을 찾는 것은 매우 중요하다. 어떤 사람들은 매출에만 신경을 쓰기도 한다. 그러나 매출은 핵심지표 중 하나가 될 수 있을 뿐, 그것이 핵심지표의 전부가 될 수는 없다. 그것만으로 올바른 핵심지표를 만들었다고 말할 수도 없다. 일시적으로 매출이 급격히 상승했다가도 나중에 매출이 전혀 없는 상태로 반전되는 경우도 있다. 따라서 매출 하나만을 핵심지표로 삼는 것은 어리석은 일이다. 우리는 KPI와 관련하여 의미 있는 지표를 만들어야 한다. 그리고 그것들을 관리해나가면서 지표로 삼을 수 있는 여러 가지 요소를 복합적으로 고려할 필요가 있다.

그런데 핵심가치와 핵심지표를 결정하는 문제에서 올바르지 않은 모습을 갖고 있는 기업들이 상당히 많다. 어떤 기업은 핵심지표가 전혀 없는, 즉 속도계 없는 자동차와 같은 모습을 보이는가 하면, 또 어떤 기업은 매출이 핵심지표의 전부인 양 치부하는 경우도 많다. 의미 있는 지표를 만들기 위해서는 나름의 노력을 기울이지 않으면 안 된다. 올바른 핵심지표가 정해지지 않은 기업은 유감스럽게도 성공할 가능성이 낮다. 모든 것이 균형감 있게 밸런스를 맞춰가면서 진행되어야 한다. 또한 같은 KPI를 설정했다하더라도 그것에 대해 어떻게 의미를 부여하느냐에 따라 결과가 크게 달라지는 경우가 많다. 고객이 얼마나 자주 방문하느냐를 가늠하는 KPI 가운데 DAU Daily Active User 와 MAU Monthly Active User라는 지표가 있다. 하루에 또는 한 달에 얼마나 많은 고객들이 방문하느냐를 가늠하는 지표로 많이 쓰인다. 앱이나 사이트의 평가에 매우 중요한 지표로 쓰인다.

그러나 '얼마나 많은 사람들이 방문하느냐'의 관점으로 해석하는 회사도 있지만 전혀 다르게 해석하는 회사도 있다. 어느 회사는 DAU를 "우리 회사가 고객에 말을 걸 수 있는 기회"라고 재정의 내렸다. 그렇게 정의 내린 그 회사에게 중요한 것은 방문하는 고객들에게 할 이야기다. 이렇게 무엇을 KPI로 정하느냐도 중요하지만 그것이 우리에게 어떤 의미여야 하는지를 재정의하는 것도 매우 중요하다.

## 생각을 확장하는 한마디

속력과 속도의 차이를 아는가? 속력은 직선으로 얼마나 빠르게 달리는지를 측량하는 반면 속도는 물체의 빠르기와 이동하는 방향을 함께 나타낸다. 빠르게 움직이는 것만큼이나 올바른 방향으로 나아가고 있는지 역시 중요하다는 것을 기억하라.

## 05
## 뜨는 것들에는 일관된 방향이 있다

사람들의 머릿속에 확실하게 자리 잡은 브랜드, 성공한 브랜드에는 공통점이 있다. 제품명을 말하면 바로 브랜드가 떠오른다는 것이다. '아이폰' 하면 애플이 떠오르고, '갤럭시S' 하면 삼성전자가 떠오르는 식이다. '만년필' 하면 바로 '몽블랑'을 말하거나 '핸드백'이라고 하면 '루이비통' 또는 '샤넬' 같은 브랜드를 떠올리는 것도 마찬가지다. 그리고 사람들은 그 브랜드에 대해 많은 이야기를 쏟아낸다. 이처럼 명품 브랜드는 그 제품이 속한 영역에서 사람들의 머릿속 맨 꼭대기에 자리 잡고 있다.

내가 어떤 기업과 함께 일하게 될 때, 그 기업의 CEO를 만나면 반드시 물어보는 것이 있다.

"사장님, 사장님 회사를, 아니면 사장님이 만든 제품이나 서비스를 사람들이 어떻게 생각했으면 좋겠습니까?"

유감스럽게도 적지 않은 CEO들이 이 질문에 바로 대답을 하지 못한다. 다시 말하면 CEO조차 기업의 방향성에 대해 확실한 결정을 내리지 못한 상태에서 일을 하는 경우가 많다는 것이다.

기업의 목적과 방향성은 기업이 고객에게 어떻게 보이고 싶은지와 관련이 깊다. 많은 기업이 자사의 지향성을 살리고자 한다. 하지만 명확한 이미지 설정을 못하는 경우가 매우 많다. 예를 들어 어떤 기업이 '우리 기업은 착한 기업이라는 이미지를 남기고 싶다' 또는 '우리 기업은 마무리까지 제대로 된 제품을 만드는 기업이라는 이미지를 심어주고 싶다'라고 생각한다고 가정하자. 만약 그런 욕구를 가지고 있다면, 그 이미지를 먼저 결정하고 기업의 지향점을 만들어나가야 한다.

국내 유수의 기업들을 살펴보면, 성공한 기업은 고객들에게 심어주려는 이미지적 지향점을 먼저 결정하는 것을 볼 수 있다. 그리고 그 이미지에 걸맞은 대외적 활동을 하면서 기업의 이미지를 지속적으로 구축해나간다. 정직한 기업, 깨끗한 기업, 신뢰를 바탕으로 하는 기업 등 소비자들이 보는 기업의 이미지는 기업에서 이미 만들어놓은 이미지적 지향점에 구체적인 정책을 덧붙인 결과물이다. 브랜드 이미지는 이렇게 만들어진다.

이것은 기업의 경영철학과도 관련이 깊다. 직원들은 자신의 기업에 대해서 몇 마디의 말로 "우리는 이런 기업이에요"라고 말할 수 있어야 한다. 경영철학이 바로 기업의 '방향성' 내지 '지향점'이다. 바로 이것이 '생존을 위한 투쟁'을 '존재의 이유'로 바꾸어준다. 따라서 방향성과 경영철학을 갖고 있는 기업은 오래 지속될 수 있다.

눈앞에 닥친 여러 가지 문제를 허겁지겁 해결하기 바쁜 기업들도 많다. 그런 기업은 오래 살아남기 힘들다. 유감스럽게도 이런 기업이 의외로 많다. 나그네 같은 마케팅, 하루살이 마케팅으로는 어떤 방법을 강구해도 절대로 오래 살아남을 수 없다.

## 관점을 주도하는 기업들의 공통점

우리는 성공하는 사람들, 성공하는 서비스, 그리고 성공하는 상품의 공통점을 찾을 수 있어야 한다. 공통점을 찾고자 노력한다면 분명히 시야에 들어오는 독특한 공통점이 눈에 띌 것이다.

매우 중요한 공통점 가운데 하나는 바로 성공하는 것들은 '소비자들과의 연관성', 즉 당신에게 이런 이유로 이 제품이 꼭 필요하다는 것을 바로 설명할 수 있다는 사실이다. 마케터 입장에서 보면 자사의 제품이나 서비스가 소비자와 어떤 연관성을 맺는지 명확히 설명할 수 있어야 한다. 다시 말하면 "이 제품 또는 서비스는 바로 당신을 위한 거예요!"라고 말할 수 있어야 한다.

혹자는 이렇게 말할지 모른다. "너무 당연한 이야기가 아닌가?" 맞다. 나는 지금 굉장히 평범하고 당연한 이야기를 하는 중이다. 하지만 이러한 기본을 잊어버리거나 기본에 충실하지 않은 사람들이 상당수다. 그것이 때론 안타깝다.

성공하는 것들의 두 번째 공통 요소는 '쓸모 있는 것'이라는 사실이다. 스마트폰 애플리케이션 중에는 길 찾기 프로그램이나 약도를 제공하는 애플리케이션이 있다. 이러한 프로그램이 기본적으로 성공 가능성이 높은 이유는 고객 입장에서 매우 유용하고 쓰임새가 많기 때문이다. 이 말은 단순한 독창성만으로는 시장 경제 안에서 성공할 수가 없다는 이야기이기도 하다. 쓸모 있는 것, 관심을 가질 만한 것, 즉 고객이 관심을 둘 만한 이유나 근거가 존재하는 것들이 성공할 수밖에 없다.

가끔 중소기업 제품 박람회에 방문해보면 매우 희귀하고 아이디어가 돋보이는 상품들이 눈에 띈다. 하지만 그러한 상품이 잠시 나왔다가 사라지는 경우를 자주 보는 것 또한 사실이다. 그 이유는 고객을 생각하지 않기 때문이다. 고객에게 어떤 이유로 쓸모가 있는지, 고객이 무엇 때문에 관심을 갖는 상품인지 깊게 고민하지 않고 개발하는 경우가 의외로 많다. 물론 기발한 아이디어로 고객의 일시적인 호기심을 자극할 수도 있다. 그렇게 해서 시장진입 초기에 어느 정도의 매출이 일어나기도 한다. 문제는 고객의 단순한 호기심이 아니라 필요하다고 느껴지는 '지속적인 유용성'이다. 고객의 관심을 붙들어둘 수 있는 성공 요소가 있어야 제품은 지속적 가치를 가지게 된다.

성공하는 것들의 세 번째 공통점은 재미, 즉 흥미를 유발한다는 것이다. 그것은 제품의 지속력과도 관련이 깊은데, 재미나 흥미를 느낄 수 있는 상품이나 서비스는 사람들로 하여금 중독성을 갖게 한다. 중독까지는 아니더라도 사람들에게 간간이 미소나 웃음을 짓게 하는 콘텐츠 또는 상품이라면 지속 가치가 있다고 평가할 수 있다.

국내에서 게임 시장이 활발한 이유 중 하나도 이것과 관련이 크다. 컴퓨터나 스마트폰을 떠난 실생활에서 게임 자체로서는 그다지 큰 의미를 가지지 않는다. 존재하지 않는 가상의 것이기 때문이다. 그러나 컴퓨터, 인터넷 환경에서의 게임은 흥미와 재미를 유발하고 중독성을 불러일으킨다. 상상과 재미의 세상에 스위치가 켜지는 것이다. 바로 이러한 요소가 결합된 상품이 히트를 하는 것이다. 당장 IT 계열의 게임 시장에 뛰어들라는 것이 아니라, 흥미와 재미를 유발하는 요소를 포함하는 콘텐츠나 상품이 성공할 수 있다는 이야기다.

고객의 흥미와 '관계성'이 높고, 지속적인 '쓸모'가 있으며, 그것이 '재미'까지 있다면 그 상품은 대박 상품이 된다. 연관성 relevant, 쓸모 있는 것 useful, 재미 fun, 이 세 가지를 한데 묶어 RUF라고 부른다. 물론 이 세 가지 요소가 다 결합되기는 쉽지 않다. 그러나 셋 중에 하나라도 매우 특출하거나 강하다면 그 상품은 성공할 가능성이 높다. 콘텐츠도 마찬가지로 이 법칙은 매우 유효하다. 당신의 유튜브 콘텐츠 구독 패턴만 살펴봐도 이 말이 무슨 의미인지 바로 알 것이다.

이제 또 다른 측면을 살펴보자. 성공하는 것은 SED로 불리는 특징이 존재한다. SED란 제품이나 서비스가 가져야 할 세 가지 특성, 즉 단순함simple, 용이함easy, 차별성different이다. 제품이나 서비스는 단순할수록 사람들에게 어필하기 쉽다. 또한 사용방법이나 적용방법이 매우 쉬워야 한다. 그리고 다른 제품과의 차별성을 반드시 가지고 있어야 한다. 이 세 가지가 갖춰질 때 그 제품 또는 서비스는 경쟁력을 갖는다.

우리 주변에서 이러한 예는 얼마든지 찾아볼 수 있다. 일반적으로 상점의 얼굴이라고 할 수 있는 간판을 놓고서도 '되는 간판'과 '망하는 간판'이 있다고 한다. 도서 시장에서의 단행본과 관련해서도 마찬가지다. 베스트셀러가 되는 책이 있고 쉽게 잊히는 책이 있다. 이 둘 사이의 차이점은 바로 RUF와 SED 요소의 여부다.

베스트셀러가 되는 책들을 보면 제목부터가 남다르다. 즉, 특정 분야에 한정해 짧고 재미있는 제목이 많다. '나는 나로 살기로 했다', '영어책 한 권 외워봤니?'라는 식의 단순하면서도 구체화되어 있고 이해하기 쉬운 직접적인 표현이 대부분이다. 이렇듯 우리가 조금만 눈을 돌려 살펴보면 이른바 '되는 것들', 즉 성공하는 모든 것에서 공통점을 찾을 수 있다. 우리는 그런 핵심을 간파하는 통찰력을 길러야 한다. 그리고 그러한 공통점을 찾고자 노력해야 한다.

## 생각을 확장하는 한마디

어쩌면 당신은 내가 지금 이 지면을 통해서 이야기했던 수많은 사례 외에 더 가치 있는 또 다른 요점을 찾아낼 수 있을지도 모른다. 왜냐하면 당신은 그만큼 유능하고 똑똑한 존재이기 때문이다. 기억하라. 뜨는 것들에는 공통점이 존재한다. 그 공통점을 따라가라. 그렇게 한다면 당신은 당신만의 새로운 정리를 만들 것이고, 당신은 성공의 주인공이 될 것이다.

## 06
# 경쟁사가 아니라
# 고객이 본질이다

"경쟁자를 바라보지 마라. 고객만 바라봐라."
"경쟁자를 바라보면 서비스가 비슷해진다."
"조준선 정렬에 신경을 써라. 표적은 느낄 뿐이다."

이런 명제들만 봐서는 내가 지금 무슨 얘기를 하려는지 의아할 것이다. 여기에서의 조준선은 '본질을 바라보는 힘'을 말한다. 조준선 정렬에 신경을 쓰라는 것은 지극히 개인적인 경험에서 비롯된 이야기다. 성인 남자라면 대부분 군대를 다녀왔을 것이고, 군대를 다녀온 사람이 들으면 조준선이라는 용어만으로도 군대에서의 사격 훈련을 쉽게 떠올릴 것이다. 사격 훈련을 할 때 표적을 맞히려는 집념이나 집착만으로는 실제로 표적을 맞히기가 쉽지 않다. 도리어 빗나가기가 일쑤다. 정확하게 표적을 맞히려면 조준선 정렬에 신경을 쓰는 편이 훨씬 낫다. 즉, 총대에 있는 조준선 정렬이라는 기본에 충실하다면 표적은 쉽게 맞힐 수 있다는 뜻이다.

그때의 표적은 집중하는 대상이 아니라 인지하는 대상이 된다. 즉, 집중하는 대상이 아니라 느끼는 대상이 되는 것이다. 여기에서의 표적은 경쟁자를 말한다. 비즈니스를 할 때의 궁극적인 목표는 '이기는 비즈니스'를 하는 것이다. 이긴다? 무엇을 이긴다는 말인가? 바로 경쟁자다. 시장 경제에서 살아남기 위해서는 이기는 비즈니스를 지향할 수밖에 없다. 그러므로 표적은 경쟁자다. 그러나 표적이 경쟁자라고 해서 경쟁자에 지나치게 집중하거나 특정 대상을 이겨야겠다는 생각에 사로잡힐 필요는 없다. 조준선 정렬을 제대로 한다면 경쟁자는 자동적으로 이길 수밖에 없게 된다.

표적인 경쟁자는 인지의 대상이 되어야지, 집중의 대상이 되어서는 안 된다. 조준선은 본질을 바라보는 힘이므로, 본질에 충실하다면 표적은 자연히 우리의 것이 된다. 그렇다면 집중의 대상이 되어야 하는 그 본질이란 과연 무엇인가? 그것은 바로 '고객'이다. 고객이 무엇을 원하는지, 그리고 고객의 필요가 무엇인지를 간파하는 능력이 성공 비즈니스를 만들어낸다.

혹자는 이렇게 말할지 모른다. "고객의 필요에 집중하라는 말은 너무나 당연한 이야기다. 누가 그것을 모르는가? 그렇게 하더라도 성공을 보장할 수는 없는 것 아닌가?"

물론 그러한 이의 제기가 잘못된 말은 아니다. 하지만 내가 지금 말하고 싶은 것은 경쟁자에게 집착하거나 심하게 집중하는 일은 피해야 한다는 것이다. 생각해보라. 경쟁자를 바라보면 서비스는 비슷해질 수밖에 없다. 기존의 틀 안에서 어떻게 하면 더 많은 소득과 이윤을 낼 것인가에만 집중하게 된다는 거다.

하지만 우리의 관점을 '고객이 필요로 하는 것이 무엇인가?'에 돌리면 경쟁자는 더 이상 우리 눈에 들어오지 않게 된다. 꼭 그런 것은 아니지만, 상대적인 의미에서 볼 때 경쟁자는 무가치하다. 경쟁자는 '인지의 대상'이지, '집중의 대상'이 아니기 때문이다. 이 말은 경쟁자가 있다는 사실 자체를 우리 자신이 느낄 뿐, 그것에 지나치게 집중할 필요가 없다는 이야기다.

스마트폰 애플리케이션 가운데 메시징 서비스를 하는 애플리케이션이 많았다. 과거에 포털사이트 다음에서 서비스했던 마이피플이라는 애플리케이션이 있었다. 마이피플은 단순한 메시징 서비스에 그치지 않고 당시로서는 획기적인 무료 음성 전화 서비스를 그들의 서비스에 첨가하였다. 고객 확보를 위해서 본질적 가치를 이동한 케이스라고 말할 수 있었다. 이 밖에도 다음은 자신들의 애플리케이션 이용자를 확보하기 위해 포털 이점을 활용한 다양한 이벤트를 진행하기도 했다. 그것은 이용자 확보라는 커다란 명제를 두고 경쟁자들과의 다툼에서 우위를 선점하려는 노력이었던 것이다.

그런데 한번 살펴보자. 그들은 그와 같은 가치 이동을 통해 성공하였나? 또는 카카오톡의 아성을 무너뜨릴 만큼의 이용자를 확보하였나? 결코 아니었다. 카카오톡은 단순한 메시징 서비스에 주력했던 데 비해 마이피플은 매우 다양한 서비스를 시도했음에도 고전을 면치 못하다가, 결국 2014년 카카오와 다음이 합병되면서 서비스를 종료해야만 했다. 이유는 무엇일까? 경쟁사 또는 경쟁자를 인지의 대상이 아니라 집중의 대상으로 보았기 때문이라고 나는 생각한다.

좀 더 직접적인 표현으로 사실 관계를 분석해보자. 전 세계적으로 모바일 시장이 가장 발달한 나라 가운데 하나인 대한민국에서도 애플리케이션 무료 서비스를 통해 음성 통화 서비스를 제공하는 경우, 망이 가진 한계를 고려해야 했다. 다시 말하면 데이터망이 비대칭 서비스라는 특징으로 인해 이동하면서 통화 품질을 지키는 것이 쉽지 않았다는 말이다. 실제로 카카오톡의 화상 통화 서비스 페이스톡은 4세대 이동통신 LTE 서비스가 자리 잡았던 2015년에 들어서야 시작했다. 절대적인 가치를 창출하지 못하는 가치의 전환이나 가치의 이동은 결코 최고의 자리를 선점할 수 없다.

그 당시 카카오톡의 이용자 수는 전 세계적으로 8,000만이 넘고 국내 활성 이용자만도 4,300만 명이 넘었다. 이는 현재 대한민국 인구에 육박하는 수치다. 그런데도 카카오톡이 음성 서비스를 바로 출시하지 않았던 것은 3세대 이동통신망3G의 한계와 함께 카카오톡의 핵심가치가 음성 서비스에 있지 않았기 때문이다. 기술력이 없어서 음성 서비스를 하지 않은 것이 결코 아니다. 스마트폰은 태생적으로 모바일적인 특성을 가질 수밖에 없다. 즉, 이동하면서 서비스의 수준을 지킬 수 있어야 한다. 그러나 데이터망을 이용한 무료 통화는 빠른 이동이 일어날 때 품질을 보장할 수 없었다.

카카오톡은 경쟁자를 주된 집중의 대상으로 삼지 않았다. 결코 어느 순간에도 그렇게 시도한 적이 없다. 다시 말하지만 경쟁자는 인지의 대상이지, 집중의 대상이 아니다. 본질을 바라보는 힘과 핵심가치를 파악하는 것이 매우 중요하다. 그런 의미에서 볼 때 카카오톡은 고객만을 바라보았다고 판단할 수 있다.

## '경쟁자'에 집중할 때, 고객은 '경쟁자'에게 떠난다

경쟁자는 적이 아니다. 경쟁사를 적이라고 생각하면 싸우는 데 많은 힘을 쓰게 된다. 다시 말하면 고객에게 써야 할 힘을 다른 곳에 낭비한다는 뜻이다. 시장에서 경쟁사와 비겁한 방법으로 싸우는 회사를 보면 정말 한심했다. 그 시간에 고객 생각, 서비스 생각, 제품 생각을 한 번 더 하라. 경쟁자는 곧 동업자이기도 하다.

어느 회사의 사장은 경쟁사 헐뜯기에 집중했다. 경쟁회사의 단점을 기자에게 알려 기사화하고 그런 일이 경쟁자를 제압하는 일이라고 착각했다. 서로 헐뜯기 바빴던 두 회사는 시장에게 서로에게 상처를 주면서 각광받는 서비스로 성장하지 못했고, 그저 그런 서비스에 머물렀다. 또 다른 사례로 한 회사는 상대방의 뒤통수를 치는 비겁한 마케팅을 했고, 그와 반대로 경쟁회사는 고객을 만족시키는 데 집중했다.

결과는 어땠을까? 상대를 헐뜯던 회사는 CEO가 자기가 창업한 회사를 팔고 업계를 떠났다. 반대로 경쟁사에 집중하지 않고 고객에 집중했던 회사는 지금 글로벌 시장까지 영역을 확대해 멋진 활약을 하고 있다. 경쟁자에 집중할 것인가? 고객에게 집중할 것인가? 이 질문의 답은 너무나 명확하다.

공부하는 학생들을 생각해보자. 학생들의 주된 관심사는 다른 학생들과 비교되는 자신의 성적일 것이다. 이것을 비즈니스적 관점으로 보자면 경쟁자에게 집중하는 것이라고 말할 수 있다. 어떤 학생은 영어를 잘한다. 그렇다면 그 학생의 본질적 가치는 영어라고 할 수 있다. 또 다른 학생은 수학을 잘한다. 그러면 그 학생의 본질적 가치는 수학이다. 그런데 영어를 잘하고 수학을 못하는 학생은 자신의 본질적 가치에 집중하지 않고 다른 학생들이 잘하는 수학이라는 가치에 집중하기 쉽다. 사실 우리나라의 교육 현실을 놓고 생각한다면 영어를 잘하는 학생에게 더 필요한 것은 자신의 본질적 가치를 높일 수 있는 영어에 더 많은 시간을 투자하는 것이다.

하지만 그 어떤 학생도 그렇게 하지 않는다. 경쟁자를 생각하고 경쟁자와 비교해서 자신이 제대로 하지 못하는 또 다른 가치에 집중한다. 이것이 우리 교육의 한계라고 말할 수 있다. 결국 모든 학생들의 점수는 비슷비슷해지고 겨우 1, 2점이나 소수점 자리를 두고 경쟁하게 된다. 이것을 그대로 비즈니스에 대입해보면 우리 주변의 비즈니스 환경이 쉽게 이해된다. 경쟁자를 바라보기 때문에 서비스가 고만고만해지고 비슷해질 수밖에 없는 것이다. 남들이 따라올 수 없는, 흉내 낼 수 없는 가치를 창출하는 것, 그리고 고객의 관점에서 서비스를 구축하는 것, 이것이 성공하는 비즈니스다.

존재는 존재 자체로서의 의미만 가지면 충분하다. 당신이 비즈니스를 한다면 절대적으로 고객만을 바라보라. 경쟁자를 바라봄으로써 비슷한 정서의, 비슷한 서비스를 제공할 필요는 없다. 고객을 바라보는 눈으로 관점을 전환한다면 우리의 서비스나 상품은 비교할 수 없을 만큼의 가치를 지니게 된다. 물론 고객의 눈은 바뀐다. 그러므로 고객이 원하는 가치는 이동할 수 있다. 사실 우리는 그 가치를 따라가는 것만으로도 너무나 바쁘다. 어디에서 가치가 나오는지를 반드시 체크해야만 한다. 그것이 바로 핵심가치이며 우리가 집중해야 하는 조준선이다.

이 하나만 분명히 기억하자. 경쟁사를 이기는 힘은 고객을 만족시킴으로써 나오는 것이지, 경쟁사를 헐뜯는 것에서 나오지 않는다.

### 생각을 확장하는 한마디

육상선수가 트랙에서 집중해야 할 것은 골인 지점이다. 우승하기 위해서는 다른 선수보다 앞서야 하는 것이 맞지만, 그렇다고 옆을 보면서 달릴 수는 없지 않은가.

## 07 미늘이 있는 메시지

'미늘'이 무엇인지 아는가? 낚시를 좋아하는 독자라면 알겠지만, 아마 대부분의 사람들에게 생소한 단어일 것이다. 미늘은 낚시에 쓰이는 도구와 관련이 있다. 낚시도구는 물고기를 잘 잡을 수 있는 여러 기능을 갖추고 있어야 한다. 그런데 단순히 물고기를 잡는 기능만 필요한 것이 아니라, 잡은 고기가 빠져나가지 않도록 하는 기능도 중요하다. 그래야 잡은 고기를 놓치는 우를 범하지 않는다. 이때 필요한 것이 미늘이다. 낚싯바늘 끝에 보면 잡은 고기가 빠져나가지 않도록 갈고리 모양으로 돌기가 있는 것을 볼 수 있는데, 이것이 바로 미늘이다.

한번 고객을 끌어들였으면, 그 고객이 다른 경쟁사 제품으로 마음을 돌리지 않고 꾸준하게 우리 제품을 이용하게 하는 미늘과 같은 것이 있어야 한다. 이는 기업이 소비자들에게 제시하는 이미지와 관련이 있다. 예를 들어보자. 풀무원이라는 기업을 알고 있을 것이다. 불량식품이 판을 치고 먹을거리에 대해 불안한 사회적 분위기가 조성될 즈음, 풀무원은 자사의 슬로건에 "바른 먹거리"라는 문구를 론칭함으로써 자신들을 바라보는 관점을 디자인하였다. 관점의 변화를 통해 풀무원이 만들어내는 먹을거리에 대한 안심을 준 사례다.

풀무원은 자사가 직접 재배하거나 자사의 감독 아래에서 운영되는 농

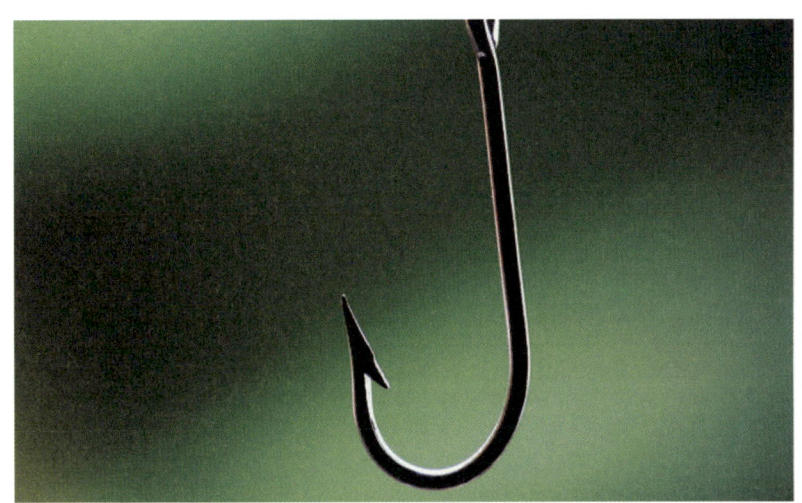
미늘에 한번 걸린 물고기는 다시 빠져나가지 못한다.

장들로부터 직접 먹을거리를 공수하여 소비자들에게 제공하는 정책을 폈다. 사실 그 이후에 풀무원 제품이 소비자의 생각처럼 안전하고 위생적인 제조 과정을 거치는가에 대한 의문이 제기된 적도 있다. 하지만 한 번 만들어진 풀무원의 이미지는 그 이후로도 계속 소비자들의 마음을 사로잡고 있다. 사실 풀무원 제품은 다른 브랜드의 먹을거리에 비해 가격이 조금씩 비싸다. 그럼에도 불구하고 소비자들은 풀무원의 제품을 애용한다. 어찌 보면 풀무원은 식료품계의 명품화를 실현하려고 계획했는지도 모른다.

풀무원의 '바른 먹거리'처럼 사람들의 마음을 꽉 잡아채는 메시지는 광고나 마케팅에서 매우 중요하다. 모든 마케팅은 모두 메시지와 이미지를 통해 이루어진다고 해도 과언이 아니다. 메시지를 통해서 이미지를 만들기도 하고, 이미지를 통해 메시지를 전하기도 한다. 화려한 이미지를 통해 그것을 갖고 싶다는 마음을 끌어내기도 하고, 우리는 지구를 사랑한다는 메시지를 통해 기업을 좋아하는 마음을 만들어내기도 한다. 유한킴벌리의 "우리강산 푸르게 푸르게"를 기억하는 사람들이 많다. "우리강산 푸르게 푸르게"라는 메시지는 유한킴벌리라는 기업의 좋은 이미지를 만들어냈다. "바로 이 맛이야" 하는 다시다 광고는 맛있는 맛은 어떤 맛이어야 하는지를 제시하는 느낌을 만들어냈다. 마케팅의 기본은 이미지와 메시지의 상호관계성을 잘 구축하는 것으로부터 시작해야 한다. 이미지와 메시지가 따로 놀지 않아야 하고, 서로 보완적으로 명료함을 만들어내는 것이 중요하다.

## 마음이 빠져 나갈 틈조차 주지 않는 기업

한번 들어가면 빠지지 않게 하는 것, 그것이 바로 미늘이다. 여기에는 사람들 사이에 존재하는 불안 심리도 한몫을 한다. 특정 기업의 제품을 이용하지 않으면 불안한 느낌이 드는 것이다. 많은 기업이 전략적으로 이와 같은 불안 심리를 기업의 홍보에 이용하는 추세다. 각기 다른 기업에서 본질적으로 같거나 비슷한 제품이나 서비스를 제공하더라도, 이러한 미늘에 걸린 사람들은 오직 그 기업의 제품이 아니면 이용하지 않으려고 한다.

물론 이러한 심리를 악용해서는 안 된다. 사람들에게 준 신뢰만큼 양질의 제품과 공정, 서비스를 소비자에게 제공하는 것은 매우 중요하다. 불안 심리를 이용하여 '치고 빠지기' 식의 경제 테크닉을 구사하는 것은 사기이며 저급한 행위다. 저급한 마케팅이 아니라, 건강한 기업으로서 사람들의 심리를 붙드는 미늘과 같은 요소를 이용한다면 기업은 꾸준한 매출을 보장받을 수 있다. 쉽게 이야기하면 진심으로 고객의 마음을 '걸어 놓고 그 마음이 빠져나가지 못하게 하는 것'이다.

> **생각을 확장하는 한마디**
>
> 고객의 마음을 낚는 것이 물고기 낚시와 다른 점은 고객이 자발적으로 기꺼이 바늘에 걸린 채 머물도록 한다는 점이다. 이를 위해서는 기업의 이익이 동시에 고객의 이익도 되어야 한다. 경제적 이익이든, 감정적 만족이든 간에.

## 08
# 결이 있어야
# 공감과 설득도 통한다

고객들의 관심을 불러일으킴으로써 특정한 성과를 이루기 위해서는 일련의 흐름, 즉 하나의 결이 있어야 한다. 사람들을 설득하기 위해서도 마찬가지다. 이 흐름을 거스를 수 있는 것은 없다고 생각한다. 흐름에는 선先이 있고 후後가 있다.

우선 사람들의 주의를 사로잡는 것attention getting first이 필요하다. 시선을 붙잡아둘 수 있는 그 무언가가 필요하다. 누군가에게 자신의 의견을 도출하기 위해서는 당연히 그 사람의 이름을 부르든지, 아니면 "잠깐만요!" 식의 바라보게 하는 시선을 끌 방법이 마련되어야 하는 것은 기본 중 기본이다.

다음으로 필요한 것은 동기부여motivation다. 이 세상에 억지로 되는 것은 하나도 없다. 무엇이든 순리대로 진행되어야 한다. 설득에서 힘 또는 강제력을 이용한 억지 방법은 통하지 않는다. 그래서 필요한 것이 바로 동기부여다. 설득을 위해 상대에게 감동을 주든지, 상상력을 자극하든지, 욕구와 욕망을 건드리든지, 그 사람의 동기를 불러일으킬 만한 이유가 있어야 한다. 동기가 있어야 사람은 움직인다.

과거 왕권주의 시대에는 사람을 움직이기 위해 권위를 사용했다. 논리나 감동이 존재하지 않는 경우가 허다했다. 그러나 우리가 살고 있는 이 시대는 그렇지 않다. 다른 사람을 움직이려면 감동을 주고 동기를 불러일으킬 수 있는 근거를 반드시 제시해야 한다. 스티브 잡스는 그의 마지막 프레젠테이션에서 이런 말을 남겼다. "우리의 마음을 노래하게 만드는 것은 기술과 인문학의 교차점에 있다"라고. 그는 고객들의 심장이 노래하기를 원했으며, 그 노래를 듣기 위해 독할 정도로 기술과 인문학의 교차점에서 노력에 노력을 더했다. 무엇이 고객의 심장이 노래하게 만들 것인가 하는 관점으로 접근한 스티브 잡스는 그 고객들이 진심을 다해 심장으로 부르는 노래를 들으며 세상을 떠났다.

마지막으로 필요한 것이 바로 상대에게 나를 인식recognition시키고 나에 대한 남과 다른 나다운 것에 대한 생각을 심어주는 것이다. 단순한 동기부여로는 충분하지 않을 수도 있으므로 여기에는 섬세한 배려가 필요하다. 어찌 되었든 공감할 수 있는 수준의 '감정적 인식'이 있어야 한다. 이런 것들이 이루어질 때 비로소 상대를 설득할 수 있게 된다. 모든 부류의 설득이 그러하다.

지하철에서 물건을 파는 상인들을 살펴본 적 있는가? 원칙적으로는 철도보안법상 불법이긴 하지만, 예전에는 지하철 안에서 다양한 물건을 파는 잡상인을 흔히 볼 수 있었다. 그들이 다른 사람들을 설득해서 특정 부류의 상품을 구매하도록 할 때도 주의 끌기, 동기부여, 인식의 동일한 과정을 거친다.

지하철 상인들은 보통 큰 소리로 "열차 내에 계신 손님 여러분!"이라고 외치며 주위의 시선을 모은다. 이것이 바로 attention getting first다. 다음으로 물건을 꺼내놓으면서 그 물건이 왜 필요한지, 그리고 어떤 기업에서 나왔는지, 왜 물건을 싸게 파는지, 품질에 대해 왜 신뢰할 수 있는지 등의 이야기를 한다. 이것이 바로 motivation이다. 다음으로 굳히기에 들어간다. 물건을 사용함으로써 얻게 되는 효과와 이번 기회를 이용하지 않으면 나중에 비싼 값을 주고 같은 물품을 구입해야 할지도 모른다는 이야기를 던지는 것이다. 이렇게 해서 그 시간, 그 자리에 있는 자신의 존재 가치를 인식시키고 열차 내에 있는 사람들에게 상품 자체가 가지고 있는 가치를 드러낸다. 바로 이것이 recognition이다.

열차 내에 잠시 왔다가 사라지는 잡상인들에게도 이와 같은 순서가 필요하다면 자신의 삶을 창조하는 우리 각자에게도 이와 같은 순서가 필요하다는 것은 어쩌면 당연할 것이다. 고객이나 상대를 설득하여 관심을 집중시키고 서비스와 상품을 제공하는 기업에서도 같은 논리가 통한다. 알든 모르든 설득에는 이와 같은 순서가 분명히 존재한다. 이와 같은 요소가 관련된다는 사실을 눈치채지 못했을 뿐, 모두가 이와 같은 요소들을 이용하고 있다. 물론 설득과 관련된 이와 같은 분석 역시 박용후식 관점에 기초한 박용후식 정의라고 할 수 있다.

### 생각을 확장하는 한마디

고객의 관심을 끌어 원하는 결과를 얻어내기까지의 단계, 결국 그 모든 과정은 설득을 위한 빌드업이다. 그리고 이 설득이 지속적으로, 반복적으로 계속된다면 이기는 비즈니스가 가능해진다.

## 09
# 고객의 짜증에
# 성공의 답이 있다

일반적으로 '고객'은 가진 돈을 사용해 특정 서비스나 상품을 이용하는 사람들이다. 따라서 정당한 대가를 치르고 구매한 제품이나 서비스의 질이 떨어진다면 불만을 제기할 수밖에 없다. 그것은 당연한 이치다. 문제는 기업이나 점포에서 그러한 짜증 섞인 불만을 어떻게 처리하느냐다. 어떤 기업은 그런 불만을 처리할 때 임기응변식으로 대응한다. 단지 그 상황만을 모면하려는 심리가 점주나 CEO에게서 관찰되기도 한다.

물론 그런 심리는 이해할 수 있다. 자기 자신을 변호하고 방어하려는 심리는 누구에게나 존재한다. 상품이나 서비스를 제공하는 사람들에게 이와 같은 심리가 없을 것이라고 보지 않는다. 그러나 이 경우에도 우리는 관점을 달리할 필요가 있다. 자기 자신의 정당성을 입증하려는 심리에서 벗어나 자신의 발전 기회로 삼는 것은 성공하는 사람들이 가지는 공통점 중 하나다. 당신도 그렇게 할 수 있다.

불만은 부정적인 요소다. 그리고 부정적인 요소에 대해서 불편한 느낌이 드는 것 또한 사실이다. 한마디로 그것은 부정적인 당연함이다. 과연 이 부정적인 당연함을 어떻게 처리하고 도와야 할 것인가?

부정적인 당연함을 기회의 순간으로 바꾼 대표적인 사례가 있다. 3M은 고객의 불만을 신제품 개발에 반영한다. 보통의 경우 고객의 불만이 접수되면 부정적인 요소로 생각하기 쉽다. 그리고 그에 대해 의기소침해질 수도 있다. 하지만 3M은 기업의 정책을 통해서 그것을 발전의 씨앗으로 보았다. 고객의 불만은 그들에게 소중한 기회이자 신제품을 만들 수 있는 아이디어의 소재가 되었다. 3M의 신제품에는 그들이 단점이라고 여기던 것이 개선되거나 전혀 다른 형태로 그 필요를 충족시킨 신제품이 어김없이 출시되곤 했다. 3M은 고객의 짜증을 '그때까지 발견하지 못한 제품의 단점을 알려주는 고객의 기분'으로 여기는 관점의 전환을 시도했다. 이는 고객들의 불만을 해결한 새로운 제품으로 탄생했고, 고객들은 그런 제품들에 반응했다. 관점의 전환은 이렇듯 위기를 기회의 순간으로 바꾼다.

## 틀 밖으로 나와 바라보는 관점

생활용품 브랜드 도브 Dove의 홍보 영상 'Dove Evolution'을 보자. 이 영상의 처음에 등장하는 여성은 평범한 외모다. 외모를 지적하는 것은 올바른 일이 아니지만, 일반적인 광고 모델에 비해 특별히 눈에 띄는 외모는 아니다. 영상이 진행되면서 여성은 메이크업을 하고 헤어 스타일링을 해나간다. 주변의 조명을 맞추고 마지막으로 사진 촬영을 해서 포토샵 등의 프로그램으로 리터칭 과정까지 마친 여자의 외모는 처음과 판이하다. 동영상 홍보물 속의 여성은 세계적인 모델로도 손색이 없을 만큼 빼어난 미모와 시각적 주목성을 가지고 있다.

지금은 메이킹 필름 형식의 광고 영상이 흔하지만, 당시만 해도 이렇게 과정 전체를 보여주는 영상 자체를 하나의 홍보 콘텐츠로 쓰는 일이 거의 없었다. 그야말로 신선한 등장이었고 다른 광고 영상들과는 확연히

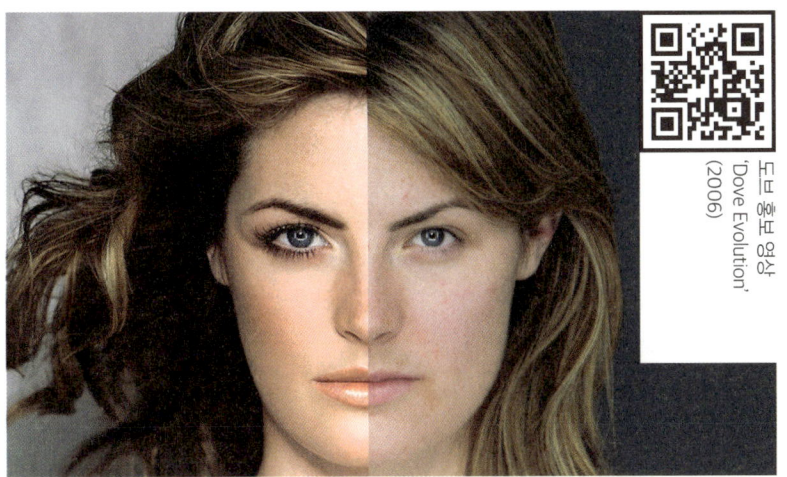

이 광고는 틀에 갇힌 것이 아니라 틀 밖에서 바라보는 관점을 제공했다.

차별화되었다. 이미 만들어진 틀에 갇혀 있지 않고, 틀 밖으로 나와 바라보는 관점을 소비자들에게 제공한 것이다.

이 홍보 영상을 보면서 소비자들은 여러 가지 생각을 하게 된다. '어떻게 저렇게 달라질 수가 있지?'라는 생각부터 '꾸미기에 따라 저렇게 달라질 수도 있구나! 나도 한번 해볼까?', '화장품이 아니라 마술 도구네!' 하는 생각까지, 온갖 형태의 관찰자적 추리를 하게 된다. 아주 자연스럽게 말이다. 영상은 어떤 과정을 거쳐 홍보물이 만들어지는지를 살필 수 있게 한다. 당연히 소비자는 완성된 인쇄물의 관찰자일 뿐만 아니라 영상물을 만드는 과정 전체를 바라보는 관찰자가 된다. 그러면서 기업이 추구하는 가치를 무의식 안에 이미지로 담게 된다.

만약 결과물인 여성의 인쇄 포스터만 봤다면, 소비자의 시각은 일반적인 광고 형식의 틀 안에 머무르게 된다. 하지만 이 영상을 통해 소비자는 기존의 일정한 틀 밖에서 그 틀을 바라보는 관점을 가지게 되었다. 어쩌면 소비자들은 틀 밖에서 바라보는 관찰자적 시점을 그동안 더 원했을 수도 있다. 바로 이 관점이 특정 기업에 새로운 모티프를 제공하며, 새로운 구심점이 된다. 일반적인 틀을 깨고 이와 같은 형태의 홍보 영상물을 만든 도브는 전혀 새로운 이미지를 소비자들에게 심어줄 수 있게 되었다.

바로 이것이 '틀을 바라보는 관점'을 디자인하는 자들이 갖는 힘이다. 틀 밖에서 틀을 바라보는 관점을 디자인한다는 것은 특별히 어렵고 힘든 일이 아니다. 단지 자신의 기업의 상품이나 서비스가 명품이라는 사실 자체를 보여주는 것만이 아니라, 우수한 제품을 만들기 위해 어떠한 노력을 기울이는지를 보여주는 식으로 그러한 관점을 만들어갈 수 있다. 기업의 경영 이념이 무엇인지, 그것을 위해 기업의 CEO가 어떤 노력을 하고 있는지 등, 여러 가지 일면을 소비자들로 하여금 관찰할 수 있도록 하는 것은 매우 중요하다. 그리고 이것은 대개의 경우 비즈니스를 성공으로 이끌어주는 매우 유용한 전략이다.

옛날에는 대부분의 음식점이 고객들에게 주방을 숨겼다. 음식을 먹으러 식당을 찾은 고객들 역시 애써 주방을 보려 한다거나 청결 등을 신경 쓰지 않고 그냥 음식을 먹었다. 하지만 세상이 발전하고 더 많은 경쟁 구도가 생기면서 일반적인 틀만을 보여주면 성공할 수 없는 시대가 되었다. 덕분에 많은 음식점이 이제는 청결하게 조리하는 과정을 보여주기 위해 주방을 훤히 공개하는 추세다. 이러한 노력은 믿을 수 있는 먹을거리를 제공한다는 긍정적인 이미지를 고객에게 심어준다.

하버드경영대학원 조교수 라이언 W. 뷰엘과 하버드 경영대학원 박사

과정 타미 킴 연구팀의 흥미로운 실험이 있다. 식당을 찾은 손님과 요리사가 서로 보지 못하는 경우, 손님만 요리사를 볼 수 있는 경우, 요리사만 손님을 볼 수 있는 경우, 요리사와 손님 모두가 서로를 볼 수 있는 경우, 총 네 가지 상황을 설정했을 때 요리가 준비되는 시간, 서비스 수준, 음식의 맛을 평가하는 설문조사를 실시했다. 결과는 어땠을까?

손님이 요리사를 보지 못하더라도 요리사가 손님을 볼 수 있을 때 고객 만족도가 10%가 올라갔다. 요리사와 손님이 서로를 볼 수 없을 때 만족도는 높아지지 않았다. 놀라운 것은 손님과 요리사가 서로를 볼 수 있을 때 만족도는 17.3%나 올라갔고 서비스 속도도 13.2%나 빨라졌다. 요리사의 음식을 만드는 모습을 볼 수 있는 식당의 요리가 실제로 더 맛있다고 느끼는 것이다. 손님이 나를 본다는 것이 스트레스가 될 수 있지만, 요리사는 내가 만든 음식을 맛있게 먹는 손님을 보는 것이 좋고 감사하다고 느끼는 것이다. 손님은 서비스 투명성이라는 관점에서 신뢰감이 올라가고 만드는 과정에 참여했다고 느끼는 감정이 새로운 경험으로 다가오는 것이다.

다른 예를 들어보자. 애플 매장의 고객응대 시스템도 이러한 관점의 전환이 엿보이는 곳이다. 우리나라 통신사의 고객응대 창구는 고객과 창구직원 사이에 가림막이 존재하는 경우가 많다. 그러나 애플 매장에서는 탁 트인 공간에서 직원들이 고객과 같은 화면을 보며 상담을 진행한다. 같은 화면을 고객과 직원이 함께 보니 동반자적 관점이 자연스럽게 만들어지게 된다. 그러나 이와 달리 고객의 앞에 창구라는 가림막을 만들고 직원이 뭘 보는지 모르는 상태에서 고객과 상담을 진행하는 경우 고객과 상담직원 사이에는 관점의 차이가 만들어진다. 관점의 격차를 만들 것인지, 관점의 공유를 통해 동반자적 태도를 만들 것인지에 대해 고민해보면 무엇이 더 효과적인지 어렵지 않게 판단할 수 있다.

기존의 틀을 고집하거나 틀 안에 갇힌다는 것은 그동안 모든 사람들이 해오거나 일반적인 통념이라고 여기던 방법을 그대로 따르는 것을 말하는 것이다. 성공을 바라는 삶의 창조자가 되고 싶다면 그렇게 해서는 안 된다. 틀 밖에서 틀을 바라보는 관점을 디자인할 필요가 있다. 소비자의 마음을 얻어야 하는 기업이라면 더욱 소비자들의 관점에서 그들이 무엇을 원하는지, 그리고 어떤 모습을 보여주었을 때 더 안심하는지를 고려해야 한다.

### 생각을 확장하는 한마디

가는 말이 고와야 오는 말이 곱다고 한다. 하지만 비즈니스를 하는 기업에게 가는 말이 늘 고울 수는 없는 법이다. 때로는 곱지 않은 말이 오더라도 그 안에서 더 나은 해결책의 실마리를 찾아야 한다. 그것이 성공하는 기업의 방식이다.

## 10
# 신제품=고객이 새롭게 느끼는 것

당신은 '신제품'이라는 단어를 뭐라고 정의하는가? 어떤 기업의 제품이 새로운 이름을 달고 나왔다면, 그것은 진짜 신제품인가? 기존의 제품과 디자인이 다른 제품이 나왔다면, 당신은 그것을 신제품이라고 하는가? 생산자가 그런 제품을 신제품이라고 한다면, 그것은 고객들로 하여금 그 제품을 새롭게 보도록 강요하는 것이다. 그것은 고객 중심에서 생각하는 것이 아니다. 엄밀히 말해서 신제품을 결정하는 것은 '고객'이다. 기능이나 외관 측면에서 고객이 그것을 신제품으로 인정할 수 있어야 그 제품이 신제품인 것이다.

그런데 예전의 것과 똑같은 기능을 가지고 있으면서 새로운 컬러로 출시되었다는 이유 때문에 신제품으로 광고되는 경우가 굉장히 많다. 엄밀히 말해 그것은 신제품이 아니다. 그러므로 우리는 제품을 바라보는 관점이 고객 중심인지, 아니면 생산자 중심인지를 따져봐야 한다. 생산자 중심이 된다면 컬러나 상품명만 바꾼 것도 신제품이라고 우길 수 있다. 그러나 고객의 관점에서 생각한다면 그것은 신제품이 아닐 수 있다. 새롭지 않으면서 새롭다고 강요해서는 안 된다. 신제품은 생산자가 아니라 고객이 정하는 것이다.

물론 신제품은 한두 명의 고객에 의해서 인정받는 게 아니다. 적어도

'공감대'가 형성될 수 있어야 한다. 사양도 비슷하고 디자인도 비슷한데 단지 일부 새로운 옵션이 첨가되었다는 이유 때문에 그것을 신제품이라고 볼 수는 없다. 나는 그들에게 과감히 말하고 싶다. "우기지 말라. 그리고 웃기지 말라. 신제품은 생산자가 아니라 소비자가 만든다."

그렇다면 신제품은 뭐라고 정의하면 좋을까? 나는 이렇게 정의한다. "고객이 새롭다고 느끼는 제품." 진정한 신제품 만들기는 고객들로 하여금 새로운 '관점'을 갖게 하는 것이다. 고객들이 그 제품으로 인해서 새로운 가치를 느끼고 새로운 니즈가 충족된다면 신제품이라고 말할 수 있다. 새로운 관점을 느끼게 하는 제품이나 서비스, 기업에서는 고객에게 무언가를 제공할 때 바로 이 점을 생각해야 하다. 마케터의 입장에서 보면 이것은 매우 막중한 임무와 사명감을 갖게 하는 것이다. 소비자에게 새로운 관점으로 해석된 제품이라는 느낌과 확신을 만드는 것이 바로 마케터들이 할 일이기 때문이다. 모든 결정권은 고객이 갖고 있다.

그렇다면 제품을 내놓고 그것을 새롭다고 강요하는 경우란 무엇을 두고 하는 말일까? 일반적으로 이런 일은 자동차 업계에서 많이 발생한다. 자동차 광고를 생각해보자. "2025년형 ○○○" 식의 광고 카피를 사용하는 경우가 상당히 많다. 그리고 그런 타이틀을 버젓이 걸고 자동차들이 출시, 판매된다. 하지만 알맹이를 살펴보면 외관의 차이만 약간 있을 뿐 변한 것은 그다지 많지 않다.

그러다 보니 인터넷 등의 매체에 올라오는 리뷰에 소비자들의 불만이 많이 등장한다. 전혀 새로울 것이 없는 제품을 내놓고 소비자들의 주머니를 열게 했으니 소비자들은 억울할 수밖에 없다. 사람들이 인정하지 않는 신제품이 무슨 가치가 있단 말인가? 오히려 그것은 기업의 이미지를 망칠 뿐이다. 그것은 단지 '2025년 식', 즉 2025년에 나온 자동차일 뿐이지 신제품의 가치는 전혀 없는 제품이다. 나는 그것을 가리켜 '눈 가리고 아웅'이라고 생각한다. '2024년 식'이라는 말과 신제품이라는 말은 아무리 생각해도 다른 말이다. 그런데 업계에서는 이와 같은 단어를 신제품이라는 말과 교묘히 바꿔서 쓰고 있다(진짜 신제품에는 All-New라는 말을 붙이는 경우도 있다). 이것은 고객을 우롱하는 행동이나 다름없다. 당장 매출은 올라가겠지만, 장기적으로 볼 때 고객의 신뢰는 떨어질 것이다.

물론 어떤 경우에는 아주 작은 차이가 고객에게 큰 만족감을 줄 수도 있다. 미리 말해두겠지만 차이가 많고 적음 자체를 갖고 신제품의 인정 여부를 가리자는 이야기는 당연히 아니다. 앞에서 이야기했듯이 고객에게 새로운 관점을 제공할 수 있는 제품이라면 그것은 어떠한 형식의 제품이든 신제품이라고 말할 수 있다.

작은 차이로 고객에게 신선한 느낌과 새로운 관점을 부여할 수 있다면 그것만으로도 그 제품은 신제품이다. 그러므로 제품을 만들 때 그것이 고객의 관점에 어떻게 관여하는지를 반드시 살펴야 한다. 그것만이 시장에서 서비스나 상품이 살아남게 하는 방법이다.

### 생각을 확장하는 한마디

새로운 제품이라는 결정권이 고객에게 있다는 것은 관점의 주체를 고객에게 넘긴다는 뜻이다. 만드는 사람이 아니라 사용하는 사람을 기준으로 하는 것, 그것이 성공의 기준이 된다.

# 11
## '맛있다'가 아니라 '이 브랜드가 맛있다'여야 한다

어떤 제품을 생산하는 기업이든 추구하는 가치를 분명히 가지고 있다. 마찬가지로 개인도 각자 추구하는 가치를 가지고 있다. 그리고 그 개인은 소비자, 즉 고객이 된다. 시장 원리는 '기업이 추구하는 가치'와 '개인이 추구하는 가치'와의 팽팽한 줄다리기라고 말할 수 있다. 이 줄다리기에서 기업이 이기는 게임을 할 수 있도록 하는 것이 바로 '브랜드'다.

기업은 고객들에게 브랜드를 각인시키기 위해 부단한 노력을 기울인다. 이러한 노력 가운데 하나로서, 기업은 고객의 경험과 브랜드를 연결시키기 위해 최선을 다한다. 간단한 예를 들어보자. 당신은 쇼핑을 하기 위해서 마트에 갔다. 마트를 둘러보던 도중에 시식 코너를 보았다. 당연히 시식을 했고, 시식해본 음식은 매우 맛있고 정갈했다. 그러나 마트를 나설 때 시식을 해본 브랜드 중 이름을 확실히 기억하는 경우가 얼마나 있었는가? 나는 그것을 고객의 경험과 브랜드의 연결고리가 끊어진 결과라고 말한다. 맛있게 먹은 경험을 브랜드로 연결시키는 힘이 부족했다는 이야기다.

제품을 판매하기 위한 시식이든 아니면 다른 이벤트든 기업은 고객을 유치하기 위해 여러 가지 시도를 한다. 고객을 특정한 경험으로 끌어들이는 것이다. 그리고 그러한 경험 속에서 브랜드는 어떤 방법으로든 고객에게 어필을 한다. 이것이 바로 연결고리라고 말할 수 있다. 브랜드와 고객의 경험을 연결하는 연결고리가 있어야 고객은 감동한다. 그리고 그러한 감동은 매출로 이어진다. 어떤 기업의 식품이 엄청 맛있었지만 어느 기업의 제품인지 기억할 수 없다면, 기업 입장에서는 그야말로 황당한 상황이다. 고객의 경험은 반드시 브랜드와 강력하게 연결되어야 한다.

'잊히는 상품'이 아니라 '각인되는 상품'이 되기 위해서 반드시 필요한 것이 브랜드다. 그리고 이 브랜드가 부각되어야 할 절호의 시점은 고객들에게 제품이 고객의 경험과 강하게 연결되는 바로 그 순간이다. 그 순간을 통해서 고객은 감동을 느낄 수도 있고 신선한 느낌을 받을 수도 있다. 그리고 비슷한 경험을 할 때 바로 그 브랜드가 머릿속에 명확히 떠올라야 한다.

고객과의 경험을 브랜드와 적절하게 연결시킨 대표적인 사례가 있다. 바로 펩시콜라 이야기다. 국내 유통 초반의 펩시콜라 광고를 한번 보자. 이 광고에서는 거리에 있는 남녀의 눈을 가리고 두 종류의 콜라를 시음하게 한 뒤 어느 쪽이 더 맛있는지 물어본다. 콜라를 시음한 사람들 중에서 많은 사람들이 펩시콜라가 더 맛있다고 이야기한다. 자연스러운 상황을 강조하기 위해 극히 일부의 사람들은 펩시콜라보다는 다른 콜라가 더 맛있는 것 같다고 대답한다. 광고 전반적으로는 펩시콜라가 더 맛있다고 말하는 사람들이 압도적으로 많았다. 맛있다는 느낌과 브랜드를 정확하게 연결한 것이다. 라이브 형태의 티저 광고가 거의 존재하지 않던 그 시절이었다. 한국에 첫발을 내디딘 펩시콜라는 마치 라이브와 같은 상황 설정을 통해서 한국의 소비자에게 자신만의 이미지를 구축해나갔다. 많은 사람들이 이 광고 이야기를 했고, 결국 펩시콜라는 고객들의 머릿속

펩시콜라 시음 대회 광고(1985)

펩시콜라는 라이브 형태의 티저 광고를 통해 한국에 첫선을 보였다.

에 의미 있는 이미지로 자리를 잡게 되었다.

이 광고를 통해 무엇을 배울 수 있을까? 결국 펩시콜라가 유도한 것은 고객의 경험을 자신의 브랜드와 연계시켰다는 것이다. 그 연결고리에 '펩시'라는 브랜드가 있었다. 기업에서 자사의 제품을 고객에게 소개하기 위해 특정 이벤트나 시연회를 하는 사례가 많다. 그런 경우 반드시 기억해야 할 점은 그러한 고객의 경험을 브랜드와 일치시키고 그것을 효과적으로 연결시키는 방법들을 이끌어내야 한다는 것이다. 그렇게 할 수 있다면 관련 서비스나 상품은 지속적인 발전의 계기를 갖게 될 것이다.

## 브랜드와 소비자의 경험이 연결될 때

물론 브랜드가 잘 알려졌다고 해서 성공이 보장되는 것은 아니다. 여기에도 아이덴티티가 관련된다. 여기에서의 아이덴티티는 그 브랜드만이 줄 수 있는 특별한 가치를 말한다. 콜라 시장의 대부분을 코카콜라가 선점하던 시절, 펩시콜라가 시장 진입에 성공할 수 있었던 이유는 펩시콜라만이 가지고 있는 아이덴티티를 브랜드에 대입하였기 때문이다. 펩시콜라가 대입한 아이덴티티는 바로 '맛있는 콜라'였다. 펩시콜라의 광고를 다시 보자. 사람들은 눈을 가리고 '맛있는 콜라'로 펩시콜라를 선택했다. 펩시콜라는 자사의 브랜드가 타사의 것에 비해 맛있다는 인상을 사람들에게 줄 수 있었다.

각기 다른 브랜드에서 동일하거나 유사한 형태의 제품으로 시장에 진입하는 경우가 있다. 예를 들어 어묵의 경우, 삼진어묵, 고래사어묵, 미도어묵, 환공어묵 등 유명한 브랜드가 시장에 함께 존재한다. 그 밖에도 꽤 많은 브랜드가 시장에서 경쟁 중이다. 많은 브랜드가 치열한 경쟁을 하는 이와 같은 상황에서 '맛있다'는 고객의 경험과 특정 브랜드를 연계하고, 이것을 특정 상품만이 가지고 있는 아이덴티티와 연결한다면 그 상품은 어묵 시장에서 반드시 승리할 수 있다.

삼진어묵의 경우 영도라는 특정 지역의 이미지를 그들이 가진 역사와 연결하여 브랜딩에 활용한 것도 좋은 사례라고 할 수 있다. 삼진어묵이 성장하던 시절 그때의 골목 느낌을 현대적 디자인 감성으로 풀어내고 그 골목 느낌이 주는 레트로 감성에 다른 젊은 스타트업 브랜드를 함께 입점시켜 도전이라는 이미지를 만들어낸 것도 좋은 사례. 전통적인 가치를 지키면서도 새롭게 도전하는 브랜드라는 이미지를 만들어내고 있는 것이다.

앞에서 "다른 사람이 생각해주었으면 하고 바라는 이미지를 먼저 결정하라"라는 이야기를 했었다. 내가 말하고 싶은 것은 자신이 결정한 이미

자신들의 역사와 전통의 가치를 고유의 아이덴티티와 연결한 삼진어묵.

지에 상응하는 경험을 고객에게 하게 함으로써 고객의 마음과 발을 붙들라는 것이다.

이번에는 코카콜라 이야기를 해보자. 코카콜라의 제품들은 콜라의 용량이나 디자인이 꽤 여러 종류로 출시되어 있다. 가볍게 손으로 들고 마실 수 있는 유리병 제품도 있고 여러 사람들이 함께 모여서 먹을 수 있는 큰 용량의 페트병 제품도 있다. 그런데 코카콜라는 자사의 제품을 홍보하기 위해서 코카콜라 로고가 입체적으로 새겨진 유리컵을 대량으로 제작했다. 이유가 무엇이라고 생각하는가?

그것은 이미 컵에 담긴 콜라를 통해서 그 콜라를 마실 때에도 소비자들이 코카콜라라는 브랜드를 생각하도록 하기 위해서였다. 즉, 이것은 브랜드와 소비자와의 경험을 연결시키는 고리를 매우 효과적으로 만든 것이라고 볼 수 있다. 엄밀히 말해서 코카콜라는 그와 같은 형태의 컵을 만들 필요가 전혀 없다. 왜냐하면 이미 다양화된 제품군이 존재하기 때문이다. 로고가 새겨진 입체 유리컵의 목적은 단 하나, 고객의 유쾌한 경험을 브랜드와 연결 짓는 것이다.

코카콜라의 경우 명품 브랜드와 콜라보도 자주 진행한다. 디즈니, 칼라거펠트, 장 폴 고티에와도 멋진 콜라보를 진행했다. 왜일까? 명품의 느낌과 코카콜라의 짜릿한 순간을 연결시켜 고객의 머릿속에 남기기 위함이다. 내용물은 같은 코카콜라지만 고객이 느끼는 감각은 전혀 달라질 수 있다. 이러한 콜라보 리미티드에디션은 소장하는 사람들이 많아서 구하기도 힘들다. 코카콜라를 마시지 않았어도 소장하는 것만으로도 좋은 느낌으로 브랜드를 기억하게 된다.

콜라보 리미티드 에디션을 통한 브랜드 이미지 구축의 대표 주자인 코카콜라.

이처럼 브랜딩 과정에서 좋은 기억을 심는 작업은 매우 중요하다. 해당 브랜드를 떠올리면서 그러한 이미지들이 해당 브랜드의 느낌을 만드는 지렛대로 작용할 수 있다는 이야기다. 눈을 가리고 맛을 비교했을 때 펩시콜라를 더 맛있다고 선택한 사람들 중에 그 이후로 펩시콜라를 사 먹은 사람도 있겠지만, 설령 실제로는 펩시콜라가 더 맛있다고 느꼈음에도 계속해서 코카콜라를 구입하는 사람도 분명 있을 것이다. 이들은 콜라의 맛보다도 브랜드가 주는 가치, 개인의 만족도를 우선으로 결정하는 것이다. 100년이 넘는 두 기업의 치열한 전쟁이 계속되는 이유다.

사람의 두뇌는 특별히 노력하지 않으면 기억할 수 있는 시간이 매우 짧다. 예컨대 특정 브랜드의 콜라를 샀음에도 불구하고 자기 집에 있는 일반 유리컵에 콜라를 따라놓으면 브랜드를 쉽게 떠올리지 못하게 된다. 그리고 소비자들이 가장 행복해하는 순간은 컵에 담긴 그 콜라를 마실 때다. 바로 그때 브랜드에 대한 이미지를 각인시켜 그 관심을 끊어지지 않게 하는 것이 이와 같은 홍보 방법의 메커니즘이다. 쉽게 이야기하면, 단지 "맛있다"가 아니라 "이 브랜드가 맛있다"라고 고객이 말을 해야 한다는 것이다.

### 생각을 확장하는 한마디

고객의 긍정적인 경험이 쌓이다 보면 기억에 각인되고, 그 브랜드가 고객의 습관이 된다. 모든 기업이 최종적인 목표로 삼아야 하는 지점이 바로 그것이다.

## 12
# 고객의 '말'로 이야기하라

당신은 설득을 위해 필요한 것이 무엇이라고 생각하는가? 내가 이런 질문을 했을 때 많은 사람들은 '논리'라고 대답한다. 물론 논리도 필요하다. 그러나 사람을 설득하기 위해서는 논리만큼이나 '공감대'를 만들어내는 것이 중요하다. 공감대가 있어야만 그 사람들은 나에게 끌리게 되고 나의 말에 귀를 기울이게 된다.

그렇다면 공감대는 어떻게 해서 만들어지는가? 공감대는 그들의 언어로 말하고 그들의 귀로 들을 때 만들어진다. 다시 말해서 그들과 함께 호흡해야 하며 감정이입이 되어야 한다. 이제 설득을 위해 매우 필요한 '그들의 언어로 말하는 것'이 무엇을 의미하는지 살펴보자.

특정 계층의 사람들에게는 그들끼리 쓰는 은어나 비속어가 있다. 은어나 비속어를 쓰는 것의 옳고 그름을 떠나서, 그러한 언어의 친근성은 서로의 공감대를 쉽게 얻어낼 수 있게 한다. 꼭 은어나 비속어를 쓰지 않더라도 그들의 정서를 반영할 수 있는 단어나 언어를 사용해 공감대를 만들 수 있다. 예를 들어 학생들과 관련된 제품을 생산하고 판매하는 기업이라면 그 기업은 물건만 만드는 것이 아니라, 학생들의 언어를 이해해야 하고 그들의 정서를 알 수 있어야 한다.

예를 들어 2030세대 직장인들을 주요 고객으로 하는 상품을 만든다면

'아바라'나 '저메추', '반모'라는 말의 뜻 정도는 알고 있어야 한다. 각각 '아이스 바닐라 라테', '저녁 메뉴 추천', '반말모드'라는 의미다(어쩌면 이미 이 말들조차 벌써 사어가 되었을지도 모른다). 10대 청소년들을 겨냥한 콘텐츠를 제작 중이라면 당연히 그들이 일상에서 쓰는 신조어가 무엇이고 어떤 분위기가 그런 말을 만들어냈는지도 이해할 수 있어야 한다. 갑자기 "너 T야?"라고 물었을 때 그게 무슨 의미인지 모른다면 다음 대화를 이어가기 힘들 것이다.

반면 중년 여성들의 속옷을 생산한다면 중년 여성들이 가진 고충을 이해하고 있어야 할 것이고, 노년 남성들을 겨냥한 전자제품을 생산한다면 그들이 겪고 있는 변화와 처지 등을 충분히 인지하고 있어야 할 것이다. 그들이 쓰는 말을 알고 있다는 것은 당신이 그들의 정서를 이해하고 있다는 방증이다. 그리고 이는 그들의 니즈를 파악하고 패턴을 적용할 수 있는 가장 효과적인 방법이다.

'그들의 언어로 이야기하라'는 것은 그들과 함께 느끼고 그들이 가지고 있는 정서로 느끼며 그들의 표현 방법대로 어필해야 한다는 의미다. 그렇게 할 때 기업은 소비자들과의 거리를 좁힐 수 있다. 생산자와 소비자로서의 관계뿐 아니라 동료로서의 유대감을 느낄 수 있는 관계가 되는 것이다. 그들과 함께 느껴보자. 그리고 그들이 웃을 수 있는 언어를 사용하자. 그렇게 한다면 당신은 살아남기 힘든 이 경쟁 사회에서 우위를 차지할 수 있다.

여기서 우리가 알아야 할 것이 있다. '그들이 이해할 수 있는 언어'라는 표현과 '그들의 언어'라는 말에는 차이가 있다는 것이다. '그들이 이해할 수 있는 언어'라는 것은 어느 정도의 호응을 얻을 수 있을지라도 온전한 공감을 얻어내기는 힘들다. 그러나 '그들의 언어'로 말한다면 그들은 필연적으로 공감하기 마련이다. 그들의 언어로 말한다는 것은 그들의 정서에 동화되어야 한다는 의미다.

## 아는 것과 느끼는 것의 차이

나는 사람들의 꿈에 대해서 많은 청중을 대상으로 강연하고 있다. 나와 비슷한 일을 하는 사람들의 특징 중 하나는 강연 전에 그 강연 기획자에게 청중이 어떤 부류의 사람인지를 물어보는 일이다. 청중이 어떤 부류인지 미리 알고 그들의 언어로 말하기 위해서다. 즉, 그들의 정서를 파악하기 위해서인 것이다. 유능한 강사일수록 그 점을 더욱 중요하게 생각하고 준비한다.

연사들에게는 철칙이 있다. 그것은 '알게 하지 말고 느끼게 하라'는 것이다. 느끼게 하기 위해서 필요한 것이 바로 공감대다. 공감대를 형성하기 위해서 필요한 것은 '그들의 언어로 말하는 것'이다. 기업과 개인에게 있어서도 단지 고객이 제품에 대해서 아는 것과 느끼는 것 사이에는 엄청난 차이가 존재한다. 느끼는 고객은 반드시 그 기업의 제품만을 사용한다.

보험업계나 대부업계의 일부 텔레마케터에 대해 사람들이 마땅치 않게 여기거나 반감을 느끼는 이유는 무엇인가? 그러한 서비스의 부정적인 이미지 때문에? 물론 그런 것도 있다. 그러나 더 큰 문제는 그들은 느끼게 하지 않고 단지 알게 한다는 것이다. 공감하려 하지 않고 서비스에 대해서 일방적으로 설명하려고만 든다. 다시 말해서 듣는 것만을 강요하는 것이다. 이러한 일방통행적인 접근으로는 생산적인 결과가 나오기 어렵다. 소비자의 마음을 잡아 인연을 맺으려면, 그들의 언어로 대화하고 그들을 이해함으로써 마음을 사로잡아라.

> **생각을 확장하는 한마디**
>
> 상대의 언어로 이야기한다는 것에는 용어의 문제뿐 아니라 '감성문법'의 문제가 포함된다. MZ세대와 소통한다며 유행어만 남발하고 막상 그 안에 담긴 메시지는 전혀 다르다면 온전한 소통은 어려울 것이다.

# PART

# 05 인생을 '주관식'으로 풀어내는 법

　　　　　　김봉진 의장에게 받은 가장 큰 영향은 '성실함'이다. 전남 완도의 없는 집에서 태어난 그는 밑바닥에서 치고 올라와서 성공한 사람이다. 2015년 무렵 성공 비결을 묻자 그는 이렇게 답했다. "마음 먹는 건 누구나 해요. 그러나 꾸준히 하는 건 아무나 못 해요. 격차는 꾸준히 해서 만들어지는 거예요." 그와 14년을 함께 일하며 '배달의민족'의 성장을 함께했다. 그 기간 동안 나 역시 성실함을 무기로 삼았다. 내가 다른 사람들에게 큰소리칠 수 있는 것도 이런 것이다. "나 열심히 살았다. 정말 노력했어." 스티브 잡스가 말한 'Stay Hungry'의 모습이다.

관점이 바뀌면 모든 것이 달라진다. 그러니 독자들이여, 남들은 당연히 이렇다고 생각할 일을 저렇게도 생각해보라. 바라보는 관점을 바꿔라. 남들이 보지 않는 것을 보고, 남들이 생각하지 않은 것을 생각하고, 다른 사람과 다른 관점으로 사물을 바라본다면, 당신도 미래의 스티브 잡스가 될 수 있다. 전구가 등장하자 등잔불과 촛불이 필요 없어졌듯이, 지금은 있지만 미래에는 없고, 지금은 없지만 미래에는 당연해질 것들, 바로 그것을 찾아야 한다.

인생은 직선이 아니라 S자 곡선이다. 지금 좌절에 빠진 사람이건 지금 성공해서 행복한 사람이건, 지금의 그 상태는 언제까지나 계속되지 않는다. 실패했다고 생각될 때 그 자리에서 포기하느냐, 다시 일어서느냐가 인생을 좌우한다. 설사 실패했다고 생각하더라도, 그 자리에 주저앉지 말자. 누구나 실패할 수 있다. 중요한 것은 그 실패에서 못 배우는 것을 아쉬워해야 한다는 점이다. 작은 실패에서 깊게 깨닫고 빠르게 움직이면 그 실패는 오히려 성공의 재료가 될 것이다.

**인생은 넘어졌을 때가 아니라,
일어서는 것을 포기했을 때 실패하는 것이다.**

PART 05 인생을 '주관식'으로 풀어내는 법

## 01

# 진심으로 대하면 내 편이 된다
- share the experience

성공하고 싶고 돈을 벌고 싶고 넓은 인맥을 갖고 싶으면 사람들에게 밥을 사고 술을 사라. 사람들을 모이게 해서 나눠주어라. 많이 만나고, 만나게 해주고, 아낌없이 베풀어라. 그러면 그 사람들은 당신의 재산이 된다. 나카타니 아키히로는《내 영혼의 비타민》이라는 책에서 "나를 도와줄 사람의 숫자는 내가 도와준 사람의 숫자와 같다"라고 했다. 먼저 베풀어야 받을 수 있다. 'give and take'지 'take and give'가 아니다.

그런데 어떤 사람들은 받으려고만 한다. 상대방으로부터 받을 수 있는 것 중심으로 생각하는 사람들을 어렵지 않게 볼 수 있다. 그들 머릿속에는 자기가 주는 것에 대해서는 별 생각이 없다. 남들에게서 무언가를 받는 것은 무척 행복한 일이지만, 계속 받기만 하면 사람들은 떠나버리고 만다. 주어라. 인맥은 절대 스스로 자라지 않는다. 인맥은 나무와 같다. 만들어져 있는 것이 아니라 물을 주고 정성을 들여 키우는 것이다. 인맥의 나무는 같이 아파하며 울어준 시간만큼, 같이 대화하며 공감한 시간만큼, 상대를 위해 공을 들인 시간만큼 자라는 것이다.

나의 일은 휴대폰에 저장된 사람들과 대화하는 것으로 시작된다. 하루에 수십 통 이상의 전화와 수백 건의 카톡 메시지를 받는다. 휴대폰에 저장된 전화번호는 2025년 현재 22,091개이고, 카카오톡 친구는 12,909명이다. 그리고 이 숫자는 계속 늘어나고 있다.

그러니 매일 약속이 있는 것은 당연하다. 혼자 식사하는 일은 거의 없고, 대부분 둘 이상의 사람들과 식사를 한다. 결혼 전에는 100명 가까운 사람들이 모여서 생일 파티를 할 정도였다. 연예인도 오고 판검사도 오고 기업인도 오고 운동선수들도 오는, 그야말로 목적 없이 그냥 섞여서 즐기는 자리였다. 친구들이 "너는 생일 파티가 아니라 환갑잔치를 하는 거냐?"라고 놀렸을 정도였다. 생일뿐 아니라 언제 어디에서나 사람들을 불러 모으는 것이 취미 생활이다. 예를 들어 HBD라는 모임이 있는데, 이 름은 그럴싸해 보이지만 사실은 아무 의미도 없다. 그냥 내 생일에 모였던 좋은 사람들이 다시 모여 서로 친교를 나누는 모임이다.

이런 모임을 나는 굉장히 즐긴다. 사람들과 함께 식사하고 차를 마시고 술잔을 기울이는 일은 나에게 커다란 즐거움인 동시에 '남을 배울 기회'다. 설사 그 사람에게서 배울 점이 없으면 어떤가? 서로 연락하고 만나는 것이 어색하지 않은 사이로 만들기 위해서라도 수시로 연락하고 만나고, 만나면 주로 내가 밥을 사고 술도 산다. 우리는 누군가에게 빚을 졌다고 생각하면 도와줄 기회가 있을 때 부탁하지 않아도 도와주려고 한다. 예를 들어 가수 K에게서 새벽 3시에 "혼자 술을 마시고 있다"라는 전화가 걸려온 적이 있다. 잠자리에 누웠다가 그 전화를 받고 바로 달려 나가 함께 술을 마셨는데, 그는 그 시간에 내가 나와주었다는 사실에 무척 감동했다. 그리고 지금까지도 좋은 관계로 지내고 있다. 사람 사이의 관계란 이런 것이다.

사람들과 만나 밥을 먹고 술이나 차를 마시는 일은 나에게 즐거움인 동시에 '배울 기회'다.

　내가 사람들을 한꺼번에 불러 모으기를 좋아하는 이유는 나의 인맥을 혼자만 알고 있는 게 아니라 서로 연결해주기 위한 의도도 있다. 좋은 사람들을 나 혼자 알고 있기에는 너무 아까운 것이다. 좋은 사람들끼리 서로 만나게 해준다면 그야말로 금상첨화 아니겠는가? 다른 사람들을 서로 연결해주면 내 인맥도 더 넓어질 뿐만 아니라 네트워크가 형성된다. 이런 내 행동을 보고 '인맥 자랑한다'라면서 좋지 않게 보는 사람도 있지만, 나는 개의치 않고 좋은 사람들을 알게 되면 서로 만날 수 있는 자리를 기꺼이 마련한다. 그러면 사람들은 고마워한다.

　그래서 내가 누군가에게 만나자고 연락을 하면 "지금 갈게요" 하고 바로 나오는 사람들이 10명 중 8, 9명은 된다. 나와 보면 새로운 사람, 배울 점 많은 사람, 알아두면 힘이 되는 사람들이 있다는 사실을 알기 때문이다. 유대인들은 "성공하려면 성공한 사람들한테 밥을 사라, 가난해도 부자의 줄에 서라"라고 말했다. 성공한 사람들을 보면 '저 사람은 저래서 성공했구나' 하고 느껴진다. 열린 마음으로 성공한 사람들을 만나고 오면 항상 배우는 게 있다.

반면에 실패한 사람들은 "내 인생은 왜 이러는지 모르겠어. 되는 일이 없다"라는 말을 입버릇처럼 달고 다닌다. 하지만 '되는 일이 없어서' 실패하는 것이 아니라 '되는 일이 없다고 생각하기 때문에' 실패하는 것이다. 비관적으로 생각하면 비관적인 결과가 나오고, 낙관적으로 생각하면 낙관적인 결과가 나온다. 그래서 나는 비관적인 생각을 두려워한다.

이렇게 많은 사람들을 만나다 보면 약속을 잘 지키는 사람, 영감이 번뜩이는 사람, 생각이 기발한 사람, 우직하고 인간미 넘치는 사람, 남에게 베풀 줄 아는 사람, 남을 잘 배려하는 사람, 조리 있게 말을 잘하는 사람 등 참으로 많은 스승들이 있다.

배달의민족을 만든 ㈜우아한형제들의 김봉진 전 의장도 스승들 중 가장 중요한 한 명이다. 몇 시간 달려가서 10여 분 이야기를 나누어도 그 이야기가 내 생각의 축을 바꿔준다. 생각의 폭을 넓혀주는 사람들을 만나고 집에 돌아가면, 아주 맛있는 고기를 사가지고 가는 느낌이다. 이 고기를 먹으면 얼마나 맛있을까, 이 고기의 자양분은 내 영혼을 얼마나 살찌게 만들어줄까, 생각만 해도 뿌듯하고 행복한 것이다.

그러니 배울 수 있는 사람들과 사귀며 그들의 공통점을 찾고 소통하라. 그러면 당신의 인생도 달라지기 시작한다. 무엇이든 한 가지라도 배울 수 있는 사람들 가운데 있어라. 인맥 만들기, 그것이 바로 비즈니스에서 꼭 필요한 '휴먼 네트워킹 human networking'이다.

## '아는 사람'과 '인맥'은 다르다

인간人間은 사람 사이란 뜻이다. 사람은 사람 사이에 사는 존재다. 그 관계의 질質에 따라 사는 맛이 달라진다. 나는 인품이 좋은 사람들끼리 만나면 반드시 좋은 일이 벌어진다는 신념을 갖고 있다. 하버드대학교의 오랜 연구에서도 인간관계의 질이 행복과 매우 밀접하게 연결되어 있다는 것이 학문적으로 증명되기도 했다.

주변에는 '인맥人脈'과 '아는 사람'을 혼동하는 이들이 많다. 같은 학교를 나왔으니까, 고향이 같으니까, 아는 사람의 아는 사람이니까 인맥이라고 착각한다. 이런 관계들은 절대 인맥이 아니다. 그저 관계를 맺을 수 있음에 조금 유리한 사람들일 뿐이다. 이익만을 위해 맺어진 관계는 그리 오래가지 못한다. 관계의 목적이 이익 중심이니 인간관계는 뒷전이다. 그런 관계는 이익을 중심으로만 자란다. 대표적인 것이 정치인들과의 관계다. 일반 사람과 정치인들과의 관계는 그리 오래가지 못한다. 왜냐하면 그들이 맺는 관계는 그들이 가진 힘, 즉 권력의 후광만을 바라보며 맺어진 관계가 대부분이기 때문이다. 정치인들도 그들과 주변에 연결된 사람들을 이해관계 중심으로만 대하는 경우가 많다. 필요하면 연락하고, 필요하지 않으면 연락하지 않는다. 안부를 묻는 것도 후원금 모금 시즌이 되거나, 그들이 그 사람을 필요할 때에만 집중되어 있다. '정치적'이라는 단어가 그리 좋은 느낌의 단어가 되지 못하는 이유가 바로 이런 이유에서이다.

이익 중심으로만 인간관계를 맺어가는 사람들의 태도는 원하는 것을 갖게 되면 본색을 그대로 드러낸다. 지인 가운데 돈을 벌고 나니 거만해진 사람이 있다. "왜 저렇게 변했을까?"라는 질문에 그를 아는 사람들의 대답은 이랬다. "원래 그런 인간이었는데 이제 돈을 가졌으니 그걸 가리거나 감출 필요가 없어졌으니까요" 즉, 그가 전에 했던 행동은 진심이 아니라 무언가를 얻기 위해 가식적으로 했던 행동이라는 것이다. 가슴이 아팠다. 그 일을 본 이후 나는 진짜 부자는 그 사람이 부자가 되었음을 진심으로 축하해주는 사람들이 얼마나 많으냐가 결정한다고 생각하게 되었다.

주변의 보통 사람들 중에서도 정치인과 비슷한 인간관계를 맺어가는 사람들이 꽤 된다. 필요에 의해서 맺어진 관계가 중심이 된 사람의 인생은 외롭다. 많은 사람들을 만나도 진심이 없는 목적 중심의 관계 위주로 사람을 대한 사람은 그가 가진 것이 바닥을 드러내면 그의 주변에는 아무도 없게 된다. 사람의 관계는 함께 웃었던, 함께 울었던 시간과 비례한다. 인맥은 상대방이 잘되기를 바라는 마음과 함께 자란다. 이런 간단한 법칙을 알지 못하면 이익 중심의 빈 관계만이 주변을 둘러쌀 뿐이다. 그러나 정치인이라도 진심을 가진 정치인 주변에는 진심을 가진 사람들이 모여 있다. 기업인도 마찬가지고, 보통사람도 마찬가지다. 목적에 의해 가까워지고 멀어지는 관계는 목적이 사라지면 관계도 사라진다. 진짜 큰 힘을 발휘할 수 있는 원동력은 그것이 비록 정치라도, 사업이라도, 작은 일이라도 진심을 갖고 사람을 대하는 것에서부터 시작된다.

내가 살아오면서 느꼈던 가장 힘이 센 관계의 저력은 사람을 진심으로 대하는 태도에서 나온다는 것이다. 상대방을 먼저 도우려는 마음, 상대방이 정말 잘되었으면 좋겠다는 마음으로 상대방을 대하면 좋은 관계가 만들어진다. 또 하나 그 관계의 힘을 키우는 마법 같은 주문이 하나 있다. 마음속으로 상대방이 '정말 잘됐으면 좋겠다'고 빌어주는 것이다.

인맥을 만드는 데는 특별한 스킬이 필요치 않다. 앞서 말한 대로 내가 그 사람을 진짜 좋아하면 된다. 물론 나도 모든 사람을 좋아하지는 않으며, 당연한 일이지만 나를 싫어하는 사람도 있다. 하지만 사람들을 만날 때 '이 사람한테 내가 뭘 배워야 하지?' 이런 것을 생각하면 배울 점이 눈에 보이고, 배울 것이 있으면 그 사람을 존경하게 되고, 내가 그를 존경하면 관계가 정말 좋아진다.

나는 인연을 중요하게 생각한다. 내가 아는 사람들과 나는 점으로 서로 연결되어 있고, 그들 역시 서로 다른 점이 되어서 다른 사람들과 연결되어 있다. 그렇게 해서 형성된 네트워크는 사방팔방에 미치지 않는 데가 없게 된다. 지금이라도 당장 당신의 점과 다른 누군가의 점을 이어라. 인연을 확장시켜라. 인연을 혼자 간직하지 말고 공유하면, 당신은 엄청난 사람 부자가 된다. 그야말로 거미줄 인맥을 갖게 되는 것이다. 이렇게 맺어진 네트워크의 일원이 된다는 것, 참으로 든든하고 멋진 일 아닌가?

### 생각을 확장하는 한마디

사람들과 연결되고 인맥을 형성하는 것을 어려워하는 사람들이 있다. 성격이 내성적이고 낯을 많이 가린다며 고개를 젓는 이들도 있다. 하지만 인간관계를 맺는 것은 개인의 성향과 관계가 없다. MBTI가 E든 I든 중요치 않다. 진짜 중요한 것은 진심을 갖고 있느냐 하는 것뿐이다.

## 02
## 두려워해야 할 것은 '갇힌' 생각이다

어느 추운 날, 두 친구가 술집에서 만났다. 한 남자가 뒤늦게 도착해서 막 가게로 들어서려는데, 술집 입구에서 꽃을 팔던 할머니가 다가왔다.

"신사 양반, 꽃 좀 사줘요."

"이렇게 추운데 왜 꽃을 팔고 계세요?"

"우리 손녀가 아픈데 약값이 없어서 그래요. 꽃을 팔아야만 손녀딸 약을 살 수 있다오."

할머니의 딱한 사정을 들은 그는 할머니가 얘기한 것보다 더 많은 돈을 주고 꽃을 샀다. 꽃을 들고 술집으로 들어서자 먼저 와 있던 친구가 꽃장수 할머니를 가리키며 물었다.

"너, 그 꽃, 저 할머니한테서 샀지?"

"어떻게 알았어?"

"저 할머니 사기꾼이야. 저 할머니 저기에서 항상 손녀딸 아프다면서 꽃 팔거든? 그런데 저 할머니, 아예 손녀딸이 없어."

그러자 속았다며 화를 낼 줄 알았던 남자의 표정이 환해졌다.

"진짜? 손녀가 없어? 그러면 저 할머니 손녀딸, 안 아픈 거네? 정말 다행이다! 친구야, 한잔하자. 건배!"

절친인 천양현 회장에게 들은 어느 일본 CF 이야기다. 내 친구는 이 이야기를 듣고 가슴이 먹먹해서 일주일 동안 일을 못 했다고 한다. 나 역시 가슴이 먹먹했다. 당신은 어떤가? 사람들은 누군가에게 속았다고 생각하면 대부분 억울해한다. 꽃을 도로 할머니에게 갖다주고 꽃값을 돌려받을지도 모른다. 하지만 광고 속의 주인공은 추운 겨울에 꽃을 파는 불쌍한 할머니에게 아픈 손녀가 없다는 사실을 알게 되자 진심으로 행복해했던 것이다. 관점을 바꾸면 우리의 삶은 이렇게 달라진다.

예를 하나 더 들어보자. 지하철역 앞에서 맹인이 구걸을 하고 있다. 맹인 앞에는 종이가 한 장 놓여 있고, 그 종이에는 이렇게 쓰여 있었다.

"I'm blind. Please help."

사람들은 구걸하는 맹인과 "저는 맹인입니다, 도와주십시오"라는 문구가 있는 종이를 보고서도 별다른 표정 없이 스쳐가거나 어쩌다 한 명이 동전을 던져주고 갔다. 그때 한 여자가 다가와 종이를 뒤집더니 다른 글을 써놓고 갔다. 그러자 그 글을 본 사람들이 친절하게 맹인 앞에 동전을 놓고 갔다. 궁금해진 맹인이 누군가에게 종이에 어떤 말이 쓰여 있는지를 물었다. 여자가 써놓고 간 글귀는 다음과 같았다.

"It's a beautiful day and I can't see it."

같은 사람이 같은 장소에서 구걸을 하고 있음에도 불구하고, "아름다운 날입니다, 그런데 나는 그것을 볼 수 없네요"라는 새로운 문구가 사람들의 관점을 바꾸어놓은 것이다. 그 글귀는 그를 '구걸하는 맹인'이 아니라 '이 아름다운 세상을 볼 수 없는 가엾은 사람'으로 생각하게 했고, 사람들은 아름다운 세상을 볼 수 없는 그를 돕고 싶어졌던 것이다.

같은 사람, 같은 상황, 같은 사물일지라도 바라보는 관점이 바뀌면 모든 것이 달라진다. 바라보는 시선이 달라지고, 생각이 달라지고, 행동이 달라지고, 결과까지 달라진다. 그러니 남들은 당연히 이렇다고 생각할 일을 저렇게도 생각해보라. 바라보는 관점을 바꿔라. 그러면 누구나 놀라운 미래의 주인공이 될 수 있다.

한 요양사의 엠트가 바꾼 많은이의 하루

대부분의 사람들이 남들이 보는 대로 보고, 남들이 생각하는 대로 생각하고, 남들이 아는 대로만 아는 걸로 만족한다. 그렇다면 그는 몇 년 후에도 남들과 같은 자리에 머물러 있을 것이다. 그러니 남들이 보지 않는 것을 보고, 남들이 생각하지 않은 것을 생각하라. 다른 사람과 다른 관점으로 사물을 바라본다면, 당신도 미래의 스티브 잡스, 일론 머스크가 될 수 있다.

전구가 등장하자 등잔불과 촛불이 필요 없어졌듯이, 디지털카메라와 스마트폰, 컴퓨터가 등장하자 사진을 현상해서 꽂아두던 앨범의 수요가 급감했듯이, TV에서 영화를 볼 수 있게 되자 비디오가게가 사라졌듯이, 지금은 있지만 미래에는 없고 지금은 없지만 미래에는 당연해질 것들이 분명히 존재한다. 그 종류 또한 무척 많을 것이다. 그것을 찾아야 한다.

### 가장 두려운 것은 '갇힌' 생각이다

사물의 본질을 보라. 그리고 고정관념과 편견을 가지고 판단하지 말라. 고정관념과 편견의 벽은 너무나 두터워서 그 벽을 깨기가 쉽지 않다. 대용량의 컴퓨터가 큰 기업이나 대학 연구소에나 있던 시절, 개인이 각자 컴퓨터를 사용하는 세상을 예견한 빌 게이츠도 1981년에는 '640KB 정도의 메모리면 모든 사람에게 충분한 용량'이라고 말했다. 하지만 MP3에 노래 한 곡 다운받으려 해도 4~7MB의 용량이 필요하고, 흔히 사용하는 메모리 카드나 USB만 해도 128GB, 256GB 또는 그 이상의 용량을 가진 것이 허다하다. 그뿐일까? 1994년 짐 클라크와 마크 앤드리슨이 최초의 상용화 웹브라우저인 넷스케이프를 무료 공개하자 마이크로소프트는 "사람들이 인터넷을 얼마나 이용한다고……" 하며 비웃었다. 하지만 넷스케이프로 인해 인터넷 붐이 일자 자신들도 웹브라우저인 익스플로러를 무료로 보급해야만 했다. 그리고 지금 우리는 어떤가? 날마다 무선 인터넷의 바다에서 헤엄치고 있지 않은가?

이외에도 몇 년이 지나면 당연해질 일을 미리 알아보지 못한 예는 얼마든지 있다. 더글러스 엥겔바트가 마우스를 발명했을 때 사람들은 비웃었다. "누가 정보 전달도 못하는 마우스를 쓰겠는가. 쓸데없는 데 투자하지 마라." 하지만 우리는 컴퓨터를 사용할 때 마우스를 함께 사용하며, 지금 이 순간에도 나는 노트북에 마우스를 연결하여 사용하고 있다.

앞에서 언급한 코카콜라는 또 어떤가? 코카콜라를 처음 만든 존 펨버턴은 헐값으로 코카콜라 제조 방법을 워커 챈들러 사에 팔아넘기면서 '이것은 단지 소화제일 뿐'이라고 했다. 하지만 코카콜라는 100년 넘게 그 브랜드 가치를 이어오고 있으며, 지금까지 벌어들인 경제적 가치 역시 환산하기 어려울 정도다. 이 사실을 존 펨버턴이 알았더라면 그 제조 비법을 헐값에 팔아넘겼을까? 결코 아닐 것이다.

우리가, 또는 사람들이 당연하다고 생각하는 것이란 게 고작 이렇다. 과학적 근거도 없을뿐더러 몇 년 뒤에 어떤 형태로 뒤바뀔지 모르는 종류의 것이다. 그러니 젊은이들이여, 지금 무엇을 해야 할지 알겠는가? 지금은 별것 아니지만 미래에 너무도 당연해질 것을 찾아 헤매라. 관점을 바꾸면 그 작업은 가능하다. 관점을 바꾸기 위해서는 많이 읽고 많이 생각하고 많이 질문하고 많이 관찰해야 한다. 그 많은 정보 가운데 어디에서부터 시작하느냐고? 내가 좋아하는 것부터 하면 된다. 자신이 좋아하는 분야의 자료를 수시로 수집하고, 시간이 지나면 그 변화에서 공통점을 찾아라. 그러다 보면 사람들이 무엇을 가장 필요로 하는지 알게 되고, 흐름이 보인다.

우리나라 젊은이들은 취업 걱정을 가장 많이 한다. 취직을 못할까 봐 제일 두려워하는 것이다. 하지만 이렇게 급변하는 세상에서 걱정해야 할 것은 취업이 아니다. '부정적인 생각'이다. 일은 항상 생각한 대로 되어가기 때문이다. 나 역시 나에게 월급을 주는 기업이 줄어드는 것을 두려워하지 않는다. 내가 남들과 다른 관점으로 세상을 본다면, 그래서 남들이 미처 보지 못한 것을 간파해낼 수 있다면, 내 생각을 필요로 하는 사람들은 어디든지 있기 때문이다. 내가 두려워하는 것은 내 생각이 멈추거나 갇히는 것이다. 그리고 이것은 나뿐만 아니라 당신도 마찬가지다. 그러니 젊은이들이여, 취업이 아니라 당연함 속에 자신의 생각이 갇히는 것을 걱정하라. 끊임없이 관점을 바꾸기 위해서 노력하라.

### 생각을 확장하는 한마디

당신이 상어라 해도 수족관에 갇혀 있다면 온전한 상어의 삶을 살기 어렵다. 백수의 왕 사자라 해도 사파리에 머물고 있다면 야생의 삶은 느끼기 힘들다. 더 넓은 곳, 더 깊은 생각을 갈구하라. 갇히는 것을 경계하라.

## 03
# 정답이 정해지지 않은 문제를 푸는 능력

자, 문제를 하나 풀어보자.

Q. 다음 중 대학이 아닌 것을 고르시오.
① 서울대 ② 연세대 ③ 고려대 ④ 지방대

결론부터 말하면, 답은 없다. 혹시 정답을 ④번이라고 생각하지 않았는가? 이런 식으로 선택지를 네 개만 제시하면 ④번이 답이라고 하는 사람이 대부분이다. 하지만 지방대가 왜 대학이 아닌가? 이 문제는 일종의 의도를 가지고 만들어진 조잡한 문제다. 그럼에도 사람들은 제시된 선택지 중 그럴싸한 것을 하나 골라낸다. 출제위원들이 정해준 대로 주어진 문제 안에서 관점이 형성되고, 그 안에서 하나를 골라내는 데 익숙한 사람들이 많다는 이야기다.

이렇게 주어진 상황 안에서 그럴싸한 답을 잘 찾아내는 사람들이 우등생이 되고 능력자로 평가받고 리더가 되면, 그 조직은 구태의연해지기 쉽다. 출제자의 구미에 맞는 답을 잘 골라내는 사람은 능력자도 아니며, 지혜로운 사람은 더더욱 아니다. 답을 잘 골라내는 사람이 많은 사회가 발전하는 것도 아니다. 혁신을 하고 사회를 발전시키는 사람은 자기 자신만의 주관을 가지고 편견 없이 세상만사를 판단하는 사람이다. 모든 사람이 지구는 평평하며 태양이 지구 주위를 돈다고 할 때, 자연 현상을 남과 다른 관점으로 바라보고 지구는 둥글며, 지구가 태양의 주위를 돈다고 결론짓는 사람, 그런 사람이 세상을 발전시키는 것이다.

우리는 그동안 객관식 문제에 익숙해져 있었다. 그래서 인생도 객관식으로 살아왔다. 내 앞에 놓인 여러 개의 선택지 중에서 가장 무난한 길, 남들이 "잘했어!"라고 칭찬해줄 만한 안전한 길을 골라잡는 것이다. "직업은 역시 정년퇴직이 보장되고 밥줄 끊길 일 없는 공무원이 최고야" 하는 식이다. 대기업, 중견기업, 벤처기업에 나란히 합격했을 때, 대부분의 사람들이 대기업에 취직하는 것도 같은 맥락이다.

하지만 곰곰이 생각해보자. '객관식客觀式'이라고 할 때의 객客은 뭘 말하는가? 바로 손님 아닌가! 자신의 인생을 객관식으로 살아간다면, 주어진 답안지 중에서 가장 무난한 길로만 살아간다면, 그 사람은 자신의 삶을 사는 것이 아니라 객, 즉 손님의 삶을 사는 것이나 다름없다. 당신 인생의 주인공은 바로 당신이다. 손님의 관점으로 살지 말고 주관主觀, 즉 주인의 관점으로 살아가라.

## 객관식에 길들여진 생각에서 탈출하는 법

자기 인생의 주인이 되어 주관적으로 살려면 어떻게 해야 할까? 구체적으로 무엇부터 시작해야 할까? 우선 내 인생에서 가장 중요한 단어를 열 개 정도 골라보자. 돈이나 취업도 좋고, 좋은 성적도 좋고, 결혼도 좋고, 친구도 좋다. 그리고 각각의 단어에 대해 정의를 내려보자. 사전적인 뜻을 말하는 것이 아니라, 자신만의 정의를 만들어보라는 이야기다. 내 인생에 중요한 것에 대한 해석을 내가 직접 해보는 것이다. 예를 들어 '돈이란, 나에게 □□이다', '나에게 창업이란 ○○○다', 이런 식으로 말이다.

사람들은 대부분 돈과 행복을 좋아한다. 그런데 막상 사람들에게 "여러분에게 돈이란 무엇인가요? 행복은 과연 무엇입니까?" 이렇게 질문하면 선뜻 대답하지 못할 뿐만 아니라, 정의를 내려보라고 하면 대부분 한동안 당황한다. 객관식에만 익숙해져 있었기 때문에, 자신의 생각을 말하거나 쓰는 일에 어려움을 느끼는 것이다. 객관식에만 익숙해진 사람들은 정형화된 문제가 아니면 풀지를 못한다. 이런 과정을 거치면 사람들은 자신이 그 단어를 좋아하고 희망해왔을 뿐, 실은 잘 알지 못하고 있었다는 사실을 깨닫게 된다. 자신이 잘 모른다는 사실을 깨닫게 되면, 그 단어에 대해 깊이 생각해보게 되고, 결국 답을 찾게 된다.

그러니 일단 써보라. 쓰기 시작하면 쓰는 능력도 점점 좋아진다. 흥미로운 것은 시간이 지날수록 자신이 중요하다고 생각하는 단어들이 바뀐다는 사실이다. 그리고 책을 읽거나 사람을 만나면서 스스로 만들어놓은 정의가 바뀌는 것을 느낄 수 있다. 돈이 리스트에서 사라질 수도 있고, '성공이란 ○○다'라고 써놓았는데 그 정의가 바뀔 수도 있고, 단어의 목록 자체가 바뀔 수도 있다. 이런 작업을 반복하다 보면 내가 무엇을 중요하게 생각하고, 그 중요한 것에 대해 내가 어떻게 생각하는지가 보인다.

우리는 "비가 내린다"라는 표현을 쓴다. 나는 가끔 이 문장의 주어가 무엇일까라는 생각을 해본다. 어쩌면 우리는 이 표현처럼, 내 인생의 주어가 무엇인지 자각하지 못하고 살고 있는 건 아닐까? 내 인생의 주어가 내가 아니라 객이 되고, 자식이 되고, 타인이 되는 시간이 많아질수록 인생은 내 것이 아닌 남의 것이 되어간다. 내 인생의 주어는 내가 되어야 한다. 내가 무엇을 중요하게 여기는지도 모르고 사는 사람들이 많다. 그게 바로 '관성대로 사는 것'이다. 관성대로 살지 않기 위해서는 자기의 주관을 가져야 한다. 내가 무엇을 중요하게 여기는지 확실히 알아야 한다. 그리고 그 중요한 것에 대해 내가 어떻게 생각하는지도 알아보라는 것이다.

자, 여기부터 시작해보자. 나 자신의 인생을 주관식으로 보는 것, 내 인생의 손님이 아니라 주인공이 되는 것, 그것이야말로 나와 내 인생에 대한 예의다. 생각의 주도권을 내가 가져야 한다.

### 생각을 확장하는 한마디

내가 손님이 아닌 주인공인 삶을 살 때의 좋은 점은 내 인생을 평가하는 주체 역시 나 자신이라는 점이다. 다른 사람의 기준으로 살지 않아도 된다. 그럴 때 우리는 각자 자신의 방향으로 나아갈 수 있다. 모두가 1등이 되는 삶이 가능해진다.

## 04
# 나와 '다른' 사람은
# 누구라도 배울 것이 있다

사람을 만나는 것의 중요성에 대해 가장 널리 알려진 말은 아마도 《논어》의 '삼인행 필유아사三人行 必有我師'가 아닐까 싶다. "세 사람이 길을 가면 반드시 내 스승이 있다"라는 명구로서, 세 사람 중 한 명에게서는 반드시 배울 점이 있다는 이야기다. 하지만 나는 세 사람 중 하나가 아니라 우리가 만나는 모든 사람이 나의 스승이라고 생각한다. 만나는 사람 모두에게서 배울 점이 있다는 말이다.

훌륭한 사람을 만나면 장점을 배우고, 불쾌하거나 바람직하지 못한 생각과 행동을 하는 사람을 만나면 '저런 행동을 하면 상대방이 이렇게 느끼는구나. 그러니 나는 저런 말과 행동을 하지 말아야지'라는 교훈을 깨닫는다.

《논어》에도 내 생각과 비슷한 내용이 나온다. '견현사제언 견불현이내자성야見賢思齊焉 見不賢而內自省也'라는 구절로, "어진 사람을 보면 같아지려고 하고, 어질지 못한 사람을 보면 스스로를 돌아보라"라는 말이다. 《탈무드》에도 "만나는 사람 모두에게서 무엇인가를 배울 수 있는 사람이 가장 현명한 사람이다"라는 말이 나온다. 이 모두가 사람을 만나 어울리면서 사람에게서 배우는 것이 얼마나 중요한지를 알려주는 말들이다.

만나는 사람 각자에게서 한 가지씩만 배워도 열 명을 만나면 열 가지 장점을 지닌 사람이 되고, 100명을 만나면 100가지를 더 알게 되며, 1,000명을 만나면 1,000명의 장점을 내 것으로 만들 수 있다. 배우고 성장하라! 사람을 담아라! 기업에서는 요즘 창의적인 인재를 뽑으려고 매우 노력하는데, 가장 창의적인 사람은 여러 사람의 요소들을 합해서 장점을 뽑아낸 사람이다. 나와 100명을 합해 거기에서 하나를 도출해내고, 1,000명의 의견을 모아서 가장 독특한 생각을 뽑아내면 그 생각은 창의적일 수밖에 없다.

인터넷 기사를 읽거나 사람들이 많이 찾는 커뮤니티 등에 들어가서 사람들이 달아놓은 댓글을 보면 안타깝게도 타인의 생각을 받아들이지 못하는 사람, 다른 사람의 의견을 들을 줄 모르는 사람, 남의 의견을 받아들여 자신을 발전시키기보다는 남을 비난하기 바쁜 사람들이 굉장히 많다. 예를 들어 연예인 A와 B가 결혼한다는 기사가 났다고 하자. "행복하게 잘 사세요" 하고 축하해주면 좋을 텐데, 기사 말미의 댓글을 보면 이상한 억측을 하는 사람, 욕을 하는 사람들이 축하하는 사람들보다 더 많다. 이른바 악플러들이다. 이들은 김연아나 김연경, 손흥민처럼 열심히 노력해서 온 국민에게 기쁨과 행복, 자부심을 준 스포츠 선수에게도 욕설을 한다.

악플러들이 알아야 할 것이 있다. 쓰레기 글을 남기는 것은 기사의 주인공을 모독하는 것이 아니라 자기 자신에게 오물을 뒤집어씌우는 행동이라는 것이다. 익명성이라는 가면 뒤에 숨어서 언어폭력을 가하는 행위, 얼마나 부끄러운 일인가? 다른 사람을 받아들이지 못하는 각박한 사람들이 굉장히 많다. 이들은 다른 사람의 단점만을 보며, 남들은 다 좋다고 하는 것도 나쁘게 본다. 그런 사람 안에서 인격이 자라겠는가, 사랑이 자라겠는가, 관용이, 도덕이, 사랑이, 인간적인 따스함이 자라겠는가? 그런 사람의 가슴속은 그 무엇도 자랄 수 없는 척박한 황무지가 되어버리고 만다.

"당신은 몇 명을 담는 땅입니까?"

다른 사람을 받아들이고 사랑으로 품어주지 못하는 사람은 자기 자신도 보듬어줄 수 없다. 그래서 스스로가 조금 못하면 '나는 왜 이렇지? 내가 하는 일이 그렇지 뭐!' 하며 좌절하고 포기하고 스스로를 팽개쳐버리고 만다. 이런 사람이 성공할까? 그럴 리 없지 않은가! 그러니 젊은이들이여, 가슴 안에 사람을 품어라. 온라인이든 오프라인이든 자신이 만나는 사람들을 사랑하고, 상대의 장점을 보며, 그 장점을 배워라. 상대를 존중하고 단점은 감싸주면서 장점을 칭찬하고 배우면, 성공하는 것은 상대방이 아니라 바로 자기 자신이다.

과거 모 TV 프로그램에서 강연했을 때 사회자가 덧붙인 이야기를 소개한다.

내가 얼마 전에 한 교수를 만났어요. 이 분도 생각과 관점이 굉장히 독특한 분입니다. 그래서 물었죠. 이 좋은 생각, 이 많은 생각을 다 누구한테 배우세요? 그랬더니 이렇게 대답하셨어요. "누구한테 배우겠어요, 사람에게서 배우지. 사람만한 스승이 어디 있어요. 지금 내 옆의 사람들이 365일 얼마나 열심히 사는 줄 아세요? 내 스승 되려고 열심히 사는 사람들인데, 내가 스승으로 모시면 되잖아요. 나는 스승을 모실 때 한 가지 원칙이 있어요. 그를 앞에 세우고 내가 뒤에 서요. 왜? 앞에 있으면 잘난 척하니까요."

나와 상대가 다르다는 것만으로도, 상대방은 이 세상에서 가장 위대한 창조물입니다. 내가 그 사람을 담으면 내가 그 사람을 통해서 성장하게 됩니다. 내가 앞에 서면 못 배웁니다. 내가 나이가 많아도 더 뒤에 서야 배울 수 있습니다. 내가 그 사람의 뒤에 서서 그 사람의 시각으로 세상을 보라는 것입니다. 그러면 나는 그 사람한테서 배우게 됩니다, 그 사람 시각으로. 이렇게 천 명, 만 명씩 늘려나가는 것이 가장 창의적이고 멋있는 꿈이 됩니다. 그렇게 해서 여러분, 옥토가 되십시오. 꿈이 자랄 수 있는 옥토는 나 말고 몇 명의 사람을 내 안에 담았는가에 달렸습니다. 나는 몇 명을 담는 땅입니까? 나 하나, 단 한 사람도 못 담고 삐딱한 시선으로 본다면 꿈도 삐딱해집니다. 여러분, 척박한 땅이 되지 말고 옥토가 되십시오.

얼마나 훌륭한 관점인가? 이 말 안에 내가 해주고 싶은 이야기가 모두 들어 있다.

### 생각을 확장하는 한마디

만나는 모든 사람이 스승이라고 생각하면 이 세상 전체가 배움의 터가 된다. 세상의 모든 일이 교훈을 담은 책이 된다.

## 05
# 명품이 된다는 것은 아이덴티티를 가진다는 것이다

높은 스펙이 취업에 좋은 결과를 보장해줄까? 구직자와 기업 인사담당자의 '스펙 쌓기'에 관한 입장을 신문기사를 통해 살펴보자.

"취업포털 사람인이 기업 인사담당자 788명을 대상으로 설문 조사를 한 결과 72.1%가 구직자의 스펙보다 인성이 더 중요하다고 답했다. 스펙이 더 중요하다는 응답은 0.8%에 불과했다. 인사담당자의 66.8%는 예절을 지키지 않거나 기업의 인재상과 맞지 않을 것 같다는 이유로 인성이 부족해 보이는 구직자들에게 불이익을 주는 것으로 나타났다."

"온라인 취업포털 사람인이 구직자 575명을 대상으로 '본인의 보유 스펙 만족도'에 대해 조사한 결과, 응답자의 69.9%가 자신의 스펙이 '부족한 편'이라고 응답했다. 부족하다고 느낀 스펙은 영어 공인 성적(64.4%), 영어 회화 능력(55.7%), 자격증(43.5%), 어학연수 등 해외 경험(33.1%), 학벌(32.3%) 순이었다."

구인하는 측과 구직하는 측의 입장 차이가 보이는가? 물론 이른바 SKY 학벌이라든가 토플 점수 등에 기초해 서류 전형 합격 여부를 결정하는 기업이 일부 있기는 하지만, 사람 자체보다 스펙을 더 중시하는 기업은 많지 않다. 다시 말하지만 스펙 자체는 중요하지 않다. 중요한 것은 다양한 경험이 아니라 자신의 경험을 통해 얻은 마인드다. 하지만 요즘

청년들은 스펙을 통해 얻은 교훈이 아니라 그저 스펙만 중요하게 판단하는 경우가 많다.

구직을 위해 제출한 이력서를 보면 "저는 50개국을 다녀왔어요" 하는 식으로 스펙만을 나열해놓는 경우가 많다. 기업에서는 그런 것이 필요하지 않다. 기업에서는 50개국을 여행하면서 무슨 생각을 했는지, 그 많은 나라를 다니면서 내 안에 채워진 것이 무엇인지를 듣고 싶어 한다. 그런데 대부분 50개국을 다녀왔다는 사실만을 밝힌 채 자신의 소개를 끝내버린다.

다시 한번 강조하지만 "50개국을 다니면서 그중 이집트에서는 이런 생각을 했는데, 이런 생각과 경험이 귀사와 이런 부분과 잘 맞을 것 같다"라는 이야기를 해야 한다. 스펙이 목적이 아니다. 그 스펙을 통해서 얻으려는 것, 스펙으로 자신의 내면에 채워진 것이 무엇인지를 이야기해야 한다. 스펙만 이야기하면 당신은 또 취업에 실패할 수밖에 없다. 기업에서는 속이 채워진 사람을 걸러내는 힘을 갖고 있다.

## 당신은 명품을 무엇이라 생각하는가

속까지 채워진 명품 인재와 겉보기 스펙만으로 꾸며진 짝퉁 인재, 어느 쪽을 선택하는 편이 현명한지는 자명하다. 겉보기 스펙만이 아니라 속까지 채워야 한다. 스펙으로 채워진 그럴싸한 짝퉁이 아니라, 바늘 한 땀 한 땀 섬세하게 작업을 해서 10년, 20년을 사용하고도 자식에게 물려줄 수 있는, 그런 명품이 되어야 한다. 스펙을 쌓는 과정에서 얻어낸 것으로 자신의 내면을 꼼꼼하게 채워, 그 기업에 내가 꼭 필요하며, 다른 사람으로는 내가 할 일을 대체할 수 없다는 것을 알려라. 그러면 당신이 일하고자 하는 그 어떤 기업에서도 환영할 것이다.

명품이 되라는 것은 아이덴티티를 가져야 한다는 이야기다. 아이덴티티를 가지고 있는 사람은 다른 사람과 확연히 구별된다. 사람뿐만 아니라 상품도 특정한 아이덴티티를 가지고 있으면 다른 상품과 확실하게 차별화가 된다. 누구나 명품 가방, 명품 옷, 명품 시계, 명품 브랜드를 갖고 싶어 한다. 그런데 당신은 명품을 무엇이라고 정의하는가? 명품이란 다른 것들과 비슷한 것을 말하지 않는다. 다른 제품과 비교할 때 차별성을 가진 상품을 명품이라 한다. 이것은 그 상품만이 가지는 고유의 아이덴티티가 있다는 의미다.

고유의 아이덴티티를 가진 상품은 남들이 갖지 못하는 가치를 이끌어낸다. 마찬가지로 당신도 아이덴티티를 갖추고 있을 때, 수많은 대학 졸업자, 수많은 구직자, 수많은 사람들 사이에서 자신만의 가치를 뽐낼 수 있다. 스펙이 아니라 스펙을 쌓는 과정에서 얻어낸 마인드와 경험으로 당신의 아이덴티티를 구축하라.

### 생각을 확장하는 한마디

스펙을 나의 가장 중요한 강점으로 내세우면 같은 스펙을 가진 수많은 사람 중 하나, 즉 'one of them'이 된다. 그러나 고유의 아이덴티티를 가지고 있는 사람은 단 하나, 'only one'이 된다.

## 06

## 사람을 움직이게 하는 '질문의 미학'

다른 사람과 대화를 할 때나 혼자 깊은 생각을 할 때, 질문은 아주 중요한 역할을 한다. 어떤 질문을 하느냐에 따라 생각이 달라지고 대답이 달라지고 결과가 달라지기 때문이다. 좋은 질문은 문제의 핵심을 정확히 바라보게 하는 힘이 있다. 사람에게 질문하는 것도 중요하지만 관점을 바꾸고 미래에 당연해질 것들을 찾기 위해서는 사물에게 하는 질문, 나 자신에게 하는 질문도 중요하다.

모두가 당연하다고 생각하는 것을 부정하고 새로운 관점으로 모든 것을 받아들이려면 다른 사람이 당연하다고 생각하는 것을 궁금해하고 질문해야 한다. 예를 들어 나무에 달린 사과가 땅에 떨어지는 것은 누구나 당연하게 생각한다. 그런데 그 당연함에 "왜 사과가 나무에서 아래로 떨어지지?"라는 질문을 던졌기 때문에 만유인력의 법칙이 나온 것이다. 지금 당연하게 여겨지는 것들이 미래에도 당연한 것은 결코 아니다. 이러한 것을 찾기 위해서는 다른 사람이 당연하다고 받아들이는 것을 질문해 봐야 한다.

나는 소통을 위한 기기들을 좋아한다. 여러 기업의 스마트폰과 아이패드, 갤럭시노트 등을 다양하게 가지고 다닌다. 여러 디바이스들의 기능

모두 당연하게 생각하는 것에 질문을 던져라. 좀 더 많이, 좀 더 자주.

만 사용하려는 것이 아니라, 기기들을 보면 항상 질문을 던진다. 예를 들어 '왜 갤럭시노트는 액정 크기를 키웠을까?' 하는 식이다. 다른 사람들은 무심코 받아들이는 것을 질문해보는 것이다. 물론 이런 궁금증을 가지는 사람들은 많겠지만, 의구심이 생길 때 사람들은 보통 남들이 생각하는 데까지만 생각하고 만다. 그러니 생각이 딱 거기까지 밖에 못 미치는 것이다. '화면이 작으면 보기 불편하니까 액정 크기를 키웠겠지' 하고 질문을 멈추는 것이다. 그런데 나는 조금 더 들어가본다. '다른 이유가 더 있을 것 같은데?' 그리고 해답을 찾아내기 위해 고심에 고심을 거듭하고 관찰하고 검색해본 후 해답을 얻어내고야 만다.

그런 질문은 쉴 새 없이 이어진다. '똑같은 크기인데 이 제품은 펜을 만들었고 이 제품은 펜을 안 만들었네. 무슨 배짱으로 그런 거지, 이렇게나 큰데?', '이 제품은 이 부분을 이렇게 마감했는데 저 제품은 저렇게 마감했구나. 이건 뭐지? 구멍이 똑같이 생겼네? 안테나는 똑같이 달려 있고. 얘는 뭐지?', '이건 뭐지? 리모컨이구나, 만능리모컨. 어라, 에어컨도 TV도 다 조정되네? 기발한데?' 들여다보고 이것저것 만지면서 기능을 비교하다 보면 나의 궁금증은 끝없이 이어진다. 그러한 궁금증을 해소하면서 남들이 보지 않는 점들을 발견하고, 결국은 새로운 관점이 생기는 것이다.

### 좋은 질문은 스스로 성찰하게 한다

살아갈 나날이 더 많은 청춘들이여, 항상 질문하라. 모두 당연하게 생각하는 것에 "왜 그렇지?"라는 질문을 던져라. 거기에서 출발해야 한다. 당연하게 생각하면 보이지 않는 것들이 "왜?"라고 접근하면 새롭게 보이기 때문이다. 나는 질문하고 답을 찾는 과정에서 얻는 교훈과 생각을 스마트폰에 수시로 정리한다. 그러다 보니 이런 글을 모아 이렇게 책을 쓰는 작업도 하게 되는 것이다.

물론 질문을 하다가 해답을 얻지 못할 때도 많다. 생각이 정말 풀리지 않을 때도 있고, 맡겨진 일을 어떻게 풀어야 할지 답이 안 나올 때도 있다. 풀리지 않는 것이 있을 때 나는 그것을 머릿속에 계속 올려놓는다. 내가 답을 찾지 못하고 보지 못했을 뿐, 해결 방법이나 해답은 있다고 생각하기 때문이다. 그러다 보면 계속 생각하고 고민을 하지 않더라도 머릿속에서 스파크가 일어날 때가 있다. 생각이 번쩍 떠오르는 것이다. 그러면 문제가 해결된다.

질문은 나의 생각과 관점만을 바꿔주는 것이 아니다. 좋은 질문은 상대로 하여금 성찰하게 한다. 내 질문에 상대가 진지한 생각을 하고 대답하고, 그는 나에게 또 다른 질문을 던지고, 내가 대답하기 위해 생각을 정리하고……. 질문이란 이런 것이다. 서로 간의 커뮤니케이션인 것이다. 커뮤니케이션은 일종의 '받아넘기기'다. A가 어떤 질문을 하면 B가 이 말을 받아 넘겨주고 다시 A가 이 말을 받아 넘겨주고……. 이 과정이 커뮤니케이션이다. 사람이 항상 필요한 이야기만 하는 것은 아니다. 대화가 이어지는 것 자체가 중요할 때도 많다.

커뮤니케이션을 통해서 우리는 나와 다른 상대방의 생각을 이해하고 용인하게 된다. 앞에서 만나는 사람 모두에게서 배울 점이 있다고 말했듯이, 서로 질문과 대답을 나누는 과정 자체가 배움의 과정이 된다. 상대에게 배울 점이 있다고 생각하면 '내 생각만 맞고 네 생각은 틀리다'고 고집부릴 까닭이 전혀 없다. 상대의 생각이 나와 다르다면 더 좋은 일이다. 내가 미처 몰랐던 사실을 새로 알 수 있는 기회가 아닌가. 다름을 인정하면서 서로의 생각을 나누자. 그러면 서로 발전할 수 있고, 서로에게 힘이 될 수 있다.

예전에 지인들과 함께 《퇴사준비생의 도쿄》, 《지적자본론》, 《라이프 스타일을 팔다》 등 일곱 권의 책을 읽고 도쿄로 떠났다. 방문의 이유는 오랜 질문, 그러니까 '절실함'에 대한 답을 찾기 위해서였다. 절실한 마음으로 걸으며, 절실하게 보려고 노력했다.

떠나기 전 《퇴사준비생의 도쿄》를 쓴 이동진 대표는 사전 미팅에서 이렇게 말했다.

"시차가 없는 두 도시 서울과 도쿄에는 분명 시차가 존재합니다! 그것은 국민소득 1만 달러의 차이 때문에 존재한다기보다는 그 밑바탕에 깔려 있는 생각의 다름에 기인합니다."

우리는 그렇게 도쿄의 이면을 찾아 나섰고, 절실하게 도쿄를 만났다.

도쿄에 위치한 다이칸야마 쓰타야 서점.
이곳에서의 경험은 '절실함'이라는 내 질문에 대한 새로운 영감을 제공해주었다.

그곳에서 내가 처음 발견할 수 있던 것은 바로 '장인匠人'이라는 단어였다. 흔히 '장인'이라고 말하는 것에 대해 나는 관점을 바꿔 생각했다. 일본의 장인들은 전문가이고, 자기의 전문성을 가치 있게 제안할 줄 아는 사람들이었다. 그 제안이 사람들의 생활과 연결되어 생활을 바꾸어나가고 있었다. 다이칸야마에 있는 쓰타야 서점에 들렀을 때는 솔직히 부러운 느낌마저 들었다. 지적인 공간 배치를 통해 영화, 음악, 독서의 경계를 허물고 취향과 스타일, 감성을 오롯이 전달한다는 느낌을 받았다. 여행 책이 있는 매대는 차 한 잔 마시며 여행 코디네이터와 담소를 나눌 수 있었고, 요리 책 매대 옆에는 신선한 채소들이 함께하고 있었다. 독자들에게 책을 파는 것이 아니라 '생각을 제안하는 공간'이었다.

나는 한국으로 돌아와 질문을 디자인했다. 과연 나는 어느 분야의 전문가匠人, Expert인가? 나는 전문가로서 다른 사람의 삶과 연결된 어떤 제안을 하고 있는가? 그 제안은 다른 사람의 삶에 어떤 가치를 만들어내고, 어떤 영향을 끼치는가? 이 질문이 나를 다시 한번 바꿀 것이다. 그리고 조만간에 또 절실함을 찾아 다시 떠날 것이다.

### 생각을 확장하는 한마디

때로 질문의 역할은 답을 찾는 데 그치지 않는다. 좋은 질문은 문제 자체에 대한 새로운 관점을 갖게 한다. 지금보다 더 높은 곳에 올라가게 한다. 그러면 흐름이 보인다.

## 07
# 생각의 경험치, 내면의 스키마

《생각의 탄생》이라는 책이 있다. 카카오 김범수 의장이 선물해준 책이다. 미셸 루트번스타인과 로버트 루트번스타인 부부가 쓴 책으로, 레오나르도 다빈치, 아인슈타인, 피카소, 마르셀 뒤샹, 리처드 파인먼, 버지니아 울프 등 위대하다고 손꼽히는 천재들이 '생각'에 대해 어떻게 생각했는지, 생각하는 방법을 어떻게 배웠는지에 대해 구체적으로 설명해주고 있다.

나는 이 책을 무척 좋아하는데, 책의 내용도 내용이지만 내 마음을 사로잡은 것은 책의 제목이다. 우리나라에는 '생각의 탄생'이라고 번역되어 출간되었는데, 이 책의 원제는 '스파크 오브 지니어스 Sparks of Genius'다. 남들이 아무 생각 없을 때, 번뜩이는 생각을 하는 사람들이 성공한다는 의미를 담고 있다.

어떤 사건이 우리에게 다가와서 번쩍 터진다. 그 순간에 많은 것을 보는 사람이 있다. 그것이 자기 안에 내재된 스키마 schema의 힘이다. 해석하는 힘이 없으면 번쩍할 때 보이는 것을 다 보지 못한다. 어떤 일이 닥치면 번쩍 하는 순간에 그걸 해석해내고 순간적으로 계산해서 방법을 찾아내는 사람들이 있다. 이들은 사람들이 "무슨 일이지? 어떻게 해야 돼?" 하며 허둥지둥할 때 사태의 핵심을 파악하고 해결한다. 그런 사람을 우리는 천재라고 부른다.

흔히 사람들은 그런 능력이 타고나는 것이라고 생각한다. 하지만 그것은 연습하면 가능하다. 천재란 1%의 영감과 99%의 노력으로 이루어진다고 하지 않던가? 물론 결과적으로 중요한 것은 1%의 영감을 가지는 것이지만, 99%의 노력도 결코 무시할 수 없다. 스키마를 쌓고 경험을 축적하고 내 안에 내재된 것들이 있다면 불꽃이 튀는 순간적인 해석의 힘이 굉장히 강해진다. 그러니 자기 안에 스키마를 쌓아라. 그러면 당신도 생각이 번뜩이는 천재가 될 수 있다.

김범수 의장은 진짜 인재의 '실력'은 '발현되는 것'이라고 표현했다. 머릿속을 뒤져 꺼내는 것이 아니라 번쩍하는 그 순간에 생각이 튀어나오는 사람이 정말 실력 있는 사람이라고 말했다.

## 다른 사람의 관점으로 세상을 보는 법

아무리 훌륭한 지식을 전수받더라도 그 의미를 이해하고 해석해 내 것으로 만들고 내 능력으로 발전시키지 못하면 부질없다. 똑같이 읽으면서도 한 사람은 100점을 맞고 다른 한 사람은 60점을 맞는 이유 역시 두 사람의 스키마, 즉 배경 지식이나 선행 지식이 다르기 때문이다. 평상시에 내면에 쌓아놓은 배경 지식에 따라 받아들이는 정도와 해석의 정도, 이해의 정도가 다르다는 것이다. 아는 만큼 보이기 마련이다.

스키마라는 용어를 처음 사용한 사람은 칸트이다. 그는 《순수이성비판》에서 '순수한 선험적 상상'을 스키마라고 불렀다. 칸트의 스키마는 조금 전에 내가 말한 스키마의 의미와 조금 다르다. 내가 사용한 스키마라는 용어의 개념을 정확하게 표현해준 사람은 바틀릿이라는 영국의 사회심리학자. 그는 스키마를 '과거 경험의 능동적인 조직, 정보를 새로운 모습으로 구성하는 각자 사고의 총 과정'으로 정의했다.

이야기가 복잡해지지만 조금만 더 말하자면, 우리가 가진 지식은 과거에 경험한 어떤 구체적인 사건과 관련된 '에피소드적 지식'과 경험적 사실로 추상화되어 기억 속에 남아 있는 '개념적 지식'으로 구분된다. 우리의 이런 지식을 통해서 스키마가 형성되고 쌓이므로, 스키마를 쌓기 위해서는 많은 경험과 많은 지식이 필요하다. 많이 경험하고 많이 생각하고 많이 읽고 공부하면 내면의 스키마가 커지는 것이다. 스키마가 높은 사람일수록 문제 해결력과 창의력이 높다.

내면의 스키마를 키우기 위해서는 경험과 책이 정말 중요하다. 그런데 경험을 쌓고 책을 읽을 때 무조건 받아들이기만 해서는 스키마가 키워지지 않는다. 스스로에게 질문하고 생각하는 과정이 정말 중요하다. 소셜미디어를 통해서 많은 사람들의 생각을 읽고, 그 흐름을 알아내는 것의 중요성을 이미 설파했지만 그렇게 주어지는 읽기 자료들은 사실 깊이가 없다. 그래서 내면의 스키마를 키우기 위해서는 읽는 것이 중요하다고 말하지 않고 '책'이 중요하다고 말한 것이다. 소셜미디어를 통해서 많이 읽는 것은 사람들의 생각의 흐름을 알아내어 당연함을 부정하고 그 속에서 새로운 긍정, 미래에 당연해질 것들을 미리 끌어내기 위함이다.

반면에 책은 어떤 사람, 특히 남들보다 많이 생각하고 연구하고 뭔가를 이룬 사람들의 생각과 사상을 꼼꼼하게 풀어놓은 것이다. 어떤 한 사람의 생각을 훑어보는 것이 아니라 위대한 사람, 천재적인 사람, 현명한 사람의 생각을 내 것으로 받아들일 수 있는 생각의 흔적들이다. 그래서 내면의 세계를 넓히고 깊게 하고 스키마를 키우기 위해서는 반드시 좋은 책을 읽는 것이 필요하다. 나는 책이든 물건이든 신기한 것을 보면 일단

책은 글로 표현된 '영감 덩어리'다.
그러나 직접적인 체험은 그보다 훨씬 긍정적인 결과를 가져다줄 것이다.

산다. 사서 내 것으로 만든 후, 그 책이나 물건과 대화를 시작한다. 어떤 생각으로 이걸 만들었을까, 그 사람의 생각을 되짚어보려고 노력하는 것이다. '이 책을 쓴 사람, 이 물건을 만든 사람은 어떤 부분에서 번쩍 했지? 어떻게 저런 생각을 했지?' 이런 것을 알아내려는 것이다.

책은 글로 표현된 영감 덩어리이며 독서는 인두 같은 한 문장을 만나기 위해 활자의 바다로 떠나는 여행이다. 나는 일주일에 적어도 2, 3권 이상의 책을 읽고 1년에 100권 이상의 책을 사서 본다. 홍보가 주요 업무이기 때문에 주로 실용서인 마케팅 책과 인문학 책을 많이 읽지만, 특별히 분야를 한정하지는 않고 사고 싶은 책은 무조건 사는 편이다. 책은 우리에게 간접 경험을 제공하므로, 내가 직접 경험하지 못한 것들을 책을 통해서라도 경험해보고 싶어서다. 책을 읽는 것은 다른 사람의 관점으로 세상을 보는 것이다. 내가 저자의 관점에 격하게 동의할 때는 저자의 관점이 내 것이 된다.

통찰력이 뛰어난 사람과 책은 진실한 스승이라고 생각한다. 많은 사람들과 만나고 대화하면서, 책을 읽으면서, 어떤 이가 느낀 통찰력이 내 머릿속에서도 불꽃처럼 타오를 때 정말 행복하다. 그리고 그러한 통찰력을 준 사람이 존경스럽다. 생각의 틀을 깨는 생각, 관점이 바뀌는 생각, 보지 못한 것을 보여주는 관점 등 내가 못한 생각을 해낸 사람들에게 나는 돈을 기꺼이 지불한다. 고맙게 지불한다. 나를 키워주는 사람들이기 때문이다.

### 세상에 직접 부딪혀보는 용기

책을 통한 간접 경험보다 더 좋은 것은 본인이 직접 어떤 일, 어떤 장소, 어떤 사건을 경험하는 것이다. 만일 경험할 수 있는 기회가 온다면, 머뭇거리지 말고 몸으로 부딪혀보는 것이 좋다. 1973년 하버드대학교에 재학 중이던 영국인 유학생 콜레트에게는 함께 수업을 듣던 미국인 친구가 있었다. 대학교 2학년이 되자 그 친구는 콜레트에게 학교를 중퇴하고 비트 회계 소프트웨어 개발을 같이 해보자고 제안했다. 비트 회계 소프트웨어를 개발하려면 더 공부를 해야 한다고 판단한 콜레트는 친구의 제안을 거절했다.

콜레트가 꾸준히 공부한 끝에 1992년 컴퓨터 시스템 비트 분야의 박사학위를 받았을 때, 그 미국인 친구는 미국에서 두 번째 부자가 되어 있었다. 3년 뒤 콜레트가 32비트 회계 소프트웨어를 개발하려는 시기에, 그 친구는 비트 시스템보다 1,500배나 빠른 재무 소프트웨어를 개발해내고 세계 최고의 부자가 되었다. 이 미국인 친구가 바로 마이크로소프트의 회장 빌 게이츠다.

　만일 빌 게이츠가 먼저 도전하고 경험하는 선택 대신 콜레트와 같은 선택을 했다면 오늘날의 빌 게이츠가 있었을까? 만일 콜레트가 친구를 따라 직접 뛰어들어 경험하는 쪽을 택했다면, 그는 빌 게이츠와 나란히 세계 최고의 갑부가 되어 있지 않았을까? 그러니 독자들이여, 책을 통한 간접 경험과 직접 체험해볼 기회가 동시에 주어진다면, 두려워하지 말고 직접 경험하는 쪽을 선택하라. 어떤 결과를 얻든, 그 경험은 당신의 인생에 긍정적인 결과를 가져다줄 것이다.

### 생각을 확장하는 한마디

직접 경험이든 간접 경험이든 경험은 많을수록 좋다. 때로는 깊게, 때로는 넓게, 무엇이든 경험하는 것을 두려워하지 마라. 그 모든 경험이 당신의 발 아래 쌓여 위로 올라가는 계단이 되어줄 것이다.

## 08
# 자신의 경험을
# 디지털화하는 역발상

흔히 사람들은 돈을 벌려면 취업부터 해야 한다고 생각한다. 이미 만들어져 있는 기업의 직원으로 들어가서 월급을 받아야 한다고 생각하는 것이다. 물론 공무원, 대기업 직원, 벤처기업 직원, 로펌 변호사, 할인 마트 점원 등 각기 하는 일과 소속 기관은 저마다 다를 것이다. 그러나 기존의 조직에 들어가서 조직의 목적을 위해 일하고, 그 조직이 이윤을 남기도록 최선을 다해 일하고, 그 조직에서 소정의 대가를 받는다는 본질에는 차이가 없다.

하지만 이 책에서 내가 계속 강조하는 시대, 바로 과거와는 확연하게 다른 지금 이 시대에는 돈을 벌기 위해 반드시 기존의 직장에 들어갈 필요가 없다. 입사 시험을 치르고 스펙을 쌓아 취업하는 일을 경시하는 것이 아니라, 눈만 조금 돌려보면 취업과 상관없이 돈을 버는 길은 너무 많다는 이야기다. 특히 내가 권유하고 싶은 것은 자신의 개인적인 경험을 디지털화해서 돈을 버는 것이다. 한마디로 자신의 경험을 읽을거리로 가공해서 팔라는 이야기다.

이렇게 이야기하면 어떤 사람들은 "나는 가진 것이 아무것도 없다"라고 한탄한다. "상업화할 만한 콘텐츠가 없다"라는 것이다. 하지만 자신만의 경험은 누구나 가지고 있다. 예를 들어 취직을 하지 못하고 막일을

10년 했다면, '막일을 잘하는 방법', '막일 일당 많이 주는 곳', '어디 가면 막일꾼들을 많이 데리러 온다' 등의 이야기를 팟캐스트나 유튜브를 통해 콘텐츠화할 수 있다. 전국에 하루 벌어 하루 먹고 사는 사람들이 30만 명이라고 치면 그중 10%만 당신 책을 사도 3만 권이고 동영상은 더 많을 것이다. 자신이 가진 것을 못 보는 사람들이 많다. 디지털화해서 팔 것을 가지고 있으면서도, 제 손안의 것을 못 보는 거다.

유튜브, 틱톡, 인스타 등 다양한 플랫폼을 통해 누구나 자신의 콘텐츠를 만들어 소개할 수 있는 시대가 되었다. 올라오는 영상들 가운데는 정말 일반인이 만들었나 싶을 정도로 '고퀄'의 콘텐츠들도 있지만 아마추어여서 더 풋풋하고 생동감 있는 콘텐츠들도 많다. 이른바 '브이로그'라고 불리는, 일상의 소소한 모습을 담은 영상들이다. 그중에는 지하철이나 버스를 타고 다니며 찍은 장면이나 점심이나 저녁 메뉴 등 정말 일상의 모습들도 있지만, 일하는 모습을 담은 브이로그도 있다. 특히 흥미로웠던 건 '알바 브이로그'였다. 말 그대로 알바생이 일하면서 찍은 영상이다. 빵집, 카페, PC방, 편의점 등 종류도 무궁무진하다. 때로는 조회 수가 몇 백만에 이르는 대박 채널이 태어나기도 한다.

직장인 브이로그가 유행했을 때 '알바생은 못 찍나?'라는 생각을 한 사람들이 분명 있었을 것이다. 그리고 '에이, 알바생이 무슨 그런 걸 해?'라고 한 사람이 있고, '까짓거 알바생도 할 수 있지'라고 한 사람도 있었을 것이다. 내가 가진 것에서 시작하는 것이다. 실제로 알바를 시작하기 전에 이런 브이로그를 보고 공부하는 사람들도 있다고 하니, 다른 사람에게도 가치 있는 일이 아닌가?

## '길'은 어디에라도 있다

소소한 자신의 관심사나 재능만으로도 돈을 벌고 일하는 방법은 많다. 자신이 잘하는 것을 디지털화하면 된다. 내가 된장찌개 하나는 기가 막히게 끓인다면 '된장찌개 기막히게 끓이는 방법'을 글로 써도 되고, 영상 콘텐츠를 만들면 된다. 이게 더 알려지면 돈이 된다. 예를 들어 '된장찌개 기막히게 끓이는 방법'을 스마트폰을 통해 500원에 판다고 치자. 된장찌개 비법에 500원 정도 투자할 사람은 많다. 비록 500원이지만 그 비법을 100만 명이 사면 5억 원이 된다. 왜 안 된다고 생각하는가? 다가오는 시대를 예감하고 준비하면 정년도 늘릴 수 있다. 글 쓰는 일은 정년이 없기 때문이다.

내가 강연에 갔다가 만난 K의 예를 들어보자. K는 미국에 가서 6개월 생활비로 5년을 버텼다. 접시 닦고 하루 두세 곳에서 아르바이트를 하면서 학교에서 커뮤니케이션에 관해 공부했다. 그러다가 몸과 마음이 너무 힘들어서 한국으로 다시 돌아와야겠다고 생각했는데, 비행기 값이 없어서 처음으로 구입한 차를 팔아 비행기 표를 사서 돌아왔다. 그때부터 좌절이 시작됐다. 부모님의 살림살이마저 궁핍한 데다가, 매일 컴퓨터 앞에 매달려 취직처를 찾아봤지만 마음에 맞는 직장을 구하는 데 실패했다. 그러다가 몇 군데 기업에 취직했지만 오래 다닐 수가 없었다. 막상 기업에 취직하면 업무나 보수가 생각과 너무 달랐다. K는 절망에 빠졌다.

그녀는 미국에서 5년을 살다 왔음에도 불구하고 나만큼 영어 잘하는 사람은 세상에 많다는 식으로 자신이 가진 것을 너무 폄하하는 성향이 있었다. 나이도 많고 영어 실력은 10년, 20년 살다 온 사람보다 못하다는 것이다. 하지만 왜 자신에게 부족한 부분만을 부각시키는가? 미국에서

5년 동안 버티는 일은 아무나 하지 못한다. 책을 써도 좋고, 동영상 강연을 해도 좋다. '미국 가서 돈 없이 5년 동안 버텨보기', 이런 콘텐츠가 나오면 사람들이 궁금해하지 않겠는가?

결국 그녀는 자신이 가진 것을 보지 못했던 것이다. 자신이 가진 것에 가치를 더해주지 못했던 것이다. 자, 지금 내 손안에 쥐고 있는 것이 무엇인지 바라보자. 도무지 없다고 생각이 드는가? 내가 보기엔 사소하고 보잘것없는 부분도, 남들에게는 궁금하고 가지지 못한 일면일 수 있다. 당장 오늘 하루, 일주일, 그리고 1년, 내가 경험해온 것들과 지금 하고 있는 생각, 나도 모르게 능숙하게 하고 있는 일 등 나를 구석구석 살피자. 분명, 당신이 가진 것은 많다.

### 생각을 확장하는 한마디

> 모두 회사 들어가지 말고, 취업하지 말라는 이야기가 아니다. 그것이 당신 앞에 놓인 유일한 길이 아님을 알아야 한다는 것이다. 나에게 무수한 선택지가 있다는 것을 안다면 스펙 쌓고 대기업에 입사하느라 발을 동동거리면서 살지 않아도 된다. 관점을 바꾸면 삶이 바뀐다.

## 09
# 생각의 결,
# 생각의 흐름을 찾는 방법

100세 시대가 열린다고 할 때, 현재 20대라면 앞으로 70년 가까운 세월을 살아나가야 한다. 그렇다면 생각해보라. 보통 사람들 생각으로 보통 사람들처럼 보통 직장에 취직해서 월급만 받으면서 살아간다면, 일반적인 샐러리맨 기준으로 50대에 직장에서 퇴직하게 된다. 그 이후 50년을 어떻게 살아갈 것인가? 방법은 하나다. 50대에도 60대에도 70대에도 지금처럼, 젊은이처럼 생각하고, 젊은이의 감각을 느끼고, 오히려 젊은이들을 선도하면서 사회의 주축으로 살아가야 한다.

고령화 사회, 실업률 높은 사회가 아무리 무서워도 변화하는 사람에게는 그다지 두려운 미래가 아니다. 이제는 컴퓨터를 매개로 일하는 시대이기 때문이다. 심지어 생각을 도울 AI도구들까지도 곁에 있지 않은가? 거기에서는 나이가 사라진다. 자신의 경험을 나누어줄 수 있는 사람이라면 누구나 나 같은 일을 할 수 있다. 조언해주고 돈을 받는 일, 글 쓰고 돈을 받는 일 등은 나이 먹어서도 얼마든지 할 수 있는 일 아닌가. 그렇다면 어떻게 해야 미래에도 활발하게 경제 활동을 할 능력을 갖출 수 있을까? 해답은 이 책에서 줄곧 주장해온 바로 그것이다. 당연함을 부정하고 관점을 변화시켜서 미래의 수요를 파악하는 능력을 갖추는 것이다.

그런 능력은 어떻게 갖추는가? 세상의 흐름을 읽고, 거기에서 변화의 방향을 감지해내야 한다. 그런데 세상의 흐름을 읽는 것, 읽는 것에서 흐름을 파악하는 것은 쉽지 않다. 우리가 읽을 수 있는 활자들은 도처에 널려 있다. 정보의 홍수 시대 아닌가. 읽을 것이 없어서 문제가 아니라 그 많은 것 중에서 무엇을 골라 읽을 것인가가 오히려 문제다. 어차피 그 누구도 모든 것을 다 읽을 수는 없다. '뉴스라도 봐야지' 하고 나름대로 범위를 좁혀본들, 모든 뉴스를 다 들을 수도 없고, 모든 뉴스를 다 읽을 수도 없다. 그렇다고 이것저것 잡다하게 읽다가는 흐름을 잡아내기는커녕 머릿속만 복잡하게 얽혀버릴 것이다.

### 흐름에 올라타고, 생각을 드러내라

그렇다면 도대체 어디에서부터 시작해야 관점을 바꾸고 미래를 바꿀 생각의 결, 생각의 흐름을 찾아낼 수 있을까? 우선 '읽을거리'의 범위를 좁혀야 한다. 관심 분야를 정하되, 자기가 행복할 수 있는 것을 하자. 자기가 좋아하는 분야를 고르는 것이다. 요리하기나 먹는 것을 좋아한다면 음식에 대한 정보를 찾고, 미술을 좋아한다면 미술 작품이나 미술사를 찾는 것이다. 검색해서 분석하고 다양한 방법을 통해서 지속적으로 정보를 받고, 거기에서 공통점을 찾아야 한다.

자신이 관심 있는 분야의 정보와 사람들의 생각의 흐름을 감지해냈다면, 절반은 성공한 것이나 다름없다. 그 흐름에 올라타되, 소셜미디어를 통해 자신의 생각을 드러내야 한다. 남들과 달리 독창적이면서도 사람들의 공감을 얻어낼 수 있는, 흐름을 거스르지 않는 생각 말이다. 자신의 솜씨를 드러내도 좋다. 악기 다루는 영상이나 노래하는 영상을 올려서 스타가 될 수도 있고, 자신만의 감각으로 찾아낸 옷들을 잘 코디해서 판매

할 수도 있으며, 1인 방송국을 열어 청취자를 많이 모을 수도 있다. 자신의 목소리에 귀를 기울이는 사람들이 많아지면, 거기에서 수익을 창출할 수 있다. 내 동지들 또는 친구들의 주머니에서 돈을 꺼내지 않고도, 서로 도와주면서 돈 버는 방법이 있는 것이다. 카카오톡이나 페이스북이 사용자들에게 직접 비용을 부과하지 않고도 돈을 버는 것처럼 말이다.

소셜미디어를 통해 사람들의 생각을 많이 읽음으로써 어떤 흐름을 파악하고, 생각의 흐름을 잘 분석해서 활용함으로써 사람들이 모여들게 만들고 당신에게 공감하게 만들어라. 가난하든 돈이 많든, 대학 진학을 못하고 아르바이트를 하고 있든, 대학을 졸업하고도 취직하지 못하고 있든, 어떤 악조건 속에 있더라도 조금도 불리하지 않다. 손에 스마트폰 하나 들고 다닐 형편만 된다면 말이다. 이런저런 이유로 변명하지 말고, 지금 당장 당신 손안의 컴퓨터를 활용해라. 꺼지지 않는 그 컴퓨터는 노력 여하에 따라 당신을 반짝반짝 빛나는 인생으로 이끌어줄 것이다.

### 생각을 확장하는 한마디

> 수명이 길어지는 만큼 일을 해야 하는 시간도 길어진다. 그 긴 세월을 재미도 없고 보람도 없는 노동으로 버텨야 한다면 너무 힘든 일이다. 지금이야말로 '하고 싶은 일을 하면서 살라'는 조언이 맞는 시대가 아닐까.

## 10
## '번다'에서 '돈'을 빼면 제대로 보인다

반 조각의 빵, 절반 남은 음료수, 반잔의 술, 우리 눈앞에 좋아하는 음식이 절반 남았을 때, 사람들의 반응은 셋으로 나뉠 것이다. "아직도 절반이나 남았네!" 하며 행복해하는 사람, "반밖에 안 남았어?" 하고 짜증 내는 사람, 얼마나 남았는지 아무런 생각 없이 무관심한 사람. 한번 생각해보라. 당신은 셋 중에서 어느 쪽에 해당하는가?

내가 권하고 싶은 것은 당연히 첫 번째 반응이다. 매일 성공하고 매일 행복하라! 같은 상황에서 누군가는 행복하고 누군가는 불행하다고 받아들인다면, 행복한 사람 쪽이 훨씬 더 현명하다. 그는 인생을 행복하게 살 수 있기 때문이다.

똑같은 상황에서도 마음가짐에 따라 행복할 수도 있고 불행할 수도 있다. 긍정의 에너지는 긍정을 불러오고, 부정의 에너지는 부정을 불러온다. 자신의 상황을 늘 행복하게 받아들이는 사람은 긍정의 에너지가 넘치는 사람이다. 삶을 긍정적으로 받아들이고 행복해라. 우리를 슬프게 하는 것은 언제나 자신의 마음가짐에서 나온다. 나를 둘러싼 모든 것이 나의 행복을 위해 존재한다고 생각해보자. 저 커피숍이, 저 편의점이, 이 꽃가게가 나의 행복을 위해 존재한다고 생각해보면 주변의 것들이 다르게 보인다. 이처럼 행복은 관점의 차이, 해석의 차이에서 시작된다.

성공과 실패도 마찬가지다. 실패라는 것은 포기하는 순간 확정되는 것이다. 포기하지 않으면 언젠가는 성공할 수 있다. 그런데 끝까지 해보기도 전에 미리 포기하는 경우가 너무 많다. 이러면 성공 경험이 없기 때문에 항상 실패만 하게 된다. 실패를 이겨내면 그다음에는 성공이 찾아온다는 것을 모른다. 시련이라는 겹겹의 포장지 안에 소중히 싸인 것, 그것이 바로 성공이라는 것을 모른다. 하지만 포기하지 않는 사람들, 어떤 작업을 성공적으로 끝내지 못했더라도 그 경험을 바탕으로 다음 일은 성공하는 사람들, 즉 실패를 자산화하는 사람들은 결국 성공한다. 그리고 이런 성공의 경험은 그를 더욱 성공하는 사람으로 만들어준다.

특히 젊은 사람들에게 하고 싶은 당부는 미리 포기하지 말라는 것이다. 우리나라 10대와 20대 사망 원인 가운데 가장 높은 것이 자살이다. 공부, 취업, 스트레스, 왕따, 이별, 우울증 등 많은 이유로 사람들이 삶 자체를 포기해버리는 것을 본다. 삶의 의지를 버리고 싶을 만큼 힘들다고 생각될 때, 미래의 자신이 되어서 현재의 자신을 한번 바라보라. 쉰 살이 됐을 때 실의에 빠져 있던 자신의 20대를 보면 무슨 말을 해주고 싶은가? 10년 뒤의 내가 현재의 나를 보면 잘했다고 어깨를 두드려줄까, 이러면 안 돼! 하며 질책을 할까?

어떤 일이든 지나간다. 아무리 어려운 상황도 지나가버리는 종류의 것이다. 현재의 나와 미래의 나는 연결되어 있다. 현재의 내가 한 행동이 미래의 나를 만든다. 그렇다면 절망적인 상황에 빠져 있을 때 할 일은 간단하다. 열심히 노력해서 미래의 나를 달라지게 만드는 것이다. 지나가버리는 성질의 것을 가지고 실패했다고 절망해서 미래를 어둡게 만드는 것은 어리석은 일이다. 취업을 못 했어도 마찬가지다. 자신을 알아주는 기업이나 사람을 아직 못 찾았을 뿐 없는 것이 아니다. 원하는 것, 찾는 것, 이루고 싶은 것이 무엇이든, 그것은 없는 것이 아니다. 아직 못 봤을 뿐이다. 찾아서 보면 된다. 아직 못 만났을 뿐이다. 우리는 마음먹기에 따라 매일, 모든 일에서 성공할 수도 있고, 실패할 수도 있다.

## 벌 수 있는 건 돈뿐만이 아니다

어머니한테 용돈을 받아 살 때가 있었다. 내가 마흔다섯 살 무렵 망했을 때의 일이다. 어머니께서 이렇게 말씀하셨다. "용후야, 너 뭐 벌어놨니?"

당신은 뭐를 벌고 있는가? 앞으로 무엇을 벌 것인가? 사람들은 '번다'는 행위의 대상을 당연히 돈이라고 생각한다. 나는 그렇게 생각하지 않는다. '번다'에서 돈을 빼면 제대로 보인다. 다시 질문해보겠다. 당신은 무엇을 벌어놓았는가? 친구, 지식, 경험, 가족도 벌었고, 이밖에도 많다. 그런데 '번다'의 전제를 '돈'으로 두는 순간 아무것도 남지 않게 된다.

그런데 왜 벌어놓은 게 중요할까? 벌어놓은 걸로 다음 걸 벌기 때문이다. 그걸 잘 설명해주는 책이 바로 투자자 게리 켈러와 제이 파파산이 쓴 베스트셀러 《원씽》이다. 이 책에는 도미노 이야기가 나온다.

여기 5cm짜리 도미노가 있다. 이 도미노는 자기 몸무게의 1.5배의 도미노를 쓰러뜨릴 수 있는 힘을 가지고 있다. 만약 이 힘을 이용해 도미노를 각각 1.5배 큰 도미노를 놓는 방식으로 18번 거치면 피사의 탑을 쓰러뜨릴 수 있고, 23번 거칠 때는 에펠탑을 쓰러뜨리며, 31번째 도미노의 높이는 에베레스트산을 내려다볼 수 있는 수준에 도달하며, 57번째 도미노의 높이는 지구에서 달까지 가는 거리에 육박한다. 눈치챘겠지만 우리가 학교 다닐 때 배웠던 등비수열이다. 그런데 우리는 이런 지식을 인생에

도미노 1.5배의 법칙을 우리 인생에 적용한다면 얼마나 많은 것이 달라질까.

적용할 줄 모른다. 시험 볼 때만 써먹고 시험이 끝나면 시험지와 함께 머리 밖으로 내버릴 뿐이다. 그렇게 5cm 높이의 도미노가 23번만 가면 에펠탑도 쓰러뜨릴 수 있다는 것을 우리는 미처 깨닫지 못한다. 왜 그럴까? 우리는 우리가 벌 수 있는 것을 돈으로만 생각하기 때문이다.

우리의 삶에 대한 태도는 전적으로 우리 스스로 선택할 수 있는 종류의 것이다. 행복한 사람과 불행한 사람을 가르는 것은 그가 태어난 별자리가 행운의 자리인지 불행의 자리인지, 그가 가난한 집에 태어났는지 부잣집에 태어났는지, 인성이 훌륭한 부모 밑에서 태어났는지 폭력 성향을 지닌 부모 밑에서 태어났는지가 아니다. 어떤 상황에 놓여 있더라도 우리의 태도가 그것을 긍정적으로 받아들이는지 부정적으로 받아들이는지에 따라 결정되는 것이다.

성공은 운명 destination이 아니다. 성공은 저쪽 over there에 있는 것도 아니다. 그것은 바로 옆에 있는 것이다. 자신이 보지 못했을 뿐이고 찾지 못했을 뿐이다. 설사 오늘 죽는다 하더라도, 매일 성공하고 매일 행복하면 그는 행복하게 살다가 가는 것이다. '이것을 이뤘을 때 나는 행복할 거야' 하고 목적지를 정해놓으면 죽을 때까지 성공하지 못하고 행복하지 못하게 된다. 그날그날 성공하고 행복하게 살자.

마찬가지로 지금 행복하게 지내면 미래의 내가 과거를 돌아볼 때, 나는 행복하게 살았던 사람이 된다. 같은 상황에서도 짜증을 낸다면 나는 불행하게 살아온 사람이 된다. 내가 말하고 싶은 것은 이것이다. 매일 성공하고 매일 행복한 사람이 되어라. 그러면 당신의 인생은 성공한 인생이 되고, 당신의 인생은 행복한 인생이 된다.

자, 행복하고 성공한 삶을 살 것인가, 불행하고 실패한 삶을 살 것인가? 그 선택은 오직 마음가짐에 달려 있다. 아인슈타인은 이렇게 말했다. "인생에는 두 가지 길이 있다. 하나는 기적이란 것은 없다고 믿는 것이고, 다른 하나는 모든 게 기적이라고 믿는 것이다." 기적적인 인생이란 후자처럼 생각하는 것이라 믿는다.

### 생각을 확장하는 한마디

> 자신만의 정의를 가져야 한다는 말을 계속했다. 나 자신에 대한 정의, 단어에 대한 정의, 하는 일에 대한 정의……. 성공과 행복도 마찬가지다. 나의 성공, 나의 행복에 대한 정의가 있어야 한다.

## 11
# 인생은 S자 곡선,
# 털어내면 성공이 기다린다

인생은 직선이 아니라 S자 곡선이다. 지금 좌절해 있는 사람이건 지금 성공해서 행복한 사람이건, 지금의 상태가 언제까지나 계속되지는 않는다는 사실을 명심해야 한다. 언제까지나 성공의 가도를 달리는 사람은 없으며, 실패했다고 해서 인생이 그렇게 끝나는 것도 아니다. 실패하면 그 자리가 끝인 것 같지만 조금 더 지나가면 전환점이 나타나고, 지금까지와는 전혀 다른 새로운 길이 나타난다. 실패했다고 생각될 때 그 자리에서 포기하느냐 다시 일어서느냐가 인생을 좌우한다.

성공한 기업이나 성공한 사람도 알고 보면 모두 자신만의 실패 스토리를 가슴 한편에 안고 있다. 나 역시 마찬가지다. 11년간의 기자 생활을 마무리하고 기업의 사장으로 임용되었을 때는 인생에 탄탄대로가 펼쳐질 것처럼 보였다. 내가 운영하던 기업들 역시 잘나가는 기업으로 주목을 받기도 했다. 하지만 다시 10년의 시간이 지난 후, 나는 실패한 CEO로 빈털터리가 되었다. 가진 것이라고는 남들에게 진 부채와 내가 운영하는 기업에 가족의 생계를 걸고 있던 직원들에 대한 미안함과 죄스러움뿐이었다.

말썽꾸러기였던 나는 어려서 어머니 대신 외삼촌에게 가끔 맞았는데, 한번은 잘못을 저질러놓고 또 맞는 게 싫어서 약국에서 수면제를 산 적이 있다. 그때 죽어버리겠다는 결심을 하고 그대로 움직였더라면 20대의 나, 30대의 나, 40대의 나, 50대의 나도 없었을 것이다. 얼마나 어리석은 일인가? 그래서 나는 넘어진 자리에서 다시 일어났다. 빚을 갚기 위해 카카오의 김범수 의장을 찾아가 카카오톡 홍보마케팅 일을 시작하게 된 것은 앞에서도 언급했지만, 김범수 의장 역시 한게임 창업 후 2000년 겨울 가장 혹독한 시기를 겪어낸 경험이 큰 성공의 재료가 되었다고 말한다.

## 누구라도 실패한다. 고로 누구라도 일어설 수 있다

오늘날 누구나 아는 성공한 사람들도 하나하나 들여다보면 많은 실패와 고난, 역경을 딛고 일어섰다. 성공한 사람들은 하나같이 넘어졌을 때 포기하지 않고 툭툭 털고 다시 일어나 죽을힘을 다해 노력했다. 영국의 작가 존 버니언은 불법 설교로 종교 재판을 받고 감옥에 있을 때 《천로역정》을 썼고, 《마지막 잎새》를 쓴 미국의 작가 오 헨리 역시 공금 횡령 혐의를 뒤집어쓰고 오하이오주의 감옥에 갇힌 데다가 아내의 죽음까지 전해 들은 절망적인 상황에서 수십 편의 단편소설을 썼다. 그는 감옥에서 아내의 죽음을 듣게 됐고, 절망에 빠져 자살을 결심했다. 그러나 딸에 대한 그리움이 그를 살렸다. 오 헨리는 딸을 위해 글을 쓰기 시작했다. 만약 이때 그가 삶을 포기했다면 그의 뛰어난 작품들은 세상의 빛을 보지 못했을 것이다.

누군가 오 헨리에게 "뉴욕에서 알 만한 가치가 있는 사람은 잘해야 400명밖에 되지 않는다"라고 하자 오 헨리는 이렇게 답했다. "400명이 아니라, 400만 명은 된다." 당시 뉴욕시의 인구가 400만 명이었다. 결국 그의 말은 누구라도 만나볼 가치가 있다는 것이다. 그는 모든 것에서 배

KFC 간판으로 익숙한 할아버지, 커널 샌더스는 1,009번을 거절당하고도 1,010번째 또 도전했다.

우려고 했고, 긍정적으로 세상을 바라봤다.

KFC의 창업자 커널 샌더스는 나이 들어 퇴직한 후 자신의 닭튀김 조리법을 팔아 돈을 벌기로 작정했으나 1,000번 넘게 거절을 당했다. 정확히 말하면 1,009번이나 거절을 당한 끝에 1,010번째 사람이 처음으로 그의 조리법을 샀다. 생각해보라. 당신 같으면 1,000번이 넘는 거절을 당하고도 다음 가게의 벨을 누르겠는가? 그런데 그는 1,010번째 가게에 도전을 했고, 마침내 전 세계적인 프랜차이즈 창업자가 될 수 있었다.

세일즈맨 중에서 두 번, 세 번 거절당한 후 네 번째에 또 권유하는 사람은 12%에 지나지 않는다고 한다. 그리고 그 12%의 세일즈맨이 전체 판매량 대비 80%의 매출을 올린다고 한다. 두세 번 실패했다고 포기하는 사람 88명이 2,000만 원어치를 팔 때, 네 번째에 또 도전하는 12명은 무려 8,000만 원의 매출을 올리는 것이다.

일제 강점기에 쌀장사를 하던 이병철 씨는 쌀을 직접 재배하기 위해 넓은 땅을 샀다. 그런데 일제가 군수물자 확보를 위해 토지를 몰수해서 결국 빚쟁이가 되고 말았다. 하지만 그는 이를 갈며 때를 기다렸고, 결국은 대한민국 제일의 부자가 되었다. 실패해도 일어서는 사람은 끊임없이 생각에 생각을 거듭해서 창조적인 결과를 얻어내고야 만다. 따라서 누군가가 원하는 결과를 얻지 못했을 때 그가 실패했는가 아닌가는 당장에 결정되는 것이 아니라, 그가 좌절하고 포기하는지 아니면 다시 일어서서 결국 해내는지에 의해 결정된다. 성공하는 사람에게는 실패가 오히려 공부가 된다. "젊을 때 고생은 돈을 주고 사서라도 해야 한다"라는 말이 괜히 생겼겠는가? 넘어지는 것이 실패가 아니라 일어서는 것을 포기하는 것이 실패다. 결국 포기하지 않으면 실패는 완성되지 않는다.

모든 일이 순조로울 때, 우리는 새로운 도전을 하지 않는다. 하지만 일단 길을 잃으면 그때부터는 온몸의 감각을 총동원해서 새로운 길을 찾는다. 보통은 실패에 실패를 거듭하면 좌절과 포기가 나오겠지만, 실패에 실패를 거듭하면서 자꾸 딛고 일어서다 보면 실패에서 얻은 경험으로 성공을 일궈내게 된다. 실패하느냐 성공하느냐는 실패했을 때 다시 일어서느냐 마느냐의 작은 차이에서 비롯된다. "Opportunity is nowhere(기회는 어디에도 없다)"와 "Opportunity is now here(기회가 지금 여기에 있다)"는 띄어쓰기 하나 차이다. 피겨선수 김연아도 금메달을 따기 전까지는 수없이 넘어지고 다치는 과정을 반복했다. 만일 그녀가 넘어지고 엎어지고 다치고 힘들다고 해서 다시 일어나는 것을 멈췄더라면, 오늘날 우리가 아는 김연아 선수는 존재하지 않았을 것이다.

어떤 일을 하다가 실패했을 때, 가장 쉽고 편한 것이 바로 포기다. 그래서 성공하는 사람들보다 실패하는 사람들이 더 많다. 업데이트 없이는 업그레이드도 없다. 그 누구도 넘어진 자리에서 그대로 솟아오를 수는 없다. 넘어진 자리에서 일어나 툭툭 털고 걸어가야 그 자리를 벗어날 수 있다. 슬퍼할 것은 실패가 아니라 실패를 자산화하지 못하는 것이다. 포기하지 않으면 다 과정이다. 하지만 포기한다면, 그 순간 자신은 실패자로 확정되고 만다.

미리 포기하지 마라. 마흔 살이 넘어서 사업에 실패하고 어머니한테 매일 용돈을 받아 쓰던 나도 다시 툭툭 털고 일어나 이렇게 여러 기업에서 월급을 받고, 남들보다 많은 돈을 벌고, 여기저기에서 쇄도하는 강연 요청에 행복한 비명을 지르고 있으니 말이다. 게다가 이렇게 책도 쓰고 있지 않은가!

### 생각을 확장하는 한마디

> 마침표를 찍는 순간, 종료 버튼을 누르는 순간, 실패가 결정된다. 마침표 대신 쉼표를 찍어라. 종료 버튼 대신 리셋 버튼을 눌러라. 실패가 아닌 성공으로 향해 가는 '과정'이 된다.

# PART

# 06 미래는 보이는 것보다 가까이 있다

2013년 '김미경 쇼'에 한 달에 11번 월급 받는 스마트워커로 소개됐다. 그 이후 숫자는 줄어들 때도 있고 늘어날 때도 있었다. 전에는 대기업과도 일했지만, 이제는 성장하는 회사하고만 일한다. 필요에 맞게 어디는 홍보, 어디는 마케팅, 또 다른 데는 리스크 매니지먼트 등을 해준다. 박용후식 디파인을 원칙으로 적절하게 변주한다. 실패 경험이 쌓여서 그런지, 직접 창업해서 키우는 건 잘 못해도 자문은 잘한다. 늘 '잘하는 걸 더 잘하자'고 생각한다. 욕심이 없으니까 더 냉정하게 할 수 있다. 지금은 남들이 잘 되는 게 행복이다. 그저 '고맙다'는 말 한마디면 족하다.

도형의 기본 요소가 무엇인지 아는가? 바로 점, 선, 면이다. 점이 모이면 선이 되고, 선이 모이면 면이 된다. 그리고 다시 면이 모이면 입체가 되는 것이다. 차원의 개념으로는 0차원의 점, 1차원의 선, 2차원의 면, 3차원의 입체로 이야기할 수 있다. 점에서 선으로, 선에서 면으로, 면에서 입체로 나아가는 것이 바로 진화다. 여기에서 한 단계 더 나아가 4차원으로 진화하는 것, 이는 x, y, z의 세 개의 축으로 이루어진 좌표계에 하나의 축을 더하는 것이다. t, 바로 시간이다.

우리는 흔히 우리가 사는 세상이 3차원이라고 생각한다. 입체 공간이기 때문이다. 하지만 아니다. 우리가 사는 세상은 4차원이다. 시간이 흐르고 있기 때문이다. 우리를 둘러싼 공간만큼이나 시간은 우리의 삶에 지대한 영향을 미친다. 그럼에도 우리는 시간이 우리에게 다가온다는 사실을 잘 느끼지 못한다.

자동차의 사이드미러에 보면 경고 문구가 적혀 있다.
"사물이 보이는 것보다 가까이 있음."
오늘날 기술의 발달은 점점 더 가속도를 붙이고 있다. 그로 인해 달라질 미래의 모습은 지금까지 우리가 알고 있던 것과 비교할 수 없을 정도로 다를 것이다. 인공지능이 우리의 일상에 파고들 것이고 개인과 기업의 일하는 방식, 생각하는 방식, 생존하는 방식을 뿌리째 뒤흔들 것이다. 어떻게 반응하고 적응하는가에

따라 우리의 모습 또한 달라질 것이다. 대비하는 자와 대비하지 못하는 자의 격차는 점점 더 벌어져 완전히 다른 길을 가게 될 것이다.

미래는 우리 눈에 보이는 것보다, 우리가 생각하는 것보다 가까이 있다. 미래가 모두에게 동일하게 다가오는 것은 아니다. 각기 다른 속도, 다른 형태로 다가올 수도 있다. 하지만 분명히 다가온다. 미래가 다가오는 것을 명확히 인식하지 못하면 그 흐름에 휩쓸리게 된다. 흐름에 떠내려가지 않게 대비하려면 미래에 대한 나만의 관점을 가져야 한다.

영화 '백 투 더 퓨처'에서 타임머신을 만든 브라운 박사는 이렇게 말한다.

## "미래는 너희가 만드는 것이란다."

## 01
## 경영의 본질을 알아야
## 존재 목적을 안다

경영經營이란 무엇일까? 사전에는 "기업이나 사업 따위를 관리하고 운영함"이라고 나와 있다. 영어로는 매니지먼트 management라고 한다. 기업은 어떤 경영을 하느냐에 따라 성공할 수도 있고, 망할 수도 있다. 기업을 성공으로 이끄는 좋은 경영과 그렇지 못한 경영은 어느 부분에서 차이가 날까? 장사 sales를 잘해서 돈을 많이 번다고 경영을 잘했다고 표현할 수 있을까? 성공적인 경영에 대해 사람마다 해석이 다를 수 있다.

본질적인 질문을 해보자. 경영이란 무엇일까? 또한 이 시대가 원하는 좋은 경영은 무엇일까? 경영의 맨 앞에 있는 글자 경經의 유래에서부터 답을 찾아보면 작은 힌트가 보인다. 나의 철학적 스승이신 최진석 교수님께서 '경'에 대한 해석을 아주 명쾌하게 알려주셨다.

도덕경, 시경, 역경, 불경, 성경 등 '경'이라는 글자가 들어간 책들이 있다. 교수님 말씀에 따르면 그 경이 바로 지금 말하고자 하는 경영의 '경'자와 같은 한자를 쓴다는 것이다. 예를 들어 장자莊子는 당나라 시대 현종玄宗이 천보天寶 원년(742)에 남화진경南華眞經이라고 한 단계 높은 지위를 부여해 경전의 지위로 올라간다.

최 교수님은 '경'이라는 글자가 붙으면 시대적 가치가 높아짐은 물론 '그 시대 사람들이 모두 알았으면 좋겠다', '그 시대 사람들이 이런 생각에 의존해서 살았으면 좋겠다'는 뜻을 가진다고 설명해주셨다. 즉, 시대적 비전이나 이념, 이데올로기를 부여받는다는 것이다. 간단히 말해 '경'은 '시대적 생각의 기준점'이라고도 말할 수 있다.

또한 경영을 영어로 표현한 'management'의 'man'은 손으로 다룬다는 의미를 갖고 있다. 손으로 무엇을 다룰까? 최진석 교수님은 이 부분을 이렇게 설명한다. 다른 관점으로 보면 'manage'는 '말고삐를 잡고 말을 다루는 행위'에 비유될 수 있고, '말고삐'에 해당되는 것이 바로 '경'이라고 할 수 있다고. 즉, '말고삐'는 그 행위를 하는 비전, 꿈, 원칙을 말하는 것이고, 그것을 '세상에 실현하는 것'을 '영營'이라고 할 수 있다는 것이다.

이런 관점에서 볼 때 최 교수님은 기업의 존재 목적을 '이윤 추구'라고 말하는 것은 매우 천박하고 수준이 낮다고 말했다. 목적과 수단의 혼동 때문에 기업 경영이 잘못되는지도 모르게 된다. 목적과 수단을 잘못 판단한 대가가 잘못된 기업을 만든다는 것이다. '이윤 추구'는 수단에 지나지 않는다.

간혹 "그래도 우리 기업의 목적은 이윤 추구입니다"라고 솔직함을 내세우는 경영자들도 있다. 자신의 천박함을 부끄러워하지 않는 당당함에서 비롯된 것이든, 일단 지금은 회사가 어려우니 돈을 번 뒤에 좋은 일을 하겠다는 기약 없는 다짐에서 비롯된 것이든, 혹은 또 다른 이유에서 비롯된 것이든 이런 말을 하는 기업가들은 존재한다. 물론 기업은 이익을 내야 살아남을 수 있다. 다만 여기서 말하는 것은 이윤 추구 자체가 기업 활동의 최종 목적지여서는 안 된다는 것이다. '기업이 이윤을 추구하는 것은 당연하다, 그래서 그다음에는?'이라는 생각이 필요하다는 말이다.

기업은 궁극적으로 '이윤 추구'를 통해 사회의 진화에 공헌해야 한다. 정치도 마찬가지다. '권력 획득'을 정치의 목적으로 여기는 이들이 정치를 망친다는 것이다. 어찌 '정권 획득'이 정치의 목적이 될 수 있을까? '정권 획득'은 정치의 수단일 뿐 그 목적은 '사회적 진화에 공헌함'이 되어야 한다. 중요한 것은 기업이든 정치든 사회에 공헌하기 위해 가져야 할 원칙, 즉 펼칠 뜻과 꿈, 비전이 중요하다는 관점으로 경영을 해석해보면 기업의 존재 이유도 보이고, 좋은 경영도 보인다.

기업이 이윤 추구만을 쫓지 않고 자신과 공동체의 진화에 공헌하는 조직이라는 정의를 받아들이면, 크게 돈을 벌지 못하고 규모도 키우지 못하리라 여길지도 모르겠습니다. 하지만 실제는 그렇지 않습니다. 자신만의 고삐를 가진 기업이라야 규모도 커지고, 지속가능성도 커질 수 있습니다.

_ 최진석,《건너가는 자》중에서

### 고객은 왕이다? 고객이 기준이다!

고객들의 눈높이가 점점 높아지고 있다는 사실도 유념해야 한다. ESG 경영이 몇 년 동안 전 세계적으로 주요한 화두가 되었고, 기업의 사회적 역할에 대한 대중들의 잣대도 엄중해졌다. 직원에게 갑질한 오너에 대한 비판이 기업에 대한 보이콧으로 이어지고, 중소기업 제품과 비슷한 상품을 대기업에서 출시했다가 뭇매를 맞기도 한다. 인종, 젠더, 환경 등 여러 사회문제에 대한 기업의 감수성 역시 논란의 대상이 된다. 오늘날 기업의 고위 임원들 가운데 여성의 비율이 얼마나 되는지, 여성과 남성 직원 간의 급여 차이가 있는지, 제품에 친환경 소재를 사용했는지 같은 사안은 실제로 기업 평가에 유의미한 영향을 미친다. 즉, 소비자들이 제품을 고를 때 그것이 단순히 상품의 가격과 품질, 필요성만을 판단 기준으로 삼지 않고 기업의 윤리적·도덕적 가치를 따진다는 것이다.

자동차로 다가가는 흑인을 백인의 손이 나타나 제지하고 튕겨내는 장면으로 논란을 빚었던 폭스바겐 광고나 아시아계 모델이 젓가락으로 피자를 찢어먹는 모습을 내보내 비판을 받았던 돌체앤가바나 광고, 마찬가지로 젓가락으로 햄버거를 먹는 우스운 모습으로 거센 항의를 받았던 버거킹 광고 등 광고 속 인종차별 논란은 흔하게 접할 수 있는 사건이다. 기업을 경영하는 입장에서는 억울할 수도 있다. 불과 얼마 전까지만 해도 이런 광고는 위트 있고 유머러스하다는 평가를 받았을지 모른다. 하면 안 되는 것이 너무 많아져 기업 활동을 하기 너무 어렵다는 생각을 할 수도 있다. 그러나 변화를 막을 수는 없는 노릇이다. 사회가 성장하고 발전하면서 소비자들의 관점이 달라지고 있는 것이다. 한마디로, '그때는 맞고 지금은 틀리다'. 그렇다면 이윤 추구가 목적이라는 기업의 입장에서는 어떻게 해야 할까? 자신들의 목적을 달성하기 위해서라도 보다 높은 기준을 가지고 기업을 경영해야 한다. 기업이 소비자의 기준에 맞아야 그 기업이 판매하는 상품, 제공하는 서비스를 사용할 것이 아닌가?

주변에서 많은 경영자를 만난다. 그저 잔재주를 갖고 기업을 경영하는 사람도 보았고, 튼튼한 철학적 토대를 기반 삼아 기업을 운영하는 경영자도 보았다. 누가 더 지속가능경영을 할 수 있을까? 질문이 어리석어 보일 정도다. 부자들에게 쏟아지는 따가운 시선은 대부분 아무런 생각 없이 돈만 벌겠다는 욕심만으로 잔재주를 부리며 돈을 벌어온 졸부들 때문에 생긴 것이라고 생각한다. 한마디로 '도량이 좁고 졸렬한 사람'이라는 뜻의 '졸부拙夫'가 갑자기 부자가 된 '졸부猝富'가 되면 세상은 더 힘들어진다는 것이다.

나는 항상 착한 부자가 많아지는 세상을 꿈꾼다. 그저 다른 사람보다 우위에 서기 위해 돈을 버는 사람이 많아지면 세상은 더 힘들어진다. 부자에 대한 부러움으로 인해 부자가 되고 싶다고 여기는 것이 아니라 부자가 돈으로 바꾸는 '긍정적 영향력'이 아름다워 보여서 부자를 꿈꾸는 사람이 많아졌으면 좋겠다. 세상은 그렇게 바뀌어야 한다.

### 생각을 확장하는 한마디

> 돈을 목적으로 하는 기업이나 사람은 여행을 가기 위해 지도만 모으는 이와 다를 바 없다. 지도는 방향과 길을 파악하는 도구일 뿐, 지도를 손에 쥔 채 실제로 걸음을 떼지 않는다면 결코 종착지에 도달할 수 없다.

## 02
# 성공하는 경영자의
# 세 가지 습관

주변의 많은 경영자를 보면서 '어떤 경영자가 성공하는가'에 대한 힌트를 아주 사소한 것에서 찾았다. 첫째, 주변에 좋은 인재가 넘치는 경영자는 '말버릇'이 다르다. 작은 일에도 "고맙다"는 말을 습관적으로 한다. 반대로 주변을 둘러싼 사람들이 배신하거나 그저 돈만 보고 움직이는 직원이 많은 조직의 경영자는 고맙다는 말에 인색하다. "내가 돈을 주니 그것만으로도 고맙지 않느냐"는 식이다. 이런 사람 주변에는 목적이 돈벌이인 사람만 가득하다. 그리고 받은 돈 만큼 일한다. 의리 따위는 없다. 그저 '얼마를 벌었느냐'는 '셈'만 존재한다. 물론 그 사람 때문에 돈을 벌었으니 입은 다물고 있겠지만 경영자에 대한 존경심 같은 건 없다.

자본주의 사회에서 돈이 중요한 역할을 하지만 인간관계가 돈만으로는 만들어지지 않는다. 돈이 없어도 유지되는 좋은 관계가 있고, 돈을 아무리 많이 줘도 흩어지는 관계가 있다. 또한 칭찬에 인색한 경영자들에게 높은 확률로 생기는 부작용이 있다. 간신이 꼬인다. 돈으로 만들어지는 관계 중심의 조직에는 간신 같은 인간들이 꼭 존재한다. 높은 사람에게 '입안의 혀'처럼 굴며 비위를 맞춘다. 조직의 미래를 위한 쓴 말 따위가 그런 사람의 언어사전에 있겠는가. '전략적 찬사'에 능한 인간들의 안목은 단편적이다. 그렇다 보니 동족방뇨凍足放尿 같은 말만 한다. 그런 말에 귀 기울이는 경영자의 기업에서 어떻게 밝은 미래를 찾겠는가.

'고맙다'는 말은 '너를 인정한다'는 것이고, '너 때문에 내가 잘되고 있다'는 뜻이다. 고맙다thank는 단어와 생각하다think는 단어는 같은 어원에서 유래했다. 영어단어 'thank'의 어원은 '고마움을 전한다'는 뜻을 지닌 고대영어 'pancian'이란 동사에 그 뿌리를 두고 있다. 'panc'와 'think'는 같은 의미다. 즉, 너를 생각한다, 너의 행동을 염두에 두고 있다는 것이 감사함의 기본적 태도라는 의미가 깔려 있다. 인정받은 사람은 '정精'과 '성誠'을 다해 최선을 다한다. 그리고 경영자가 틀린 결정을 할 때 직언을 망설이지 않는다. 자기가 존경하는 경영자가 위험에 빠지는 게 정말 싫기 때문이다. 정성精誠이라는 단어의 뜻은 '온갖 힘을 다하려는 참되고 성실한 마음'이다. 경영자의 친절한 마음이 정성을 이끄는 것이다.

그리고 '고맙다'는 말을 자주 하는 경영자는 대부분 겸손하다. 마키아벨리는 "겸손은 강한 자의 특권"이라고 했다. 무엇이 진짜 강한지를 아는 사람들이 하는 진짜 행동이 '겸손'인 것이다. 권위가 있는 사람은 절대 '권위적'이지 않으며, 실력이 있는 사람은 실력 있는 '척'하지 않는다. '고맙다'는 아주 작은 표현은 그 사람을 도와줄 사람을 늘리는 커다란 말이고, 상대방을 향한 침묵이나 아픈 가시 같은 말은 적을 늘리는 말이다. 내 편을 만들겠는가. 적을 계속 늘릴 것인가. 그 답은 말버릇에 있다.

## 작은 것을 보는 경영자가 성공한다

'사소해 보이는 것들'을 대하는 태도도 조직의 흥망성쇠를 가늠할 수 있는 좋은 잣대다. 작은 꿈을 이룰 수 있어야 큰 꿈을 이룰 힘도 생기는 것이다. 사소해 보이는 것들을 무시하는 조직은 결국 사소해 보였던 것 때문에 무너진다. 중국 작가 왕중추가 쓴 《디테일의 힘》이라는 책에 이런 공식이 나온다.

100-1=0

100가지 가운데 한 가지 때문에 결과가 '0'이 된다는 것이다. 기업을 뒤흔드는 '치명적 결함'도 결국은 '사소해 보였던 그것'을 사소하게 여긴 부주의에서 비롯되는 경우가 비일비재하다. 반대로 지나칠 수 있는 작은 것들도 위대하게 만드는 힘이 있는 경영자가 좋은 회사를 만든다.

배달의민족을 만든 ㈜우아한형제들의 김봉진 전 의장이 대표적이다. 한 예로 직원들이 일하는 모습을 촬영한 뒤 밤새 프린트해 직원들의 출근길에 걸어두었던 적이 있다. 그 사진 뒤에는 '고맙다'는 문구가 세심한 배려와 함께 적혀 있었다. 또한 20명대로 아주 작은 조직이었을 때 피플팀이라는 것을 만들어 직원의 세세한 부분까지 배려하게 하며 독특한 문화를 만들어갔다. 누가 이런 경영자를 믿고 따르지 않을 수 있을까.

또한 ㈜우아한형제들다운 문화를 만드는 데 크게 기여한 한명수 상무는 작은 선물을 받아도 그 기쁨을 멋진 콘텐츠로 만들어 감사의 마음을 남다르게 전하는 사람이다. 사소해 보이는 일상을 위대하게 만드는 힘이 있는 대표적 크리에이터다. 이런 마인드를 가진 구성원이 모여 사람들이 좋아하는 브랜드를 만들어낸 것이다. 결국 사소해 보이는 것이 결코 사소하지 않다는 것을 깨달은 경영자가 기업을 좋게 성장시킨다.

마지막으로, 직원들과 헤어지는 방식을 봐도 좋은 회사와 나쁜 회사를 구별할 수 있다. 몇 년을 일한 직원을 내보내는 과정을 살펴보면 그 회사의 미래가 어떨지 훤히 보인다. 자리 비워주기 급급한 모양새로 등 떠밀리듯 떠나게 하는 회사의 직원들은 그 회사를 절대 좋게 기억하지 않는다. 좋은 회사는 나가는 사람에게 '당신과 지낸 시간을 소중하게 생각한다'는 느낌을 충분히 전달한다. 반대로 나쁜 회사는 '당신은 쓰임새가 끝났으니 남아 있는 사람들 부담 주지 말고 조용히 떠나라'는 식이다. 이런 회사를 어찌 좋아할 수 있을까. 그렇게 회사를 떠난 사람들은 그 회사를 절대 좋게 말하지 않는다. 오히려 그 회사에 들어가려는 사람들에게 경고한다. "그 회사에 이용당하지 말라"고.

나는 어느 회사와의 계약이 끝나면 '졸업'이라고 표현한다. 퇴사 혹은 계약 종료가 아니다. 졸업이라는 개념을 쓰면 지나간 시간이 소중해지고 그 회사와 일했던 기억을 떠올리면 자연스레 입꼬리가 올라간다. 우리가 졸업했던 학교를 다시 찾아가면 감회가 남다른 것처럼 말이다. 아주 사소한 말 한마디, 아주 작은 행동 하나가 결국 그 회사의 수준이다.

㈜우아한형제들 사무실 벽에는 이런 문구가 적혀 있다. "인사 받고 싶으면 먼저 인사하자!" 자기가 받고 싶은 대우를 떠올리며 상대방을 대하면 사람 사이에 절대 문제가 생기지 않는다. 사람은 이성적이지 않을 수도 있고, 감정적일 수도, 감성적일 수도 있다. 작은 감동 하나가 힘든 일을 견디는 씨앗이 될 수 있다는 사실을 잊지 말아야 한다. "당신은 참 소중한 사람"이라고 말하는 경영자가 좋은 회사를 만든다.

### 생각을 확장하는 한마디

기업 경영은 결국 사람 경영이다. 많은 경영자들이 사람의 소중함을 망각하고 무시하는 우를 범한다. 하지만 그 대가는 결코 작지 않다.

## 03
# 건방짐과 겸손함이
# 성패를 가른다

지금까지 정말 많은 기업을 만나고 기업가들과 대화를 나눌 기회가 있었다. 회사들의 이전 모습과 현재를 비교하고, 그들이 어떻게 기업을 일궈나갔는지를 곱씹어보면 성공하는 회사, 망하는 회사, 그저 명맥만 유지하고 있는 회사가 있다. 그러나 그들이 기업을 일궈나가는 과정을 보면 그 인과관계가 너무나 또렷하고 너무나 명쾌하다.

성장하는 회사들의 공통점 가운데 가장 중요한 하나를 꼽으라면 나는 CEO가 누구인지가 가장 중요하다고 말한다. 정확히 말하면 CEO의 성품이 중요하다. 구성원 한 사람 한 사람을 챙기는 CEO가 있는 반면 직원들을 소모품 취급하는 사람도 많이 보았다. 새벽에 인사팀장에게 "그놈 잘라!"라는 카톡을 서슴지 않고 날리는 사람이 있는가 하면, 또 어느 CEO는 살생부를 인사임원에게 넘겨주고 빨리 정리하라고 독촉한다. 그런 회사들은 절대 오래가지 못한다. 불안한 직원들이 어찌 자신들의 능력을 발휘할 수 있으며, 인정받지 못하는 직원들이 어찌 훌륭한 결과물을 내놓을까?

이렇게 직원들을 우습게 아는 회사의 오너들에게는 공통점이 있다. 바로 '건방짐'이다. 내가 회사의 주인이고 직원들은 자기 밑에서 일하는 아랫사람일 뿐이다. 회사에서 가장 중요한 사람도 자신이고, 따라서 모든 결정권이 자신에게 있다. 직원들의 진심 어린 조언이나 훌륭한 의견도 듣지 않는다. 그러다 보니 제대로 일하는 직원들은 떠나고 경영자의 눈에 들기 위해 아부를 떠는 직원들이나 일도 안 하면서 조용히 있는 프리라이더들만 회사에 남게 된다. 이런 회사의 직원들이 세상이 인정하는 제품이나 서비스를 만들 수 있을까? 마음속에서는 욕을 하며 겉으로는 웃는 척하는 직원들이 많은 회사는 반드시 망한다.

### 겸손한 사람이 진정으로 강한 사람이다

훌륭한 경영자는 쓴 말을 잘 받아들인다. 듣기 싫은 말을 감정으로 받아들이지 않고, 그 이면에 있는 직원들의 감정을 읽으려고 애쓴다. 작은 일에 고마움을 표한다. 자신을 낮추고 상대를 높인다. 그런 CEO와 일하는 직원들은 자기 의견을 내는 데 거리낌이 없다. 좋은 의견을 낼 때는 물론이고 자신의 실수를 보고하거나 동료, 상사, 기업의 잘못을 개선하는 방법을 제안할 때도 두려움을 느끼지 않는다.

㈜우아한형제들의 멋진 문화를 만들어낸 한명수 상무가 이런 이야기를 했다. 문화를 만들 때 가장 중요한 것이 '모르는 것은 모른다고 하고, 힘들면 힘들다고 말하는 것'이라고. 모르는 것을 아는 척하고, 힘든 것을 안 힘들다고 말하면서 기업의 문화는 썩어가기 시작한다. 모든 구성원이 진심으로 회사가 잘되기를 바라는 마음에서 진정성을 갖고 일하고 소속감을 느낀다. 이런 기업 문화를 만드는 데는 겸손한 경영자의 역할이 아주 중요하다.

나는 '감히'라는 표현을 쓰는 사람과는 거리를 둔다. 그런 사람들은 대부분 남을 낮춰보거나 무시하는 태도를 보인다. 무시無視라는 단어는 '사람을 깔보거나 업신여긴다'는 뜻으로 쓰이지만, 다르게는 '사물의 존재 의의나 가치를 알아주지 않는다'는 뜻도 갖고 있다. 존재하는 것들의 값어치를 모르는 사람은 무엇이 귀한지도 모르는 법이다. 자신을 위한 귀한 고언도 그런 사람들에게는 아무 의미가 없다. 일부 가진 자들이 보이는 교만하고 건방진 태도는 가진 자들에 대한 분노의 재료가 된다.

SBS에서 방영된 '스토브리그'라는 드라마에 이런 대사가 나온다. "어떤 사람은 3루에서 태어나놓고 자기가 3루타를 친 줄 안다." 가진 자들의 착각에 던지는 언어의 화염병 같은 말이다. 또한 작은 성공을 이룬 뒤 사람이 확 바뀌어 거만해지는 경우도 꼴불견이다. 이런 부류 인간들의 공통점은 원래 부자였던 것처럼 거만하게 행동한다는 것이다. 이런 인간을 보면 마음이 답답해진다. 이런 모습을 보임으로 인해 그가 진심을 다했던 그간의 노력과 의미마저 흐려지고 퇴색된다. "겸손은 강한 자의 특권"이라고 말한 니콜로 마키아벨리의 말이 무엇을 의미하는지 그런 자들은 잘 모른다.

에이블리 창업자 강석훈 대표는 이런 이야기를 친구와 나누었다고 한다. "우리가 가지고 있는 모든 것들이 사실 운에 가깝다. 가지고 태어난 재산, 심지어 열심히 일하는 태도도 운이다. 내 DNA에 그런 것이 쓰여 있는 것이고, 그렇지 못한 사람들은 운이 나빴을 수 있다." 왜 강석훈이라는 사람이 그 자리에 있게 되었는지를 알 수 있게 해주는 대목이다.

직원들을 하대하고 무시하며 이른바 '갑질'을 하다가 여론의 뭇매를 맞은 경영자들의 일화는 너무나 많다. 진정한 의미에서 '강한 경영자'가 성공한다는 사실을 마음에 새겨야 한다. 이는 단순히 CEO에만 해당하는 것이 아니다. 주변을 둘러보면 작은 성공에 도취되어 갑자기 거만해지고 자기 혼자 잘났다는 듯이 행동하는 사람들을 쉽게 찾아볼 수 있다. 내가 잘해서 성공한 것이 아니라, 운이 좋아서, 주위에 뛰어난 사람이 많아서, '덕분에' 성공했다는 겸손함을 갖추는 사람이 더욱 높이 올라갈 수 있다.

> **생각을 확장하는 한마디**
>
> 사람들은 성공한 뒤에도 꾸준히 겸손한 사람들을 대단하다고 칭찬한다. 그만큼 겸손함을 유지하는 것이 어렵다는 것을 알기 때문이다. 손에 쥔 권력을 휘두르고 내 마음대로 하는 것은 쉽고 간편하다. 쉬운 길로 가지 마라. 때로는 어려운 길에 더 큰 보물이 있다.

## 04
# 어떤 기업이 살아남는가

요즘 소비자들은 참 똑똑하다. '나쁜 기업'에 대해 냉정한 평가와 함께 그에 상응하는 벌을 주는 동시에, '착한 기업'에 대해서는 따뜻한 평가와 함께 그에 부응하는 상을 주기도 한다. 기업이 단순히 제품이나 서비스를 통해 실적을 올리는 데 그치지 않고 사회적 책임을 다할 때 이를 높이 평가하고 칭찬한다.

매일유업은 서울우유, 남양유업과 함께 국내 유제품 업계의 3대 회사 중 하나로 다른 두 개 회사에 비하면 규모는 작지만 알찬 회사다. 특히 '소화가 잘되는 우유'로 락토프리 우유 제품군에서는 가장 앞서가고 있으며, 분유와 이유식 시장에서도 강세를 보인다. 그런데 최근 소비자들 사이에서 매일우유의 인지도와 선호도가 높아진 데는 단순히 제품의 맛이나 품질 말고도 다른 이유가 있다.

몇 년 전 인터넷 커뮤니티 등에서 매일유업을 칭찬하는 글이 올라와 크게 회자되었다. 매일유업이 1년에 두 번 공장 가동을 멈추고 12종의 특수 분유를 만든다는 내용이었다. 매년 이 특수 분유를 생산하기 위해 모든 생산설비를 해체하고 8시간 정밀 세척을 하는 것으로도 모자라 각각의 특수 분유로 바꿔 만들 때마다 클리닝하는 번거로움도 무릅써야 한다. 이렇게 해서 생산하는 제품이 특별히 더 비싼가 하면 그렇지도 않다.

오히려 일반 분유보다 저렴한 가격에 내보낸다. 과연 그 이유가 무엇일까? 바로 이 특수 분유를 먹는 소비자가 선천성대사이상이라는 아주 희귀한 유전질환을 앓고 있는 아이들이기 때문이다. 1999년부터 20년 넘게 매일유업은 이 일을 하고 있다.

이 이야기는 큰 관심을 받았고, 많은 사람들에게 '매일유업=착한 기업'이라는 이미지를 각인시켜주었다. 더불어 경쟁사가 대리점 상품 강매 사건 등으로 이미지가 안 좋아지면서 대조적으로 더욱 좋은 평가를 받기도 했다. 기업의 목적이 단순히 '이윤 추구'에만 있다면, 매일유업이 손실을 감수하고 특수 분유를 제조하는 것은 어리석은 일이다. 그러나 요즘 소비자들은 좋은 일을 하는 회사에 기꺼이 '돈쭐'을 내줄 만큼 현명하다. 특히, 이러한 선행이 대가를 바라고 하는 일이 아니라 진정성을 갖고 하는 일이라면 더욱 그러하다.

## '착함'이 경쟁력이 되는 시대

매일유업에서 하는 여러 나눔활동 가운데 또 하나 눈길을 끄는 것이 배달의민족에서 지금까지 함께하고 있는 '365 우유 안부 캠페인'이다. 홀로 사는 어르신들에게 우유를 배달하는 '365 우유 안부 캠페인'은 서울의 한 교회와 배달의민족이 함께해온 것으로, 교회에서 우유 배달을 부탁하면 배달의민족 배달원이 홀로 사는 어르신에게 매일우유를 배달하며 안부를 확인하는 지원 사업이다. 배달원은 매일 새벽 보랭 가방에 새 우유를 넣으며 남아 있는 우유가 있는지 확인한다. 우유가 없으면 어르신께서 무사히 가져가신 것이니 안심이다. 반면 어제 배달한 우유가 그대로 있으면 교회로 연락을 취한다. 그러면 연락받은 목회자가 곧바로 어르신을 찾아가 아무 일 없는지 보살펴드리는 것이다.

2003년 처음 시작한 '어르신의 안부를 묻는 우유 배달'은 2012년 배달의민족이 후원을 시작하며 규모가 늘었다. 어느 기업이든 돈만 내면 홀로 사시는 어르신들에게 우유를 드릴 수 있지만, '착함'을 위해 한 번 더 생각한 결과에서 나온 서비스이다. 우유는 장치일 뿐, 단순히 우유를 주는 게 아니라 우유를 통해 마음을 주고, 안부를 묻는 것이다. 날마다 배달되는 우유를 어느 날 먹지 않았다면 무슨 일이 생긴 것이 틀림없다. 실제로 우유가 쌓여 있어 찾아갔다가 돌아가신 분을 발견한 적도 있다. 덕분에 고독사로 돌아가시는 분을 조금이라도 줄일 수 있었고, 허망하게 떠난 분이 더 허망해지는 일을 줄일 수 있었다. 홀로 사는 어르신들이기 때문에 그분들 처지에서는 절박하고 절실한 것이다.

2016년 매일유업이 후원에 동참하면서부터는 '소화가 잘되는 우유'를 도입했다. 우리나라 사람들은 유당 분해 효소인 락타아제가 없는 경우가 많아 어르신들이 우유를 먹고 배탈이 날 위험을 줄이기 위해서다. 그리고 또 하나 중요한 포인트가 있다. 매일유업이 '소화가 잘되는 우유' 제품의 매출 1%를 우유 안부 사업에 꾸준히 기부하고 있다는 점이다. 즉, 소비자들도 매일유업의 제품을 구매하고 소비함으로써 후원에 동참할 수 있게 되는 것이다. 어차피 우유를 마실 거라면 좋은 일에 도움이 되는 제품을 선택하도록 독려하는 것, 고객에게 자신의 지출이 단순 소비가 아니라 사회 공헌이 되도록 하는 것. 관점을 바꾸면 이렇게 새로운 길이 보인다.

우유 안부 캠페인을 10년 넘게 함께하고 있는 배달의민족 역시 다양한 사회 공헌 캠페인을 하고 있다. 학교에서 먹는 급식이 아니면 끼니를 제

365 우유 안부 캠페인의 우유는 장치일 뿐,
본질은 우유를 통해 마음을 나누고 안부를 묻는 것이다.

때 챙겨먹기도 어려운 취약계층 어린이들을 위한 '배민 방학 도시락', 플랫폼과 점주, 배달 노동자와의 상생을 위한 '우아한 사장님 살핌기금'과 '우아한 라이더 살핌기금', '배민아카데미' 등 다각도의 지원 사업을 펼치고 있다. 또한 친환경 배달문화 정착을 위해 국내 배달업계 최초로 온실가스 배출량을 측정하고 정보를 공개했을 뿐 아니라 '일회용 수저포크 안 받기' 기능 도입, 지속가능한 패키징 사용 활성화를 위한 다회용기 배달 서비스 실행 등 가치 경영에 박차를 가하고 있다.

좋은 기업이 고객의 선택을 받는다는 것은 중요하다. 이윤 추구를 기업의 목적으로 하든, 수단으로 생각하든 기업의 지속가능성을 고려할 때 경영자들은 더 나은 결정을 내려야 한다. 설령 처음 시작할 때는 기업의 이미지 메이킹을 위한 것이었다 해도 또 어떤가? 위선이 지속되면 결국 진짜 선이 될 수 있지 않을까?

영국 작가 맥스 비어봄의 우화 《행복한 위선자》에 나오는 주인공 조지 헬은 원래 악행을 일삼는 심술궂고 후안무치한 작자였으나 선량하고 아름다운 여인 제니 미어에게 첫눈에 반한 뒤 그녀에게 사랑받기 위해 선한 얼굴의 가면을 쓰고 이름을 바꾸고 정체를 감춘 채 살아간다. 사랑을 쟁취하겠다는 지극히 개인적이고 이기적인 목적을 위해 시작한 행위였지만, 조지 헬은 그녀의 사랑을 잃고 싶지 않은 마음에 계속해서 선행을 베풀며 살아간다. 그리고 어느 날 이 사실을 알게 된 제니 미어가 그의 가면을 벗겼을 때, 놀랍게도 그 아래 드러난 것은 젊은 시절의 못된 얼굴이 아니라 가면과 똑같은 선한 얼굴이었다. 위선도 계속되면 미덕이 될 수 있다.

물론 기업은 이익을 창출해야 유지될 수 있다. 그러나 이익을 창출하는 방법에는 여러 가지가 있을 수 있다. 진정성 있는 선행을 통해 고객에게 사랑받고 기업의 이윤도 추구할 수 있다면 이보다 가치 있는 경영이 있을까? 바로 이 지점에서 관점의 변화가 필요하다. '착함'과 '이익'이 반비례하는 것이 아니라 비례할 수 있다는 생각, 거기에서 시작해야 한다.

나는 믿는다. 착한 마음과 기발한 발상이 만날 때 세상은 더 좋은 곳으로 바뀐다고.

### 생각을 확장하는 한마디

기업의 입장에서는 좋은 품질, 저렴한 가격, 혹은 예쁜 디자인 같은 기준이 착한 기업, 투명한 기업, 상생하는 기업보다 쉽게 다가올지도 모른다. 그러나 새로운 시대에 지속가능한 경영을 위해서는 고객의 관점에서 생각해야 한다. 고객이 원하는 것이 곧 기업이 제공해야 할 상품이자 서비스이지 않은가.

## 05 '착한 생각'이 가장 창의적이다

망하는 사람 또는 망하는 기업에는 공통점이 있다. 그 공통점 중 하나는 교만하고 건방지다는 것이다. 건방지면 다른 사람들을 무시하게 되어 있다. '무시'라는 말은 없을 무無와 볼 시視라는 글자로 이루어져 있다. '볼 수 없다'라는 의미이니, 이 말을 한 글자로 표현한다면 눈멀 맹盲이 될 것이다. 미처 생각이 미치지 못한, 모순되는 점이나 허점을 뜻하는 맹점盲點은 본디 눈의 망막에서 시각세포가 없어 물체의 상이 맺히지 않는 부분을 가리키는 말이다. 상이 맺히지 않으니 당연히 보이는 것이 없다. 누군가를 무시한다는 것은 '앞이 안 보인다', 즉 '눈에 보이는 것이 없다'는 말이다. 눈이 멀었기 때문에 판단할 수 있는 지표가 그들에게는 보이지 않는다. 따라서 올바른 선택을 할 수 없게 된다.

누군가를 계속적으로 무시한다는 것은 어쩌면 장애를 갖고 사는 것, 즉 눈먼 행동을 하는 것이라고 말할 수 있다. 무시당한 상대의 입장에서는 불쾌하기 때문에 상대를 좋아할 수 없고, 결국 자신을 무시한 사람의 적이 될 수밖에 없다. 앞을 볼 수가 없는 상태에서 적마저 생겼으니 얼마나 위태로운 상황인가? 결국 그런 성향의 CEO나 임직원을 둔 기업은 망할 수밖에 없다.

기업이 성장하고 개인이 높은 자리에 올라 영향력이 높아져 부를 갖추게 될 때면 누구든 교만해지기 쉽다. 힘이 있는 상대에게 듣기 좋은 말과 아부, 칭찬은 하기 쉽지만 귀에 거슬리는 말을 하려면 용기가 필요하기 때문이다. 그러다 보니 사회적 지위나 영향력이 있는 사람들은 어느 정도 교만하거나 건방져도 암묵적으로 용인되는 경우가 많다. 하지만 그러한 사람이 마음 깊은 곳에서 우러나온 겸손함을 갖추고 있다면, 사람들은 그를 존경할 뿐 아니라 그가 하는 말과 일에 더 큰 가치를 부여할 것이다.

처음 대하는 사람에게 나이나 학벌 등 매우 사적이고 입장이 곤란해질 수도 있는 질문을 할 경우, 상대방은 불쾌감을 갖거나 무시당했다는 느낌을 받을 수 있다. 그런 경우에는 대부분 상대와 벽이 생기게 되므로, 상대방의 입장과 처지를 충분히 배려한 대화를 나누어야 한다. 배려해야 할 사람은 함께 대화를 나누는 상대방뿐만이 아니다. 음식점의 종업원, 서비스 직종에 종사하는 사람들에게도 교만하게 굴거나 무시해서는 안 된다.

음식점에서 종업원에게 "어이, 여기 물 갖고 와", "여기 반찬 좀", "주문한 지가 언젠데, 왜 안 갖고 와?" 하는 식으로 함부로 대하는 사람들을 가끔 볼 수 있다. 만일 내가 대화하거나 비즈니스를 하는 상대가 자신보다 약자의 위치에 있는 사람에게 함부로 군다면, 충고하건대 그와는 너무 가깝게 지내지 마라.

미국 비즈니스 격언에 "음식점 종업원에게 함부로 하는 사람과 비즈니스 하지 마라"라는 말이 있다. 사람의 품격과 천성은 쉽게 변하지 않는다. 외적인 지위에 따라서 누군가를 무시하는 사람이라면, 그는 자신의 위치가 더 올라가게 되면 함께 일하는 비즈니스 파트너도 무시할 것이다. 지금은 공손할지 몰라도, 상황이 바뀌면 언제든지 나를 무시하게 될 사람이다. 그러므로 그런 사람과 비즈니스를 같이하거나 미래가치가 있는 사람으로 생각하고 키워준다면, 나중에 후회할 일이 벌어질 것이다. 현재 내가 고용주고 그 사람이 고용인의 입장이라 하더라도, 상황이 바뀌면 나를 무시할 뿐만 아니라 부하 직원들도 함부로 다룰 것이기 때문이다. 나는 "네가 감히!"라는 말을 하는 사람, 잘난 척하는 사람, 아무리 잘났어도 남을 무시하고 존중할 줄 모르는 사람들과는 아예 친분 관계를 유지하지 않는다.

"사람은 본디 이기적이고 악하다"라는 말이 있다. 그러나 나는 그렇게 생각하지 않는다. 사람의 본성은 착한 것을 좋아하고 착한 쪽으로 흐르게 되어 있다. 누군가 이기적으로 굴면서 다른 사람을 짓누를 때, 또는 얄미운 상대나 라이벌을 짓누르고 싶을 때, 우리 내면에서 누군가가 "멈춰!"라고 외치지 않는가? 드라마를 보더라도 착한 사람과 나쁜 사람이 있다면, 자기도 모르게 착한 사람을 응원하지 않는가 말이다. 설사 악한 사람이 두려워서 드러내놓고 착한 사람을 편들어주지 못할지라도, 비밀만 유지된다면 기꺼이 착한 사람의 손을 잡아줄 것이다.

이야기의 대상을 기업으로 확장해도 마찬가지다. 교만하고 건방진 기업은 결국 망하지만, 어떤 기업이 착하다고 판단되면 소비자들은 기꺼이 그 기업을 보호하려고 한다. 따라서 사람들에게 착한 이미지로 각인된 기업은 소비자들의 사랑을 받고 경제 여건이 나빠져도 살아남는다. 다른 기업 제품을 깎아내리고 저가 경쟁으로 돈줄을 죄고, 고객을 빼앗아야만 살아남을 수 있는 시대는 지났다.

어떤 기업이 사람들로부터 "저런 기업이 돈을 벌어야 해"라는 말을 듣게 된다면, 그 기업은 절대 망하지 않는다. 규모가 크지 않더라도 착한 이미지를 가진 기업은 살아남으며, 소비자들 스스로 기꺼이 지갑을 열게 한다. 비슷한 상품이 여러 개 있을 때, 사람들은 더 좋은 이미지를 가진 기업의 제품을 선택하는 것이다.

## 사람들은 '착한' 사람에게 끌린다

SNS가 활발해지면서 온라인상에서의 정보 공유는 상당한 파급력을 갖게 되었다. 불친절한 식당에 대한 후기가 맘카페 게시글로 올라오면 손님의 발길이 끊어지고, 반대로 선행이 알려진 가게에는 사람들이 몰린다. 몇 년 전 화제가 된 홍대의 한 파스타 가게 역시 그런 사례다. 당시 점주는 결식아동에게 한 끼 5,000원의 식대를 지원하는 '결식아동 꿈나무 카드'가 있다는 것을 알게 되었다. 하지만 가맹점 자체도 많지 않았고, 5,000원으로는 제대로 먹을 만한 메뉴도 별로 없겠다는 생각에 꿈나무카드를 가진 아이들에게 무료로 식사를 대접하겠다는 글을 SNS에 올리고 가게 외부에도 걸어두었다. 이 내용이 많은 사람들의 '좋아요'와 '공유'를 통해 널리 퍼지면서 개인적으로 후원에 동참하겠다는 사람들의 연락이 이어졌다. 화제가 된 후 매출도 20% 이상 올랐다. 인터넷에서 일화를 접한 사람들이 이 식당을 찾은 이유는 '맛집'이어서가 아니다. '착한 식당'이기 때문이다. 왜 그럴까? '착한 곳, 착한 사람'에 마음이 끌리는 사람들의 본성 때문이다.

흐름이자 방향성이다. 최근 취약 계층에게 서비스와 일자리를 제공하거나 지역 사회에 공헌하는 등의 사회적 목적을 추구하면서 영업 활동을 하는 '사회적 기업'이 많이 생기는데, 그런 추세 역시 '착한 기업'을 선호하는 이유와 다르지 않을 것이다.

스마트폰이 보급되고 많은 애플리케이션이 쏟아져 나올 때, 애플리케이션 출시는 곧 돈을 의미했다. 일정 비용을 내고 애플리케이션을 다운받았기 때문이다. 그런데 카카오톡은 무료로 보급되었다. 많은 사람들이 사용자 수가 늘어나면 유료화하거나 광고를 게재할 것으로 생각했지만, 1억 명 이상이 카카오톡을 다운로드받았을 때도 고객들을 괴롭히는 광고 창을 띄우지 않았다.

돈은 벌지 못하면서 문자 메시지 수입이 줄어든 대형 통신사들로부터 견제만 받았기 때문에 사람들이 오히려 걱정을 하기도 했다. '도대체 카카오톡은 돈을 어떻게 벌어? 직원들 월급은 어떻게 주지?' 이런 의문을 가질 정도였다. 하지만 카카오톡은 '고객을 협박하거나 귀찮게 하면서 돈 벌지 말자'는 확고한 철학을 가지고 있었다. 강제로 돈을 버는 것이 아니라, 다른 누군가를 도우며 함께 돈을 버는 방식을 택한 것이다.

경제 사정이 좋지 않은 만화가들이 카카오톡을 통해 이모티콘 서비스를 하면서 큰 수익을 올리는가 하면, 카카오톡을 통해 런칭한 게임이 폭발적인 성공을 거두면서 수백억의 매출을 기록하기도 했다. 더불어 우리는 지인에게 특별한 마음을 카카오톡에서 구매한 선물 쿠폰으로 전달하기도 한다. 비단 이것뿐인가? 요즘에는 카카오톡 위치 기반 서비스를 통한 택시, 대리운전, 배달, 예약 등을 넘어 금융 거래까지, 카카오톡 하나면 거의 모든 일상생활이 가능해진 시대가 되었다. 업체도 돈을 벌고 카카오톡도 돈을 버는 선순환 구조가 이미 굳게 자리 잡은 것이다.

그랬던 카카오가 돈을 많이 번다는 소문이 나면서 고객들은 싸늘해졌다. 좋은 의도마저도 왜곡되는 경우도 비일비재했다. 왜일까? 그만큼 카카오가 큰 기업이 되었다는 반증이기도 하다. 골리앗과 싸우던 다윗이었던 카카오가 더 이상 작은 기업으로 여겨지지 않게 된 것이다. 우리 창업자가 돈을 많이 벌어서 엄청난 부자라는 것을 내세웠던 홍보는 많은 지지자들을 카카오로부터 등을 돌리게 만들기도 했다. 오히려 우리 창업자가 어떤 마음으로 세상을 보고, 어떤 세상을 꿈꾸며 그 꿈을 위해 어떤 노력을 하고 있는지에 대해 더 집중적으로 고객에게 이야기했어야 했다고 생각한다. 카카오에서 일했던 사람들이 돈을 번 것이 더 눈에 띄고, 그들이 바꿀 세상이 제대로 보이지 않으면서 지지를 잃게 된 것이다.

## '착한 꿈'이 창의적인 기업을 만든다

'관점 디자이너 박용후'에게 월급을 주었던, 또는 주고 있는 기업들은 대부분 착한 기업이다. 돈을 벌고 싶어 하는 사람들과 일을 하는 것이 아니라, 꿈을 이루고 싶어 하는 사람들과 일을 하기 때문이다. 꿈을 이루고 싶어 하는 사람들이 이끌고 가는 기업은 대부분 착한 기업이다. 착한 기업이 꿈꾸는 착한 꿈은 나 혼자만이 아닌, 다른 사람들과 행복해질 수 있는 꿈이다. 나 하나 잘 먹고 잘사는 꿈은 나를 위한 꿈이다. 착한 꿈은 '나로 인해서, 내 사업으로 인해서, 또는 이걸 팔아서 더 많은 사람이 행복해질 수는 없을까?'라고 생각하는 것이고, 이렇게 생각하는 순간 생각의 판이 달라진다.

결국 착하게 살면서 돈을 벌겠다는 생각 자체가 창의적인 발상일지도 모른다. 착한 꿈을 실현시키려면 판이 달라지고 틀을 다시 짜게 되고 세상에서 한 번도 해본 적 없는 마케팅 방법을 생각하게 되고, 아직 선보인 적 없는 기발한 제품이 나오게 되니 말이다. 요즘 같은 정보화 시대의 소

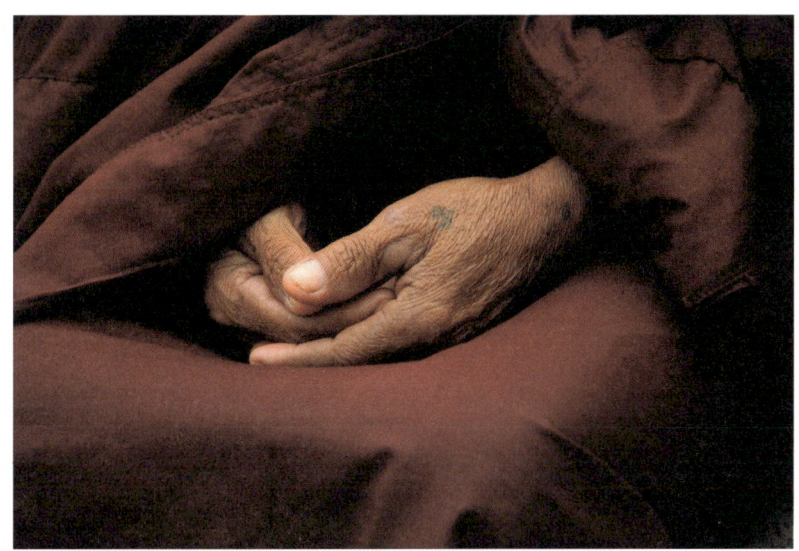

진심이 만들어낸 행동을 따라할 수는 있어도 마음이 미치지 못한다면,
언젠가는 그 바닥이 드러나고 만다.

비자들은 똑똑하다. 광고에서 물건을 사는 경우, 일단 검색부터 해보고 마음이 움직여야 산다. 이제 제품에도 꿈이 있어야 한다. 제품의 착한 꿈이 똑똑한 고객들의 자발성을 이끌어내고, 그래서 착한 제품이 더 많이 팔린다.

여기서 가장 중요하게 여겨야 하는 단어가 바로 '진심'이다. 다른 회사를 공격하여 흠집을 내며 경쟁 우위를 만들고, 다른 회사를 따라하며 겉만 좋은 것처럼 보이게 하는 회사도 숱하게 보아왔다. 내가 느낀 것은 바로 이거다. 진심이 만들어낸 행동을 따라할 수는 있어도 마음이 따라가지 못하면 언젠가는 바닥에 있는 수준을 그대로 드러내고, 다른 회사를 공격하며 만들어낸 일시적 만족감은 자기가 잘못할 때 몇 배의 아픔으로 자기 회사에 되돌아올 수 있다는 사실이다. 다른 회사를 공격할 시간

PART 06 미래는 보이는 것보다 가까이 있다

에 한 번 더 고객의 마음을 살펴보는 것이 훨씬 더 회사에 도움이 된다는 것을 기억했으면 좋겠다. 남이 고민해서 만든 회사 문화도 덮어놓고 따라한다고 해서 그 회사의 문화가 되는 것이 아니다. 진심을 갖고 직원들의 마음을 살피는 것이 먼저다. 복사는 복사일 뿐 진품 그 자체가 아니다. 기술이 진보하여 원본과 거의 구별이 힘들 정도의 복사품은 만들어낼 수는 있어도 진품과 같은 가치를 만들어내지 못하는 것처럼 진심이 없는 마케팅은 나중에 고객이 외면하는 원인이 되어 스스로를 아프게 할 수도 있다.

내가 좋아하는 CEO 가운데 장승웅 대표라는 사람이 있다. 그는 사업을 선한 마음으로 하는 사람이다. 이태원에 사옥을 짓고 직원들을 위해 구내식당을 마련해 직원들에게 맛있는 밥을 제공했다. 그런데 직원식당이 생기기 전에 직원들이 많이 다니던 할아버지와 할머니가 하던 주변 식당이 어려워졌다는 사실을 알고 구내식당을 없애고 직원들에게 식권을 발행해 그 식당과 주변 식당들을 이용하라고 독려했다. 이후 식당을 하던 두 분이 장승웅 대표를 찾아와 고마움을 전하며 그들의 고민을 털어놓았다. "가게를 청산하며 빚을 갚고 나니 이 정도의 돈이 있는데 그걸로 무얼 할까요?"라는 질문이었다. 그때 장승웅 대표는 놀라운 제안을 했다. "저희 사옥 1층에 공짜로 치킨 브랜드 매장을 마련해드릴 테니 2년 동안 많이 버셔서 멋지게 독립하세요." 또한 창업을 꿈꾸는 젊은이 가운데 선발하여 피자집을 내주고 2년 동안 노력해서 독립하라고 응원하고, 장애인 단체와 접촉해 그들 사옥에 있는 커피숍을 운영하게 했다. 이 얼마나 멋진가?

장 대표는 이런 선한 마음을 기반으로 그를 돕는 사람들이 주변에 차고 넘친다. 그들은 진심으로 그의 사업이 잘되기를 바란다. 이것이 선한 마음이 만들어낸 경쟁력이다.

장사치와 사업가를 구별하기 위해서는 행위에 진심이 반영되어 있는지를 살펴보면 된다. 그리고 그 진심에 '배려'가 스며져 있는지를 살펴보면 더욱 명확해진다. 마케팅은 잔재주만으로 완성되지 못한다. 오히려 진심을 제대로 보여주는 데 역량이 집중되어야 한다. '진심'은 강하다. '배려가 배어 있는 진심'은 더욱 강하다. "진심이 담겨 있는 진실이 바탕에 있는가?" 마케터가 제일 먼저 해야 할 질문은 바로 이것이다. 이 답에 지체 없이 "예!"라고 답할 수 있을 때 창의력은 그 힘을 발휘해 마케팅의 힘을 극대화시켜줄 것이다.

### 생각을 확장하는 한마디

> 착한 기업, 착한 사람이라는 좋은 평가를 얻고 선택받기 위해서는, 그 바탕에 선한 마음, 진심 어린 마음이 있어야 한다. 겉으로 보이는 이미지가 꽃이라면 진심이 담긴 진실은 뿌리와 같다. 뿌리가 없는 나무는 오래 살지 못한다.

## 06

# 언제, 어디서 일하는가는
# 중요하지 않다

몇몇 방송과 기업, 대학 등에서 관점 디자인에 대한 강연을 하면서 조금 유명세를 탔다. 강연을 하다 보면 "월급을 그렇게 여러 기업에서 받으면 2, 3일에 한 번씩 통장에 들어오죠?", "그렇게 여러 기업에서 일하면 스케줄 관리는 어떻게 하나요? 비서가 있어요?", "출근은 어느 기업으로 해요? 사무실은 어디에 있죠?" 하는 등의 수많은 질문을 받곤 한다.

월급은 5일, 25일 등 일정한 날짜에 통장으로 지급되며, 내 비서는 스마트폰이다. 출퇴근하는 사무실은 없으며, 언제 어디에서나 노트북만 펴 놓으면 그곳이 바로 나의 사무실이다. 여기저기 돌아다니며 사람들을 만나 이야기하고 컴퓨터와 휴대폰만 종일 만지작거리니, 예전 같았으면 한량으로 보였을 법한 모습이다. 출근해야 할 사무실이 없을 뿐만 아니라 나를 감시하는 상사도 없기 때문에 스트레스도 없다. 그런데도 다달이 통장으로 들어오는 월급은 결코 적은 액수가 아니다.

이렇게 언제 어디에서나 노트북만 펴놓으면 그곳이 사무실인 사람들이 세상에는 꽤 많다. 바로 사무실 없이 일하는 오피스리스 워커 Officeless Workers들이다. 미국의 마케팅 전문가로서 《언씽킹》, 《넥스트마케팅》 등의 책을 쓴 해리 백위드는 "오피스리스 워커가 대세가 될 것이다"라고 예상했다. 오피스리스 워커는 첨단기술 digital과 유목민 nomad의 합성어인

언제 어디서든 노트북만 펴면 그곳이 사무실이다.

디지털노마드족digital nomad 族 또는 유비쿼터스ubiquitous와 유목민을 합성한 유비노마드족ubinomad 族의 연장선상에 있다. 휴대폰과 노트북 등 첨단 IT 기술을 이용, 자신이 필요한 사람과 접촉하고 정보를 주고받는 쌍방향 커뮤니케이션을 기반으로 일정한 직장과 장소에 구애받지 않는다는 점에서 창조적인 21세기형 인간들인 것이다.

언젠가 나를 취재하던 기자가 "한 사람이 이 많은 일을 다 할 수 있습니까?"라고 물었다. "가능하죠. 저에게는 스마트폰이 있고, 언제 어디에서나 일할 수 있는 환경이 갖춰져 있으니까요." 이렇게 대답하자 그는 "실례지만 가지고 있는 가방을 좀 열어봐도 될까요?" 하고 물었다. "물론이죠. 열어보세요."

그 기자가 열어본 내 가방에는 노트북과 아이패드, 맥북에어, 충전기, 그리고 언제든 프레젠테이션을 할 수 있는 노트북과 프로젝터를 연결하는 선이 있었다. 그리고 내 손에는 언제나 스마트폰이 들려 있다. 스마트폰을 뺏으면 일의 절반이 마비되므로, 내 일을 방해하고 싶으면 스마트폰을 치워버리면 된다.

내가 들고 다니는 가방과 스마트폰이 바로 모든 첨단시설을 갖춘 나의 사무실이다. 언제 어디에서나 가방을 펼쳐 노트북을 열면 일을 할 수 있다. 또한 인공지능 검색도구인 퍼플렉시티 Perplexity와 챗GPT 같은 AI 도구들까지 더해져 더 파워풀해졌다. 이렇게 때와 장소에 구애받지 않고 일하는 방식이 스마트워크다. 아직은 내가 일하는 방식이 낯설게 보이겠지만, 조만간 우리에게도 보편적인 근무 방식이 될 것이다.

《스마트 워킹》을 집필한 독일 사회과학자 마르쿠스 알베르스는 회의와 이메일, 전화가 바로 사무실에서 효율을 잡아먹는 주범이라고 간파했다. 실제로 네덜란드에서는 현재 공공분야 근로자의 90% 이상이 스마트워크를 하고 있으며 전체 기업 가운데 60% 이상이 스마트워크 체제로 전환한 상황이다. 우리나라 기업 중에도 KT와 유한킴벌리 등 몇몇 기업에서 이미 스마트워크 환경을 만들기 위해 노력하는 중이다. 아직 완벽한 형태는 아니지만 출퇴근 거리가 먼 직원들에게는 집과 가까운 거리에서 유연하게 근무할 수 있도록 원격 근무 공간, 스마트워크센터, 위성 사무실 등을 마련하거나, 스마트폰과 태블릿PC 등을 활용해서 대면회의를 줄이고 핵심 업무에 집중하도록 하는 것이다.

2018년 주 52시간 근무제가 도입된 이후 대기업 중심으로 고정 좌석제, 칸막이 폐지는 물론, 자율 출퇴근제, 선택 근로 시간제를 도입하는 등 스마트워크 시스템으로 급격히 이행하는 상황이다. 이에 더해 코로나시대를 겪어내면서 우리의 근무 형태는 새롭게 바뀌었다. 재택근무라는 것이 일부 특정계층만의 전유물이 아니라는 것이 증명되었고, 또한 그런 현상에 따라 많은 조직의 근무 형태에는 변화가 일어났다. 이제 출근이 필수가 아닌 회사도 우리 주변에서는 흔하게 볼 수 있다. 어쩔 수 없어 했던 선택이 새로운 근무 형태의 가능성을 보게 해주었고, 또한 반대로 함께 웃고 떠들며 회의하고 얼굴을 보는 것이 얼마나 행복한 일이지도 깨닫게 했다.

## '목적' 중심으로 일하는 방식

이런 방식의 재택근무가 지금은 당연하게 여겨지지만, 나는 그것을 남보다는 조금 빠르게 했다. 나는 스마트워크를 재택근무와 같은 개념이라고 생각하지 않고, 지금도 그렇다. 나는 스마트워크를 '목적 중심으로 일하기'라고 정의한다. 언제든지 anytime 어디에서든지 anywhere 실시간realtime으로 일하는 것, 일하는 과정을 통제하는 게 아니라 철저히 결과 중심으로 일하고 평가하는 것이 바로 스마크워크다.

사무실에 앉아서 부하 직원들을 호령하는 상사들이 하는 일이란 직원들이 제시간에 출근하는지, 너무 일찍 퇴근하지는 않는지, 회의에 꼬박꼬박 나오는지, 점심시간을 지키는지 등을 감시하는 것이다. 업무의 효율을 높이기 위해서는 상사들이 필요하지 않다. 일반적인 상사들이 행하는 이런 활동은 개인과 조직의 생산성과는 아무 상관이 없다. 상사의 진정한 업무는 직원들에게 분명한 목표를 주고, 이 목표를 달성하도록 조언하고 평가하는 것이다.

만일 하루 종일 사무실에 앉아서 상사의 관리감독을 받으면서 일해야만 성과가 난다면, 나는 내가 관여하는 기업에서 월급을 받을 수 없을 것이다. 하지만 이들 기업은 내가 몇 마디 조언을 하고 그 기업의 제품과 서비스에 대해 새로운 관점을 제시해주는 것만으로 나에게 대가를 준다. 관점을 잘못 보면 큰 실수를 하고, 그로 인해 큰 손실을 보게 되기 때문이다. 판단을 잘못하면 기업이든 개인이든 돈을 잃게 마련이다.

나는 나에게 자문을 구하는 사람들에게 기업의 이미지에 관한 큰 그림에서부터 시작해 매우 사소한 것까지도 조언을 한다. 이미지에 손상을 입는 기사가 났을 경우 언론에 대한 대응은 어떻게 할 것이며, 보도자료는 어떻게 제시해야 할 것인지, 그 문구까지 간섭할 때도 있다. 다달이 몇 천만 원씩 월급을 받으려면 그 사람들이 미처 못 보는 것을 보게 해주고 새로운 관점을 제시해야 하므로, 나는 끊임없이 새로운 경험을 하고 사회를 관찰하고, 제품과 고객에 관해 새로운 관점을 제시해야 한다.

남들 눈에는 놀면서 일하는 것처럼 보이는 나의 머릿속은 온통 일 생각으로 가득 차 있다. 다만 이러한 일을 사무실에 앉아서 하는 것이 아니라 편안하게 대화하거나 이메일 또는 여러 개의 카카오톡 대화창, 전화 통화로 한다. 반드시 같이 마주 보고 소통하고, 한 공간에서 일해야 실적이 오른다는 생각은 버려야 한다.

지금도 내 비서 역할을 하는 스마트폰은 쉴 새 없이 울린다. 내가 일하는 기업 수를 보고 사람들은 어떻게 그 많은 일들을 해낼까 의아해하지만, 나와 함께 다니면서 일하는 방식을 보고 나면 고개를 끄덕인다. 나의 하루 일과는 무척 바쁘게 돌아간다. 보통 7시쯤 일어나 스마트폰으로 일정을 체크하고 메일을 확인한다. 카카오톡의 단톡방에 올라오는 글을 보면서 결재가 필요한 사항에 답변을 달고, 서초동에서 여의도, 반포 등으로 회의나 만남을 위해 이동하는 차 안에서 여러 가지 업무를 처리한다.

SNS, 카카오톡 대화창을 여러 개 띄워놓고 수시로 직원들과 대화를 나누고 미팅을 하고 필요하면 노트북을 펼쳐서 문서를 보내는 식이다. 누군가와 식사를 하는 도중에도 보통 3, 4분마다 문자가 오고 전화벨이 울린다. 그것이 모두 내가 일하는 방식이다.

이렇게 일하다 보니 스마트폰의 작은 키보드를 가지고도 1분에 200타를 쓰게 되었다. 이른바 엄지족인 셈이다. 그러면서도 사람을 좋아하는 나는 술자리가 잦다. 미팅에 술자리, 집필, 공부, 독서로 내 시간표는 간격이 늘 촘촘하다. 그러나 일이 좋아서, 스스로 신나서 바쁘게 살기 때문에, 아침에 집에서 나와 별을 보고 집으로 들어가는 생활을 하면서도 피곤하거나 힘들다는 생각을 해본 적이 별로 없다. 그러니 아무리 많은 기업의 일을 하고 많은 강연을 하고 다녀도 스트레스가 쌓이지 않을뿐더러, 단언컨대 지금 나는 행복하다.

### 생각을 확장하는 한마디

> 시대가 변하면 방식이 변한다. 차이는 변화를 뒤따라갈 것인가, 한 발짝 앞서 나갈 것인가 하는 점이다. 미래의 일하는 방식은 고정된 장소, 시간, 관계에 얽매이지 않을 것이다. 개인과 조직의 생산성과 창의성을 가장 높이는 것, 이 목적을 달성하기 위해서라면 언제, 어디에서 일하는가는 중요하지 않다.

## 07 스마트워크 시대의 관계법

스마트워크 시대에는 대면이 기본이 아니라 온라인상의 만남이 기본이 된다. 이럴 때는 더 섬세하고 따뜻한 감성이 필요하다. 물리적으로 대면하지 않는 커뮤니케이션의 경우 우리가 살아오던 시간의 속도와 관성은 머리와 몸에서 그대로이지만, 실제 물리적인 관계의 거리는 멀어짐에 따라 그로 인해 많은 문제점들이 곳곳에서 나타나게 된다. 많은 사람들의 대화가 말이 아닌 필담 아니 적확하게 표현하면 타담(?), 즉 타이핑을 통해 소통하는 경우나 화상으로 대화하는 화담의 경우가 많다.

여러 단톡방에서, 영상회의에서 많은 사람들과 이야기를 나눈다. 그런데 아쉬운 것은 대화방에서 아무 말도 하지 않는 사람들, 아무 반응도 보이지 않는 사람들이다. 회사의 프로젝트를 이야기하면서도 눈팅만 한다. 솔직히 말하면 보는지 안 보는지도 잘 모르는 경우가 많다. 어쩌면 그저 숫자 '1'만 지운 상태일지도 모른다. 커뮤니케이션의 방법이 바뀌었으면 그에 맞게 슬기롭게 적응해야 한다. 회의할 때도 침묵! 비대면에서도 침묵하면 그 사람은 존재하지 않는 사람으로 취급받을 수도 있다.

㈜우아한형제들의 문화와 크리에이티브를 책임지고 있는 한명수 상무는 한 사례를 들어 비대면 커뮤니케이션이 어때야 하는지에 대한 생각을 밝혔다. 어느 직원 한 명은 비대면 회의를 시작하기 전에 항상 음악을 틀

었다고 한다. 한명수 상무는 대화 전에 분위기를 부드럽게 만드는 그 직원을 칭찬했다. 한명수 상무가 주도하는 회의에서는 희한한 풍경이 자주 연출된다. 같은 모자를 쓰고 회의를 하기도 하고, 우는 표시를 함께 달고 웃으면서 회의를 시작하기도 한다. 잡담으로 분위기를 좋게 만든 다음 회의를 시작하는 것은 매우 중요하다고 그는 말한다. 자칫하면 딱딱해질 수 있는 디지털 만남을 따뜻하게 만드는 장치들은 우리가 연결되어 있다는 생각을 들게 해준다는 것이다.

같은 감정 상태가 되는 것을 '공감'이라고 한다. 공감을 만들기 위한 여러 가지 노력은 요즘 같은 스마트워크 시대에는 더욱더 중요하다. 서로 떨어져 있는 만큼 마음의 거리는 가깝게 하라는 이야기를 많이 한다.

그러나 "온라인이니까, 대면이 아니니까 어쩔 수 없다"라고 핑계를 대는 사람들도 많다. 아니다. 온라인에서도, 비대면에서도 그 공간 안에서, 그 상황 안에서 최선을 다해 교감하고 느끼려고 노력하는 사람들이 있다. 한 곡의 음악으로, 한마디의 따뜻한 말로 공감하고 교감한다.

대화방에서 '1'만 지우는 사람이 되어서는 안 된다. "나 읽었다, 그럼 됐지?" 이런 태도로는 비대면 시대 상황에서 '존재감'을 만들어낼 수 없다. 표정으로, 대화로 못 하던 것을 이모티콘, 한 장의 사진으로 더 밝게 자신의 감정을 드러낼 수도 있다. 스마트워크 시대에는 오히려 더욱더 따뜻한 존재감이 필요하다. 여러 명이 모여 있는 단톡방에서 여러 말을 하는데 아무런 반응이 없으면 혼자 떠들고 있다는 생각이 들고 외로워지고 힘이 빠지게 된다. 감정의 추임새도 없고, 고개 끄덕임도 볼 수 없는 대화 공간에서는 따뜻한 커뮤니케이션이 이루어질 수 없다.

비대면 커뮤니케이션 환경에서는 디지털로 공감하는 법, 떨어져 있는

공간과 시간의 물리적 한계에서 벗어난 소통방식이
점점 더 일상이 되는 시대일수록 공감할 수 있는 능력이 중요하다.

사람과 더 따뜻하게 교감하는 방법을 찾아야 한다. 그래서 오프라인보다 더 맞장구를 쳐주고, 박수를 보내는 태도가 필요하다.

디지털 시대의 소통법은 더 따뜻해야 한다. 더 부드러워야 한다. 관계는 더 밀접해져야 한다. 상대방의 말 한마디에 반응해주는 것! 그것이 오늘날 꼭 필요한 우리의 따뜻함이다. 물리적 거리가 멀어질수록 따뜻함으로 그 거리를 좁히는 것이 스마트워크 시대의 감성소통법이다.

### 생각을 확장하는 한마디

사람들은 때로 디지털에 대해 차가운 것, 인간적이지 않은 것으로 오해하곤 한다. 하지만 화면 너머, 전화기 너머에 연결되어 있는 것은 여전히 인간이다. 당신과 마찬가지로.

## 08

# 관점의 전환,
# 레드오션도 블루오션으로 만드는 것

　우리는 앞에서 '보이지 않는 고릴라'에 대해 살펴보았다. 당신은 그것을 어떤 관점으로 이해했는가? 우리 눈앞에서 벌어지는 일 가운데도 우리가 못 보는 부분이 존재하며, 우리가 못 보는 사이에 많은 것이 바뀌어가고 있다. 우리가 '인지하지 못하는' 사이에 세상은 움직이고 있는 것이다.

　바로 눈앞에 있는 것도 보지 못하는 현상은 이전에도 분명히 존재했다. 말의 힘으로 움직이는 마차가 유일한 교통수단이던 시절, 많은 사람들은 말발굽과 안장을 잘 만들면 시장에서 살아남을 수 있다고 생각했다. 그러나 자동차가 등장하자 많은 것이 바뀌기 시작했다. 자동차가 등장했음에도 불구하고, 그저 말발굽과 안장에 집중하던 사람들이 있었다. 말에 집중하던 그들의 눈에 자동차는 '보이지 않는 고릴라'였던 것이다.

　같은 시대에 존재하던 말과 자동차. 어떤 사람은 말발굽과 안장을 위해, 어떤 사람은 질긴 타이어를 만들기 위해 최선을 다했다. 어떤 사람이 살아남았는지는 잘 알 것이다. 심지어 이제는 완전자율주행시대가 열리고 있다. 운전하는 직업 자체도 사라질 위기에 직면한 것이다.

　분명 눈으로 보고서도 깨닫지 못하거나 인지하지 못하는 것들이 있을 것이다. 이러한 인식의 오류는 당신뿐만 아니라 이 글을 쓰고 있는 나 자신에게도 적용되며, 어떤 면에서는 세상 모든 사람들이 해당될 것이다.

하지만 세상에는 스티브 잡스처럼 사람들이 미처 필요하다고 생각지 못하던 것들을 미리 알고 창조해내는 사람들이 있다. 그런 사람이 존재하는 한, 당신은 세상이 변하는 속도만큼 절대로 생각할 수가 없다. 왜냐하면 당신은 '필요'에 의해서 말하고 표현하고 느끼기 때문이다. 사람들의 그러한 '필요'를 거스르는 사람이 존재하는 한, 당신은 세상이 변하는 속도만큼 생각할 수 없다.

대부분의 사람들은 이미 존재하는 것 안에서 느끼고 말하게 되어 있다. 하지만 관점의 전환을 통해서 생긴 특별한 창작물은 기존의 가치체제를 모두 흔들어놓을 수 있다. 앞에서 예로 들었던 쥐덫과 말발굽, 안장 같은 것들은 오늘날에도 분명 존재한다. 예를 들어 스마트폰의 발명으로 인해서 사라진 것이 매우 많다. 스마트폰 이전의 세상에서 휴대용TV를 들고 다니는 것은 상위 몇 %만이 누릴 수 있는 특혜 중 하나였다. 또 다른 사람들은 MP3플레이어를 소지하고 다녔다. 하지만 스마트폰의 발명은 그 모든 것을 깡그리 붕괴시켰다.

개인용 게임기 시장에도 많은 변화가 생겼다. 개인용 게임기 시장에서 무너뜨릴 수 없는 고지를 선점하던 기업은 닌텐도였다. 닌텐도는 초소형 게임기만으로도 독보적인 매출을 올리는 등 기업의 영향력이 강력했다. 하지만 스마트폰의 발전은 닌텐도를 큰 고민에 빠지게 했다. 그리고 한동안 침체기를 겪었다. 스마트폰의 발전 이후 닌텐도가 적극적으로 시도한 것은 바로 '체험형' 게임이다. 살아남기 위해 스마트폰으로는 할 수 없는 또 다른 시장을 개척한 것이다. 본격적인 AI와 VR 시대로 진입해 스마트폰의 또 다른 진화가 이뤄진다면, 그 시장도 붕괴될지 모른다.

모바일 시장이 고도화되면서 울고 웃는 사람들이 참으로 많아졌다. 완전히 붕괴된 시장도 있고 새롭게 등장한 애플리케이션 시장도 있다. 대다수의 이용자들은 이러한 변화를 단지 따라가며 즐기고 있다. 하지만 사람들이 미처 깨닫지 못한 또 다른 시장이 생기고 기존의 시장이 없어졌다는 사실을 떠올려보자. 이 사실은 생각보다 세상이 빨리 변화하고 있음을 말해준다.

변화하는 세상 속에 자신의 가치를 높이고 생존을 위한 큰 전략을 짜기 위해서 필요한 것은 이러한 변화를 감지하고 미리 예측할 수 있어야 한다는 것이다. 그리고 그것을 가능하게 하는 것은 '관점의 전환'이다. 관점을 전환하면 레드오션도 블루오션으로 만들 수 있다.

## 습관의 '물길'이 향하는 곳에 답이 있다

이기는 비즈니스를 하기 위해 필요한 것 중 하나는 나와 관련된 상품이나 서비스가 사람들의 습관이 되도록 하는 것이다. 소비자들에게 '습관'을 만들 수 있다면 그 비즈니스는 대박을 칠 가능성이 매우 높다. 사람들은 무언가 궁금할 때 스마트폰이나 컴퓨터를 사용하여 검색을 한다. '검색'은 신세대를 포함해 중장년층에 이르기까지 어느 순간 하나의 '습관'이 되었다. 오늘날 우리는, 궁금한 것이 생길 경우 그 분야의 권위자를 만나러 가거나 주변 사람들에게 묻지 않게 되었다. 자판 몇 개만 두들기고 나면 궁금증이 쉽게 풀리기 때문이다.

어떤 상품이나 서비스의 가치를 검토할 때, '이것을 사람들이 지속적으로 사용할까? 또는 이용할까?' 하는 부분은 그 사업의 지속 성장 가능성을 가늠하는 척도가 될 수 있다. 즉, 이것은 특정 사업의 성패와 관련된다. 스마트폰을 휴대하게 되면서 많은 사람들은 새로운 습관을 가지게 되었다. 물론 스마트폰은 어떤 사람들에게 습관을 뛰어넘는 중독을 만들기도 했다. 결국 이와 같은 습관을 창조할 수 있는 스마트폰의 발전은 많은 서비스를 부흥시켰고 IT 산업에 발전을 가져왔다.

IT 계열의 발전은 사람들의 습관을 통해서 이룩한 대표적인 결과물이라고 말할 수 있다. 습관을 만들 것인가? 또는 바꿀 것인가? 만들어도 좋고 바꿔도 좋다. 소비자들의 습관을 움직일 수만 있다면, 이기는 비즈니스를 창조하는 매우 중요한 열쇠가 될 것이다. 소비자들에 의한, 소비자들을 위한 새로운 습관의 창출은 사회를 더욱더 발전적으로 변모시키고, 그로 인한 시너지를 얻게 한다.

많은 기업들이 돈을 벌기 위해 소비재 시장에 뛰어들곤 한다. 이미 사람들에게 '습관화'된, 소비가 보장된 시장에 뛰어듦으로써 새로운 사업을 시작하는 데 따르는 위험성을 줄이고 매출을 늘리기 위해서다. 하지만 그러한 시장의 맹점은 경쟁자가 너무 많다는 것이다. 많은 사람들이 자리를 선점한 데다가 자신의 자리를 절대 내어주지 않으려고 한다. 그러한 시장, 즉 레드오션에서 살아남는 것은 매우 힘든 일이다.

기존의 소비재 시장에서도 남들과 다른 생존전략을 만들 수 있다. 하지만 역시 이때도 관점의 전환이 필요하다. 무슨 얘기냐고? 불과 몇 년 전만 하더라도 우리는 가정이나 식당에서 두루마리 휴지를 사용했다. 그것을 당연하게 여기던 때였다. 하지만 관점의 전환은 똑같은 재료로 만든 '티슈'라는 것을 만들게 했다. 티슈의 등장은 두루마리 휴지가 식당의 테이블에 올라오는 것을 매우 어색하게 만들었다.

똑같은 재료로 만들어졌음에도 왜 사람들은 티슈가 아닌 두루마리 휴지를 올려놓으면 어색하게 생각하는가? 심지어 어떤 사람의 경우 어색

두루마리 휴지와 티슈에 대해 우리가 가진 관점은 무엇일까?

함을 넘어서 약간은 불결한 이미지를 떠올리기도 한다. 무엇이 사람들의 사고에 그와 같은 인식을 불어 넣었는가? 이것은 매우 새로운 유형의 가치를 부여한 것이라고 할 수 있다. 사람들의 무의식 속에 '두루마리 휴지는 화장실에서만 쓰는 것'이라는 관점이 생긴 것이다. 그리고 그 외의 장소, 즉 화장대 앞이나 식당 또는 대중들을 위한 장소에서는 티슈나 티슈 형태의 냅킨을 써야 한다는 새로운 관점이 만들어졌다. 기존의 관념 속에 있는 '습관의 코드'를 새로운 유형의 습관의 코드로 바꾼 것이다.

우리가 기억해야 할 점은 '습관의 시장'에 뛰어들 때는 창조적 발상이 반드시 있어야 된다는 사실이다. 일정한 궤도에 진입하면 더 이상 발전하지 못한다. 레드오션이 되기 때문이다. 이때 폭발적으로 성장할 수 있는 사업을 전개하려면 이미 존재하는 '습관의 시장'이 아니라 소비자들로 하여금 '새로운 습관'을 가지도록 해야 한다. 오늘날의 스마트폰 시장은 그것에 정확하게 부합되는 시장이라고 할 수 있다. 또한 단순히 습관을 만드는 것이 아니라 기존에 있는 습관을 바꿀 수 있다면 그것도 좋은 방법이라고 할 수 있다.

습관을 만들든, 습관을 바꾸든, 비즈니스 시장에서 대중들의 습관에 영향을 미치는 시장을 개척하는 것은 기업의 미래를 보장하는 일이며 사회의 또 다른 트렌드를 만드는 매우 강력하면서도 효과적인 방법이다.

예를 들어보자. 석유산업 다음으로 전 세계에서 큰 부분을 차지하는 것이 바로 커피 시장이다. 우리나라에도 커피 전문점 창업 열풍이 뜨겁게 불고 있다. 어느새 수많은 커피 전문점이 생겨났고, 돈을 벌 수 있는 한계에 다다를 만큼 공급자 수가 많아졌다. 이제는 커피 전문점을 통해서 돈을 번다는 것이 결코 쉬운 일이 아니다. 초창기에 발 빠르게 커피 프랜차이즈 시장에 뛰어들어 돈을 번 사람과 이미 포화 단계 상태의 시장에 발을 내디딘 사람의 성공 확률은 크게 차이가 난다.

스티브 잡스는 일반적인 소비자들이 필요로 하는 영역을 뛰어넘어 소비자들이 미처 필요하다고 느끼지 못하는 영역의 것들까지 자신의 관점을 옮겼다. 소비자들의 관점을 뛰어넘어 생각조차 못하던 영역에서 새로운 창조적 제품을 만들어냈다. 그의 관점은 일반적이지 않았다. 세상의 '흐름'이나 기존의 '패턴'을 따라가지 않고 전혀 다른 '패턴'을 세상에 선보였다. 그는 다른 사람이 흉내를 낼 수 없는 자신만의 스타일을 만들었고 자신만의 '패턴'을 만든 창조자가 되었다.

사람들이 가진 습관의 물길이 어느 방향으로 향하는지를 아는 것은 매우 중요하다. 더 나아가 '사람들이 향하는 물길을 내가 한번 바꿔볼까'라는 시도가 세상을 혁신하는 원동력이 된다. 습관의 관성에 따라 사는 사람, 습관의 관성이 어느 방향으로 흐르는지 아는 사람, 습관이 가진 관성의 방향을 바꾸어 새로운 흐름으로 만드는 사람 가운데 당신은 과연 어디에 속하는지 진지하게 고민해볼 필요가 있다.

### 생각을 확장하는 한마디

결국 중요한 것은 흐름을 읽는 것이다. 세상의 변화를 느끼지 못한 채 거센 흐름에 휩쓸린 채 떠내려간다면 끝내 자동차 시대에 말발굽 만드는 사람이 되고 말 것이다.

## 09
# 인공지능 시대, 어떻게 도구로 쓸 것인가

대화형 인공지능인 챗GPT의 열풍이 대단하다. 2023년 5월 24일 안정화 베타버전이 시장에 나온 이후 세상이 보인 반응은 '놀랍다'를 넘어 미래에 대한 질문으로 가득하다. 어떤 이는 특정 전문가들의 전유물로 보는 관점이 있지만, 나는 틀린 관점이라고 생각한다. 이제 대화형 인공지능은 인터넷이나 스마트폰이 그랬던 것처럼 우리의 일상을 송두리째 바꿔놓을 것이다.

나는 챗GPT의 출현을 보며 '자비스가 나타났다'고 느꼈다. 자비스는 마블 영화 '아이언맨'에 등장하는 인공지능시스템이다. 아이언맨과 자비스는 대화로 소통한다. 입력이 아니다. 이것이 무엇을 의미하는가? 사용자의 의도가 정교화해지고 그에 대한 답은 인간이 받아들이기에 가장 적합한 형태로 돌아온다. 챗GPT가 2023년 대중에게 선보인 이후 보여준 발전 속도는 놀랍다는 말로는 부족할 정도로 빠르다. 이 도구를 어떤 관점으로 받아들이느냐에 따라 미래는 전혀 다르게 다가올 수 있다. 이제 중요한 것은 상상력과 그걸 묘사하는 능력이다. 인공지능과 대화하는 방법을 알고 활용할 수 있다면 세상은 전혀 다르게 다가올 수 있다.

악보를 볼 줄 몰라도 작곡을 할 수 있고, 미술을 배우지 않았어도 멋진 그림을 그릴 수 있다. 실제 선생님이 없어도 대화를 주고받으며 수준에 맞춰 언어 교육도 할 수 있다. 서점에 가서 길라잡이 시리즈를 사서 배우던 마이크로소프트의 엑셀과 파워포인트는 이제 "이렇게 해달라"고 말하면 되는 수준으로 진화하고 있다.

인플루언서도 자신의 활동을 자동화할 수 있고, 영상도 인공지능이 만들어준다. 책 안에 내용으로 존재하던 철학자의 사상을 그의 저서를 업로드해서 챗봇 형태로 만들어 일상생활의 심리상담사로 쓰는 사람도 있다. 이런 작업들이 어렵냐고 물어보면 나는 말한다. 아주 쉽다고. 유튜브에는 이 신박하고 신기한 인공지능을 쓰는 방법들이 널려 있다. 중요한 것은 자신의 의지다. 하겠다는 마음을 먹고 꾸준히 익히면 미래는 전혀 다른 모습을 보여줄 것이다.

### 유용한 도구인가, 위험한 무기인가

타고난 재능이나 체계적인 교육을 받지 않고도 인공지능을 활용해 창작물을 만들 수 있다는 것은 작곡을 배우지 않은 작곡자, 그림을 배우지 않은 화가, 영화 기법을 배우지 않은 감독이 등장할 수 있다는 뜻이다. 타고난 재능의 영향을 많이 받는다고 여겨지던 창작 능력이 생성형 인공지능을 통해 새로운 영역으로 변화하고 있다. 예술가의 아이덴티티가 변하고 있는 것이다. 실제로 다양한 분야에서 AI 창작물과 사람의 창작물 간의 경계가 사라지고 있다. 심지어 더 뛰어나다는 평가를 받을 때도 있다. 2023년 '소니 월드 포토그래피 어워드'에서 크리에이티브 부문을 수상한 작품이 사실은 AI로 만든 이미지였다는 사실이 밝혀져 많은 사람들을 놀라게 했고, 앞서 2022년 콜로라도 주립박람회에서 AI 소프트웨어 미드저니를 이용한 그림이 1위를 수상하기도 했다.

미국 게임 디자이너 제이슨 앨런이 AI 미드저니를 활용해 창작한 '스페이스 오페라 극장'.

    놀랄 만큼 빠르게 발전하는 AI 기술에 대한 반응은 상반된다. 인공지능이 창의성의 영역에서까지 인간을 압도해 예술가의 지위를 위태롭게 할 수 있다는 우려가 있는가 하면, 반대로 영감을 주고 작업 과정을 효율화하는 유용한 도구가 될 것이라는 견해도 있다. 실제로 예술의 역사를 보면 기술의 발전과 더불어 계속해서 새로운 사조와 장르가 탄생했다. 따라서 인공지능의 장점인 속도와 정밀성에 예술가의 감수성과 독창성이 결합한다면 이전에 없던 혁신적이고 실험적인 작품을 선보일 수 있을 것이다.

    물론 부작용에 대한 경각심도 늦춰서는 안 된다. 우선 빅데이터를 기반으로 하는 생성형 인공지능 창작물의 경우 태생적으로 저작권 문제를 야기할 수밖에 없다. 또한 인공지능은 사용자의 의도에 따라 악용될 소지가 있다. 최근 불거지고 있는 딥페이크를 활용한 허위 기사 유포나 사칭 범죄, 디지털 성범죄 등은 심각한 사회문제가 될 수 있다.

인공지능에 대한 사람들의 기대와 걱정과는 별개로 기술은 계속해서 발전할 것이다. 머지않은 미래에 지금의 AI에서 한 단계 더 나아간 AGI, 즉 범용인공지능Artificial General Intelligence의 시대가 도래할 것이라는 예측도 허무맹랑하기만 한 이야기는 아니다. 결국 우리는 기술의 발전을 피할 수 없을 것이고, 이를 일상에서도 적용하게 될 것이다. '피할 수 없다면 즐기라'는 격언이 기술의 미래에는 적용되지 않을 이유가 있을까. 또한 '지피지기 백전백승'이라는 말도 잊어선 안 된다.

세상은 빨라도 너무 빠르게 바뀌고 있다. 이제 조만간 UAM Urban Air Mobility가 하늘을 날고, 이제는 카카오톡 내용도 인공지능이 요약해서 빠르게 대화내용을 알게 해주고 있다. 예전에 우리는 100만부 넘게 팔렸던 《82년생 김지영》을 읽었고, 90년대 생이 온다는 책을 읽으며 호들갑을 떨었다. 그러나 이제 극동시성의 세대를 살고 있는 알파세대의 등장으로 세상에는 잘파세대라는 신조어가 만들어졌다. 바뀌고 있다는 세상을 빨리 알아채려야 한다. 바뀐 세상을 알아채면 미래는 즐길 시간으로 바뀐다.

### 생각을 확장하는 한마디

인공지능의 발전은 지금까지 불가능하다고 여겼던 많은 것들을 가능하게 할 것이다. 중요한 것은 결국 AI도 사용자의 도구라는 것이다. 아무리 도구가 좋아도 사용하는 사람의 능력이 부족하다면 결과물은 기대에 미치지 못할 것이다. 이 뛰어난 도구를 효과적으로 사용하기 위해서는 상상력이 필요하다. 그리고 상상력은 결국 자신의 관점에서 나온다.

## 10
# 시대의 급류에 휩쓸리는 금붕어가 되지 않으려면

너무 빠르다. 인공지능의 발전 속도를 지켜보면 저절로 나오는 말이다. 2023년 5월 안정화 베타버전이 발표되고 고작 1년여 만에 새롭게 발표된 챗GPT-4o를 보면 사람의 표정을 읽고 판단하고 사람처럼 반응하고 감정을 표현한다. 소프트뱅크의 손 마사요시 회장은 바뀌는 세상에 대비하라고 목소리를 높인다. "눈을 떠라! 금붕어 취급받지 않으려면."

맞는 말이다. 금붕어의 지능이 인간의 1만 분의 1이라면 ASI<sup>Artificial Super Intelligence</sup>는 인간의 1만 배 정도이다. 그런 관점에서 볼 때 ASI에게 인간은 금붕어 취급을 받을 수 있다고 경고한다. 일론 머스크는 "우리의 삶에서 인공지능이 가장 중요한 문제가 될 수 있다"고 말하며 "생물학적 지능의 비율이 1% 미만이 될 것이며 거의 모든 지능이 디지털 형태가 될 것"이라고 예상했다. 이런 시대에 "인간의 역할이 어찌 될 것인가"라는 질문에 "답하기 힘들다"라고까지 말한다.

우리는 인공지능 시대로 빠르게 바뀌는 변곡점에 서 있다. 속도가 빨라도 너무 빨라 준비할 시간이 있을까 의문이 들 정도다. 어떤 관점을 갖느냐에 따라 슈퍼인간이 될 수도, 금붕어가 될 수도 있다. 미국의 컴퓨터 과학자 엘런 케이는 "관점의 차이는 IQ 80점 차이와 같다"라는 말을 남겼다. 어떤 관점을 갖느냐에 따라 그 차이는 제로베이스에서 볼 때 IQ

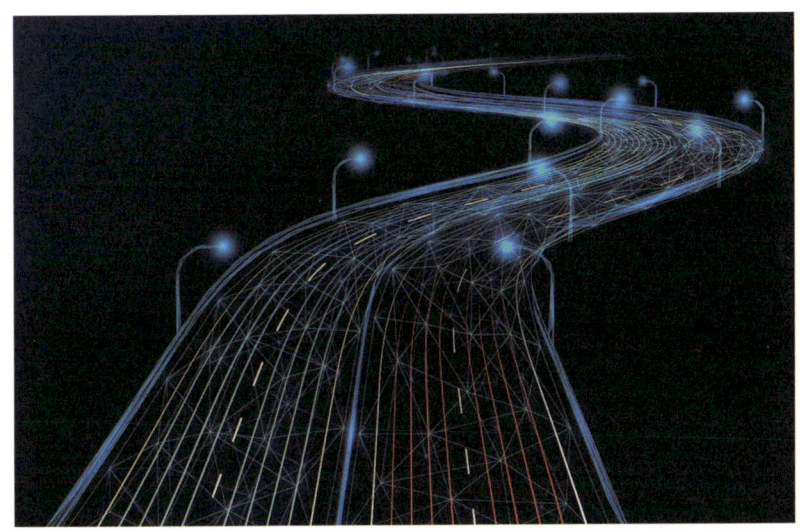

빠르게 달리는 자동차를 운전하려면 더 멀리 내다보고 더 빨리 판단해야 한다.
빠른 속도로 미래로 향하는 인공지능의 운전석에 올라타라.

160점 차이를 만든다는 것이다. 빠르게 바뀌는 변곡의 시간 가운데 서서 자신이 어떤 관점으로 생각하고, 어떤 관점으로 인공지능이 바꿀 시대를 준비하고 있는지 멈춰서 생각해볼 때다. 아마도 "나와는 상관없는 일"이라고 생각하는 사람이 가장 먼저 피해를 볼 것이다.

## 대체되지 않는 사람의 가치

관점 차이가 만드는 초격차는 작은 질문에서 시작된다. 인공지능과 로봇이 사람의 삶을 어떻게 바꿀 것인가. 사람이 인공지능을 도구로 쓸 것인지 아니면 인간이 인공지능의 도구처럼 쓰일 것인지의 갈림길에 서 있다. 2023년 말 국민은행 상담사 240명이 해고통지를 받았다. 인공지능으로 대체된 일자리는 그들을 거리로 내몰았다. 일론 머스크는 이제 머지 않은 미래에 인간이 운전을 하는 것은 불법이 될 것이라고 말한다. 인간의 육체노동을 대신할 로봇이 2,000만 원대에 보급이 되고, 영상을 제작하는 일도 몇 줄의 문장으로 완성된다. 이제 "노동을 어떻게 정의해야 하는가"에 대한 커다란 질문이 우리 앞에 놓일 것이다. 노동은 로봇이 대체하고, 생각도 디지털 두뇌가 하게 될 때 인간의 일이라는 것이 무엇일지에 대해 선뜻 답하기 힘들어진다.

어떤 사람은 몇 백억 원의 연봉을 받고 또 어떤 이는 하루 살기가 빠듯하다. 왜 인간의 가치가 다르게 매겨지는가에 대한 질문을 하다 찾은 단어가 하나 있다. 바로 대체replacement라는 단어였다. 사랑도 그렇다. 그 사람이 아니면 안 되기에 그 사랑이 귀하다. 부모 자식 간의 사랑도 그렇고 남녀 간의 사랑도 그렇다. 이런 논리는 인간의 가치를 결정하는 데도 적용된다. 그 자리에 아무나 가더라도 쉽게 대체할 수 있는 직업은 상대적으로 적은 임금을 받지만, 쉽게 대체되지 못하는 자리의 연봉은 높게 마련이다. 가치를 결정하는 요소 가운데 '대체 용이성'은 매우 중요한 요소다. 구글의 모회사인 알파벳의 CEO 순다르 피차이의 연봉은 구글 직원 평균 보수액의 800배가 넘는 약 3,084억 원이다. 애플의 CEO인 팀 쿡은 1,561억 원을 받는다. 그러나 누구도 그들의 연봉에 시비를 걸지 않는다. 그들의 생각과 역할을 쉽게 대체할 수 없다고 생각하기 때문이다.

머지않은 미래에 우리의 일상은 쉽게 대체될 수 있는 것부터 바뀔 것이다. 단순노동부터 복잡한 생각 노동까지 차근차근 로봇과 고도화된 인공지능으로 바뀔 것이다. 도구가 될 것인가, 도구를 쓸 것인가에 대한 문제가 우리 앞에 심각하게 놓여 있다.

윌리엄 깁슨은 그의 저서 《뉴로맨서》에서 이렇게 말한다. "미래는 이미 와 있다. 다만 널리 퍼지지 않았을 뿐이다." 이 말을 이렇게 바꾸고 싶다. "인공지능이 바꿀 미래는 이미 와 있다. 단지 당신이 어떤 태도로 그것을 대할지에 대한 결정만 남았다."

### 생각을 확장하는 한마디

미래는 바뀌고 있다. 세계도 바뀌고 있다. 어떤 것은 남고 어떤 것은 사라지고 어떤 것은 새로 나타날 것이다. 사라질 것에 대한 배려도 필요하지만 다가올 것에 대한 준비도 필요하다. 지금 손에 쥔 곳에 눈이 멀기보다 다가올 미래에 대한 다양한 관점이 필요한 때다.

에필로그

# 확장된 눈으로
# 세상을 해석할 때
# 삶도 확장된다

몇 개월 동안 어느 회사에서 겪은 일을 통해 '회사'라는 단어가 가진 의미와 최고경영자의 역할에 대해 생각의 깊이를 더할 수 있었다. 돌이켜 보건대 특이한 경험이었다. 한 사람으로 인해 여러 사람이, 아니, 정확히 말하면 그를 아는 대부분의 사람이 불편해했고 힘들어했고, 어떤 사람은 공포를 느꼈다. 그나마 갈 곳이 있는 사람들은 다른 회사를 찾아 떠났고, 그들이 떠난 자리는 계속되는 구인광고를 통해 채워졌다. 그를 대하는 시간의 크기만큼 힘들어했고, 고통도 그만큼 커졌다. 떠날 곳을 찾지 못한 사람들은 아직도 남아 그 자리를 지키고 있지만 그들도 언젠가는 떠날 것이다.

못 견디고 떠나는 사람, 비겁하게 타협하는 사람, 그냥 그 상황을 무시하는 사람……. 참 많은 인간의 군상을 보았다. 인지상정이 무시되는 것은 물론이거니와 상식을 벗어난 폭언과 인권 무시도 그 테두리 안에서는 법法이었고, 말없이 인정되었다. 그 고통의 시간을 함께하고 있는 사람들이 할 수 있는 것은 오로지 술자리에서 그를 대상으로 한 불만을 쏟아내는 것밖에는 없었고, 모든 것이 묵과되거나 무시되었다.

고통의 원인이었던 그 사람이 자주 쓰는 말 중에 '감히'라는 표현이 있었다. 이 단어에는 듣는 대상이 무례하거나 건방지다는 뜻이 바탕에 깔려 있었을 것이다. 그 단어 다음에는 "내가 이 일을 몇 년을 했는데……"라는 말이 뒤를 이었다. 그 말인즉, '내 경험 앞에 너 같은 게 뭘 안다고 그러느냐?'라는 뜻이다. 그러나 주변에서 지켜보는 사람들은 어느 누구도 그 말에 동의하지 않았다. 그의 무지를 겸손히 설명하려 했던 직원은 또다시 "감히 나를 가르치려 드느냐?"는 큰 목소리 앞에 그냥 고개를 숙일 수밖에 없었다.

나는 이 광경을 보면서 생텍쥐페리의 《어린 왕자》 중 한 부분이 떠올랐다. 어린 왕자와 왕의 대화 부분이다.

누구에게든 그가 이해할 수 있는 것을 요구해야 하는 법이니라. 권위는 무엇보다도 이성에 근거를 두어야 하느니라. 만일 네가 너의 백성에게 바다에 몸을 던지라고 명령한다면 그들은 혁명을 일으킬 것이다. 내가 복종을 요구할 권한을 갖는 것은 나의 명령들이 이치에 맞는 까닭이다.

아침이 되면 직장으로 출근해야 한다. 회사에 대한 생각이 사람마다 다르고 출근길을 나서는 사람들 마음 또한 모두 다르겠지만, 회사는 여러 사람들이 모여 한뜻을 가지고 서로 다른 능력을 더해 꿈을 이뤄가는 공간이 되어야 한다. 강압적이고 위압적이며 서로를 존중하지 않는 회사에 발전이라는 단어는 없다. 회사는 먹고살기 위해 아침잠에서 깨어 무거운 발걸음을 옮기는 곳이 되어서는 안 된다. 깨어 있는 시간의 대부분을 차지하는 직장생활이 불행하면 인생의 대부분도 불행해진다. 월급을 준다는 것으로 일할 이유를 제시하는 경영자는 도태될 것이다. 왜냐하면 직원들은 먹고살기 위해 일하기 때문에, 그들이 해낼 수 있는 능력을 겨우 밥 먹고 살 만큼으로밖에 보지 않을 것이기 때문이다.

곰곰이 생각해보면 회사會社라는 말과 사회社會라는 말은 우리에게 전혀 다르게 인식된다. 회사는 상품이나 서비스를 사회에 제공하고 이익을 취하는 단체이고, 사회는 특정 회사를 포함하여 모든 경제 활동, 문화 활동이 펼쳐지는 조직과 단체, 공동생활을 하는 사람들의 전체 모습을 일컫는다. 그런데 아이러니하게도 회사와 사회는 똑같은 의미를 지닌 한자로 이루어져 있으며, 단지 순서만 다르게 조합되어 있을 뿐이다.

'그게 뭐 어때서?'라고 생각하는 사람도 있겠지만, 박용후식 사고에서 이것은 큰 의미를 지닌다. 일반적으로 회사에서 사람들의 태도는 사회 안에서 나타나는 것과 매우 다르다. 회사에서는 말이나 행동 면에서 수직적인 구조 안에서만 발견되는 특정 부류의 패턴이 발견된다. 물론 이것이 절대적으로 잘못된 것은 아니지만, 회사와 사회에서 일어나는 패턴의 극명한 차이에 대해서 나는 반대하는 편이다.

다시 말하면 '회사인'을 대하는 태도와 '사회인'을 대하는 태도가 다르다는 것이 불만스럽다. 사람들은 '사회인'을 대할 때는 예의 바르고 품위 있는 태도를 지키려고 노력하면서 회사에서 부하 직원을 대할 때는 매우 고압적이고 지배적인 태도를 드러낸다. 나는 회사와 사회는 각 단어가 가지는 동일한 한자의 의미처럼 똑같은 정서가 존재해야 한다고 생각한다. 그렇게 할 때 사회는 더 건강해지고 회사 역시 더 일할 만한 곳이 될 것이라고 믿는다.

회사라는 글자는 모일 회會, 모일 사社 자로 이루어져 있다. 혼자서는 능력이 부족하니까 사람들의 힘을 모으는 것이다. 회사를 영어로 하면 'company'다. company의 어원을 분석해보면, 빵을 함께 먹는 사람들의 모임과 관련이 있다. 즉, 컴퍼니는 한국식으로 말해서 '식구'를 의미한다. 고용주는 고용인들이 일해서 빵을 먹고, 고용인은 고용주가 주는 월급으로 빵을 먹는다. 그들 모두는 동료이자 식구이며, 서로에게 필요한 존재이며, 서로를 도와주는 존재다.

나는 네 가지 종류의 회사가 있다고 생각한다. 직원들 입장에서 '자부심을 느낄 수 있는 회사', '행복한 회사', '그냥 생계를 위해 다니는 회사', '당장 때려치우고 싶은 회사'가 그것이다. 자부심을 느끼고 행복한 회사가 좋지만, 둘 모두를 충족시키지 못한다면 직원이 행복한 회사 쪽을 나는 더 선호한다. 회사의 사회적 책임은 첫째가 직원들을 행복하게 하는 것이다.

독일의 필기구 브랜드 '파버카스텔'은 직원의 행복을 가장 높은 가치로 추구한다. 직원들이 행복해서 열심히 일하기 때문에 정말 좋은 제품이 나오고 작업 능률은 높으며, 불량률은 낮다. 세종대왕의 신하들 가운데 상당수는 과로사했다. 그러나 유서들을 보면 하나같이 행복하게 살았음을 절실히 알 수 있다. '왕은 내 말을 다 들어주었다'라는 것이다.

"선비는 자신을 알아주는 사람을 위해서 목숨을 바친다"라는 말이 있다. 자신을 알아주는 사람, 자신을 알아주는 회사를 위해서라면 사람들은 자기 스스로 일을 찾아가면서 처리한다. 회사와 사회를 바라보는 이러한 사고는 나의 주관적인 견해일 수도 있다. 하지만 맞고 틀리고를 떠나서 나는 이러한 생각이 사회를 더 건강하게 할 수 있다고 생각한다.

황당荒唐과 당황唐慌이라는 단어 역시 같은 한자를 공유하고 있다. 비슷해 보이는 이 두 단어는 일반적인 사람들의 의식 속에서 미묘한 차이를 만들어낸다. 나는 지금 이 두 단어의 차이를 짚고 넘어가려는 것이 아니다. 사람들이 서로 다르다고 여기는 것의 본질적 공통점을 찾아내야 할 필요성에 대해 말하려는 것이다.

본질적 공통점을 찾아내는 것과 관련해서도 우리는 기존의 틀에 얽매일 필요가 없다. 관점을 달리하는 방법을 배워야 한다. 그리고 마치 '은을 구하는 것처럼' 각각의 단어들에 숨어 있는 본질적인 가치를 이끌어낼 수 있어야 한다. 은을 캐낼 때는 다른 것을 캐낼 때보다 훨씬 더 큰 노력이 필요하다. 다른 금속들에 비해서 은은 땅의 가장 깊숙한 곳에 매장되어 있고, 그것을 채취하기 위해서는 다른 금속보다 공을 더 들여야 한다.

피상적인 노력이 아니라 파고들듯이 의미를 길어낼 수 있어야 한다. 이것이 바로 본질을 이해하기 위한 노력이다. 본질을 이해하기 위해 필요한 중요한 부분은, 지금껏 우리가 계속해서 살펴본 '관점'이다. 넓은 관점과 유연한 관점을 가진 사람들은 단지 사람들이 이해하는 수준의 의미에서 머무르지 않고 사물을 바라보거나 분석하는 데 있어서 남다른 면모를 발휘한다. 매우 당연하다고 생각되는 두 단어의 차이점에 머무르는 것이 아니라 그 차이 안에 존재하는 심연의 공통점을 길어낼 수 있도록 하는 것이 바로 유연한 관점이 가진 힘이다.

그러므로 우리는 전통과 통념 속에서 배운 기존의 지식 체계를 우기거나 고집할 이유가 없다. 새로운 지식은 낡은 지식을 대체하고 희망은 그

희망이 이루어졌을 때 사라진다. 목표는 언제든 재설정될 수 있으며, 시간 흐름에 따라 사물을 바라보는 본질의 가치도 달라질 수 있다. 사물의 차이점을 통해서 그 이면에 숨은 공통적 가치를 이끌어내는 것, 이것은 거시세계에서 미시세계에 이르는 활동의 '결'을 이해할 수 있게 한다. 그리고 확장된 눈으로 세상을 바라볼 때 우리의 삶도 확장될 것이다.

**Above, Beyond, Cross**
**관점을 디자인하라** ABC EDITION
10주년 기념 개정증보판 2025년 5월 2일 초판 1쇄 | 2025년 5월 30일 6쇄 발행

**지은이** 박용후
**펴낸이** 이원주

**책임편집** 강소라   **디자인** 윤민지
**기획개발실** 김유경, 강동욱, 박인애, 류지혜, 고정용, 이채은, 최연서
**마케팅실** 양근모, 권금숙, 양봉호   **온라인홍보팀** 신하은, 현나래, 최혜빈
**디자인실** 진미나, 정은예   **디지털콘텐츠팀** 최은정   **해외기획팀** 우정민, 배혜림, 정혜인
**경영지원실** 강신우, 김현우, 이윤재   **제작실** 이진영
**펴낸곳** (주)쌤앤파커스   **출판신고** 2006년 9월 25일 제406-2006-000210호
**주소** 서울시 마포구 월드컵북로 396 누리꿈스퀘어 비즈니스타워 18층
**전화** 02-6712-9800   **팩스** 02-6712-9810   **이메일** info@smpk.kr

ⓒ 박용후 (저작권자와 맺은 특약에 따라 검인을 생략합니다)
ISBN 979-11-94755-15-9(03320)

- 이 책은 저작권법에 따라 보호받는 저작물이므로 무단전재와 무단복제를 금지하며, 이 책 내용의 전부 또는 일부를 이용하려면 반드시 저작권자와 (주)쌤앤파커스의 서면동의를 받아야 합니다.
- 잘못된 책은 구입하신 서점에서 바꿔드립니다.
- 책값은 뒤표지에 있습니다.

쌤앤파커스(Sam&Parkers)는 독자 여러분의 책에 관한 아이디어와 원고 투고를 설레는 마음으로 기다리고 있습니다. 책으로 엮기를 원하는 아이디어가 있으신 분은 이메일 book@smpk.kr로 간단한 개요와 취지, 연락처 등을 보내주세요. 머뭇거리지 말고 문을 두드리세요. 길이 열립니다.